市级国土空间多维评价与布局优化管控方法及应用

张合兵 等 著

科学出版社

北 京

内 容 简 介

　　国土空间是支撑社会经济活动、人类生产生活以及生态文明建设的重要载体,开展市域尺度国土空间评价与布局优化管控方法及应用研究对于优化国土空间格局、保障社会经济可持续发展具有重要意义。本书以服务于地市级自然资源部门提升国土空间综合管控能力需求为目标,以河南省市县级国土空间规划的试点市——鹤壁市为研究区域,从资源本底与生态保护相结合的视角,通过国土空间开发适宜性评价、资源环境承载力评价及生态空间保护重要性评价等确定区域适宜生活、生产及生态功能的空间布局导向,基于"基础评价–规划耦合–空间协调"相结合的生态、农业和城镇空间格局优化技术方法,为统筹区域空间开发、利用、保护和整治,有序推进市县国土空间规划工作提供科学依据和技术支持。

　　本书可供从事测绘、地理、国土规划、生态等相关领域研究、学习的专业人士、学生参考,亦可供政府相关部门从事管理与实际工作的人员参考。

审图号:鹤 S〔2024〕08 号

图书在版编目(CIP)数据

市级国土空间多维评价与布局优化管控方法及应用 / 张合兵等著.
—北京:科学出版社,2024.7
　　ISBN 978-7-03-077618-1

Ⅰ. ①市… Ⅱ. ①张… Ⅲ. ①国土规划–研究–中国 Ⅳ. ①F129.9

中国国家版本馆 CIP 数据核字(2024)第 016804 号

责任编辑:张　菊 / 责任校对:樊雅琼
责任印制:赵　博 / 封面设计:无极书装

科 学 出 版 社 出版
北京东黄城根北街 16 号
邮政编码:100717
http://www.sciencep.com

北京华宇信诺印刷有限公司印刷
科学出版社发行　各地新华书店经销

*

2024 年 7 月第 一 版　开本:720×1000　1/16
2025 年 6 月第三次印刷　印张:14 1/2
字数:300 000

定价:**150.00** 元
(如有印装质量问题,我社负责调换)

前　言

党的二十大报告提出，要"构建优势互补、高质量发展的区域经济布局和国土空间体系"。这是以习近平同志为核心的党中央立足全面建设社会主义现代化国家新征程，对新发展阶段区域发展和空间治理作出的重大部署。国土空间是支撑社会经济活动、人类生产生活以及生态文明建设的重要载体，国土空间的发展格局是否合理，直接影响一个国家能否实现长期可持续发展，以及在发展过程中能否实现人与自然的和谐共存，实现经济社会活动在空间关系上的协调。因此，开展市级国土空间多维评价与布局优化管控方法及应用研究，对于优化国土空间格局、保障社会经济可持续发展和构建"美丽中国"具有重要意义。

在我国现行的国家—省—市—县—乡镇五级土地管理体制中，地市级自然资源部门是国家实现土地数量、质量、生态综合管控的关键环节，对上承担着落实细化国家、省、市宏观战略部署，对下承担着指导调控县（市）自然资源部门加强土地管控的重要职责，与省级宏观尺度、县域微观尺度相比，其土地综合管控尺度、模式、技术体系有较大差异。因此，在地市级尺度上开展国土空间多维评价与布局优化管控研究已成为提升地市级自然资源部门管控能力和水平亟待解决的问题。

本书面向地市级自然资源部门提升国土空间综合管控能力的需求，以河南省市县级国土空间规划的试点市——鹤壁市为研究区，从资源本底与生态保护相结合的视角，通过国土空间开发适宜性评价、资源环境承载力评价及生态空间保护重要性评价等确定区域适宜生活、生产及生态功能的空间布局导向；基于"基础评价-规划耦合-空间协调"的国土空间优化方法，提出基于多源信息融合/多目标协调的城镇、农业、生态空间优化技术路径；在分析鹤壁市国土空间格局的基础上，分别从生态自然保护空间、农业生产生活空间和城镇开发建设空间等方面提出了管控对策与建议。

全书共分为 10 章。第 1 章介绍了研究的背景、国内外研究现状、相关概念界定与理论基础、研究内容、研究方法与技术路线等（由张合兵执笔）；第 2 章对研究区概况与数据来源进行了说明（由朱帅蒙执笔）；第 3 章介绍了市级国土空间规划用地分类体系转换衔接方法与识别（由赵素霞执笔）；第 4 章进行了市级国土空间开发适宜性评价研究（由李铭辉执笔）；第 5 章进行了市级资源环境承载力评价研究（由张青磊执笔）；第 6 章进行了基于生态导向的自然生态空间保护重要性评价研究（由于壮执笔）；第 7 章进行了面向生态管控导向的鹤壁市自然生态空间优化研究（由朱帅蒙执笔）；第 8 章进行了基于"基础评价-规划耦合-空间协调"的市级国土空间优化研究（由赵素霞执笔）；第 9 章从生态自然保护空间、农业生产生活空间、城镇开发建设空间三方面提出对国土空间管控的对策及建议（由朱帅蒙执笔）；第 10 章为本书研究的主要结论与展望（由赵素霞执笔）。

本研究和著作出版先后得到了国家自然科学基金区域创新发展联合基金重点支持项目（U21A20108）、科学技术部国家公益行业（国土资源）科研专项（201411022）、国家自然科学基金项目（41971274）和河南省高校哲学社会科学创新团队——城乡融合发展与生态安全（2022-GXTD-02）等项目的资助。此外，本书在资料收集和研究过程中，张慧芳、潘怡莎等同学给予了我们无私的帮助，在此向他们一并表示衷心的感谢！

由于笔者学识水平有限，书中难免存在不妥之处，在此恳请各位同行和读者批评指正。

作 者

2024 年 6 月

目　录

第1章 绪 论

1.1 研 究 背 景

改革开放 40 余年来,中国社会经济发展取得瞩目成就,《中国统计年鉴 2023》显示,我国的城市化率由 1978 年的 18%上升到 2022 年的 65.22%,其中城镇常住人口由 1978 年的 1.72 亿增加到 2022 年的 9.20 亿。2022 年国内生产总值达到 121.02 万亿元,综合国力和国际竞争力不断攀升。在经历了 40 多年的高速增长之后,国土空间无节制开发致使部分地区出现生态破坏、环境污染、资源短缺等一系列生态问题,制约着未来生态文明建设与高质量发展目标的实现。面对国土空间存在的一系列极具挑战性的矛盾和困难,我国相关政策文件对国土空间规划等问题给予了前所未有的关注。党的十八大以来,中央提出要加快建立生态文明制度,建立空间分类体系、探索"多规合一",并将推进空间规划改革和贯彻落实"创新、协调、绿色、开放、共享"五大发展理念放在了首要位置。在党的十九大上,习近平总书记对新时代"加快生态文明体制改革,建设美丽中国"作出了一系列决策部署,提出要构建节约资源和保护环境的空间格局,建立国土空间开发保护制度,统一行使国土空间用途管制,完成分别以城镇、农业和生态为开发导向的分区划定工作,完成生态保护红线、永久基本农田、城镇开发边界三条控制线划定工作。党的二十大报告指出,必须牢固树立绿水青山就是金山银山的理念,站在人与自然和谐共生的高度谋划发展。同时持续深化国土空间治理改革,全面实施《全国国土空间规划纲要(2021—2035 年)》,加快推进国土空间规划和重要区域国土空间规划的实施。在党的二十大报告上,习近平总书记提出要"构建优势互补、高质量发展的区域经济布局和国土空间体系"。2017 年,中共中央办公厅、国务院办公厅在市县"多规合一"试点工作基础上,下发了《省级空间规划试点方案》,河南省是全国 9 个省级国土空间规划试点之一。规划要求以主体功能区规划为基础,全面摸清并分析国土空间本地条件和情况,划定城镇开发边界、永久基本农田保护红线和生态保护红线,注重国土开发强度和主要控制线落地,统筹各类国土空间规划,统一编制省级国土空间规划。2018 年,为了贯彻落实党的十九大精神,加快建立国土空间规划体系,有序推进与规范省级国土空间规划编制,根据相关法律、法规和政策规定,制定了《省级国土空间规划编制技术指南》。2019 年,中共中央办公厅、国务院办公厅印发了《中共中央 国务院关于建立国土空间规划体系并监督实施的若干意见》,指出要综合考虑基本国情和资源禀赋,科学统筹布局生态、农业、城镇等国土功能空间。2020 年 1 月,自然资源部办公厅印发了《省级国土空间规划编制指南》（试行），为省级国土空间规划的开展与编制提供政策指导。因此，在新时代国土空间规划战略的关键时期，在国家政策需求的指导下，有必要开展国土空间功能评价以及优化管控研究，促进生态文明建设目标的实现。

河南省国土空间规划编制工作的深入开展，为统筹省域空间开发、利用、保护和整治，加快构建国土空间开发格局提供了重要的理论和技术支撑。但是在新时代背景下，要落实细化省级国土空间规划，急需进一步推进市县国土空间规划工作，突破国土空间规划用地分类与调查评价、资源环境承载力评价、国土空间布局优化等重大关键问题，这已经成为当前国土空间规划理论与实践的重大需求。

因此，本研究开展市级国土空间多维评价与布局优化管控方法及应用研究，对有序推进省、市县国土空间规划工作，确保省级国土空间规划各项部署最终落地，推动形成绿色共享和生态宜居、健康养老、科学适度有序的国土空间具有重要意义。

1.2 国内外相关研究综述

1.2.1 国外研究现状

1.2.1.1 国土空间规划体系

国土空间规划体系是将空间资源进行合理的保护和使用，在空间资源（土地、海洋等）保护、空间要素统筹、空间结构优化、空间效率提升、空间权利公平等方面进行研究，探索"多规合一"模式下的规划编制、实施和监管机制。从国土资源合理开发利用、生态环境监管保护、生态文明建设、新型城镇化有序推进、国土空间规划法律法规构建等方面着手建立科学完善的国土空间规划体系，将各级政府的空间管控权力明确划分，打破了原有的部门界限和整合了现有部门空间责权。

国土空间规划理论的研究。两次世界大战后，各国需要纷纷加快城市建设和发展的进程，世界各国原有的国土空间规划体系亟待改革和完善，也逐渐引起国际规划界的重视和共鸣，空间分区理论（Cerreta et al.，2010）也随之提出并发展。作为国土空间规划的基础，空间分区理论和方法得到快速发展。在这一时期，陆续产生了一些比较著名的关于区域开发的理论流派，主要有区域分工理论、克里斯泰勒的中心地理论、佩鲁的增长极理论（Berry and Garrison，1958a）等。随后在 1944 年，瑞典经济学家缪尔达尔（Myrdal，1957）在研究美国空间经济发展的过程中提出了循环积累因果理论。1970~1979 年，各国经济发展出现了不平衡现象，于是又有了核心-边缘理论，其中，弗里德曼（Friedman，1966，1973）提出的核心-边缘理论较具有代表性。该理论指出发展将通过创新的一种不连续但逐步积累的过程而实现，它总是起源于通信域内具有高频相互作用潜力的少数变革中心。创新通常是从中心自上而下、由里向外地向创新潜能较低的区域扩散。

欧盟（European Union）2003~2006 年启动了多种国土空间规划开发研究计划，实施以跨国为对象的跨区域性国土空间规划及开发。各国城市化的飞速发展，使得一些城市问题浮现出来。这就使原有的国土空间规划体系需要重新优化和完善，国土空间管理方法也需要从单一的生产功能向多功能国土空间利用转变。这一时期所出现的国土空间规划理论主要包括城市增长边界划分研究（Myung-Jin，2006）、大伦敦规划中所提到的"绿带圈"的控制（赵景亚和殷为华，2013；杜坤和田莉，2016）、可持续发展理论。1991 年由世界自然保护同盟等共同发布的《保护地球——可持续生存战略》把可持续发展定义为"在生存于不超出维持生态系统涵容能力的情况下，改善人类的生活品质"。

20 世纪初期和中期，欧洲各国掀起了对国土空间规划合理进行分区的研究热潮，各专家学者通过结合本国基本的国情，结合其他各国的规划方法和思路，建立了适合本国发展前景的国土空间规划体系，因而使得各国的国土空间规划名称有差异，如德国（谭荣和王荣宇，2018）和美国（滕欣，2018）的"区域规划"，日本（黄宏源等，2018）的"全国综合开发规划"，法国的"国土规划"，荷兰（沃登等，2018）的"空间发展规划"，丹麦（蔡玉梅等，2018）的以区域经济为主的"三级规划体系"等。具体而言，德国是国土空间规划体系和制度保障相对完善的国家，并且是区位论、空间结构理论等经典的经济地理学理论的主要发源地，德国的国土空间规划架构了国家、区域及城市间的规划体系，是一种综合性和上位性的规划。在荷兰，国土空间规划是国家、省和市三级规划体系，采取了针对偏远经济区开发、城市人口疏散、劳动就业和产业生产活动区发展等的一系列措施。在日本，国土规划被称为全国综合开发规划，作为日本区域开发规划体系中最上位的规划，该规划的作用是指导地方规划的编制，促进日本社会经济的快速发展。下面将大致介绍一下德国、荷兰和日本的国土空间规划情况。

德国的国土空间规划体系与其行政区划级别划分的层次相对应，分别是联邦尺度的空间秩序规划、州尺度的州域规划、州下属各行政区的区域规划、针对地方社区的城市规划层面的建设指导规划，其涵盖整个社区的土地利用规划以及针对部分街区的建设规划。并且德国国土空间规划的各项工作流程都十分重视公众的参与，保证规划的公开透明，维护公民利益。

荷兰进入 21 世纪后，为与欧洲战略一体化、经济全球化、气候变暖等新形势相适应，调整了规划思路。荷兰对 1965 年《空间规划法》实施进行评价时发现，原本的规划存在法律效力力度不够、功能区分不清晰和实施起来过于被动等问题。因此在 2008 年通过了旨在简化程序、明确职责、权力下放的新《空间规划法》，2010 年相关机构也调整为基础设施与环境部。通过简化其法律程序，统一各类建设准许证,将各类建设准许证、环境许可证和排污证等多证合一。

日本的行政区划主要分为两级,一级行政区根据其性质分为都、道、府、县;二级行政区为市、町、村。2005 年前,日本国土空间规划体系分为全国、区域、都道府县、市町村四个层次。日本新的国土空间规划明确了地方政府和公民的参与作用,也间接提高了公民对国土空间规划编制的参与作用。

1.2.1.2　国土空间规划分类体系

国外不同国家有着不同的国土空间规划分类体系,下面本研究主要从英国、澳大利亚、日本和荷兰等国家国土空间规划分类体系入手,研究这些国家国土空间规划分类的方法和理念。

英国在国土空间分区上采用的是政策区分类,将战略性和政策性运用到国土空间规划分类中,采用的是政策职能和管控职能两种职能的融合(程瑶和刘耀林,2012)。在政策区分类中,同一国土空间上对应多个政策,这些政策之间存在着许多包容和共存的关系。英国的整体区域用地分类是依据当地整体的发展趋势和方向,通过上级政策性用地分类,下级依据上级分类结合当地发展情况,自由制定有利于地方发展的用地政策,来确定具体的国土功能划分。这种国土空间规划分类方法一方面具有政策指引性;另一方面,对于不同地方用地政策,从开发利用的性质、内容和模式等方面都可以加以详细的文字说明,从而对用地类别加以界定和控制。通过这种方式可以减少不同编制部门、不同规划类型以及不同用地分类体系之间的矛盾。

澳大利亚的地方国土空间规划采用的是基本分类/用地政策和附加分类/附加条款的双层体系(黄媛玉,2017)。基本分类是以控制土地使用的主导功能为主要目标,对整体的规划范围进行全覆盖。在基本分类划定的基础上,附加分类对局部地区进行控制和限制,是对基本分类的补充和延伸。澳大利亚首都堪培拉的用地规划基本单元是以用地政策区来划分的,地方的各个政策分类都是通过基本分类的详尽说明和附加用地的使用来界定的,可以直接作为下位规划和开发活动的指导性文件,不用报上级逐层审批。

日本国土空间规划分类体系是叠加型空间分类体系,将土地使用区划、其他特别用途区划和公共设施规划这三类规划在空间上进行叠加,构成日本国土空间规划分类体系,这一分类体系是由若干不同侧重点和目标各异的分类构成,不同的规划使用各自的分类方式。而且日本的土地分类体系基于规划对城市开发具有一定的干预有效性,通过简单的土地分类加上复杂的规划编制共同构成了日本用地规划管理体系。在此基础上为了满足土地开发利用过程中的弹性需求,日本在国土空间规划分类体系中加入了兼容思维。日本在国土开发的过程中将国土空间划分为城市空间、农村空间、生态空间和其他空间等空间类型(哈斯巴根,2013),

以国土利用规划为依据，进一步将国土空间划分为城市区、农业区、森林区、自然公园区和自然保护区 5 种用地分类，并规定各用地类型的土地利用调整细则。日本的国土空间规划属于宏观规划，土地利用的基本规划中以用途管制为核心，以用途分区实现具体的国土空间管制；土地规划管理的措施包括法律和经济等方面，规划实施过程中以法律为保障，法律手段与经济手段相结合。

荷兰为了顺应时代经济发展，国土空间规划的目标和理念也在不断加强升级，从最初的加大经济建设逐步转变为经济与环境并存协同发展，再到通过引导社会经济发展来提高国土空间开发质量。荷兰在第五次国家空间规划政策文件中引用等高线政策，将荷兰国土空间划分为红线区（城镇建成区域）、绿线区（生态保护区域）和过渡地带三种类型区域（陈利和毛亚婕，2012）。这些都是为了重点突出其重新分配规划职能、重视环境问题和加强规划弹性等。

1.2.1.3　国土空间评价方法

当前关于市级国土空间评价方法的研究主要集中在以下几个方面：一是基于生态导向的自然生态空间保护重要性评价方法研究；二是资源环境承载力分析方法研究；三是国土空间开发适宜性评价方法研究；四是国土空间优化方法研究。

1）生态系统服务功能重要性评价

国外关于生态系统服务研究较早，早在 1970～1979 年，Holdren 和 Ehrlich（1974）就提出了生态系统服务功能，研究了其与生物多样性的关系，并探讨是否可以通过社会生产力的发展最终替代自然生态系统服务功能等问题，该项研究不仅引起了人们对生态系统服务功能的关注，同时也为今后的进一步研究奠定了基石。后来，Western 等（2004）、Ehrlich 和 Ehrlieh（1981）对生态系统服务功能进行了进一步的研究，提出了生态系统服务功能的内涵。1990 年以后，人们积极关注生态系统服务功能的研究，其评价研究开始成为关注的前沿和热点。在此期间，Costanza 等（1997）和 Daily（1997）取得了大量的成果。21 世纪初，联合国启动了千年生态系统评估项目，首次在全球范围内开展了生态系统对人类影响的多尺度综合评估，进一步促进了生态系统服务功能的研究。此后，Serafy（1998）、Opschoor（1998）、Starr（2005）、Farber 等（2002）对生态系统服务功能进行了学科交叉研究。de Groot 等（2002）在 Costanza 等（1997）的研究基础上，提出了 23 项生态系统服务功能及其与评价方法之间的关系，构建了关于生态系统服务功能和价值评价的理论框架。

2）生态环境敏感性评价

在国外，对生态环境敏感性评价的研究开始于 20 世纪 60 年代，Mcharg（1969）

在《设计结合自然》（*Design with Nature*）一书中，首次提出了生态环境敏感性的分析方法，并将其应用于适宜性评价中。后来，Coleman 和 Decoursey（1976）等将敏感性研究应用于蒸散发模型，进一步扩展了生态环境敏感性研究的理论和方法。Benton 和 Grant（1999）将生态环境敏感性应用于人口变化的研究中，采用弹性分析来研究人口变化对生态环境敏感性的影响。进入 21 世纪以后，国外对生态环境敏感性的研究逐渐增加，研究内容、理论和方法逐渐多样化。Adams 和Greeley（2000）将生态环境敏感性和生物指标相结合应用于水生生态系统的健康评价，识别了影响水生环境的压力因素。随后，一些学者在不同尺度上进行了不同的探索研究，Bonan 等（1990）通过构建数学模型，以阿拉斯加为例，研究了高纬度地区森林对气温和降水的敏感性。Carrington 等（2001）以北非地区为例，研究了湿地生态系统及湿地植物对气候变化的生态环境敏感性。Kumart 和 Parikh（2001）以印度农业区为例，选取了 1960~1980 年这二十来年间的 271 个地区评价指标，从时间和空间序列上研究了印度农业对气候变化的敏感性。Alvarez 等（2013）构建了鱼类指数表征生物多样性，研究了生物多样性对生态环境变化的敏感性。可以看出国外学者对生态环境敏感性的研究内容较为丰富，尺度选取较为广泛，大多集中在对某一具体生态环境问题的敏感性分析。

3）资源环境承载力分析方法研究

对资源环境承载力进行相关研究已超过一个世纪，研究方法众多，选取更具针对性、更科学、更全面的分析方法进行资源环境承载力评价一直是资源环境承载力相关研究领域的研究热点，国外目前的分析方法具体包括以下几类。

第一，层次分析法，是由 Saaty 提出的一种决策方法，产生于 1970~1979 年，该方法被广泛用于处理多目标、多准则决策。吕若曦等（2018）使用层次分析法构建评价指标体系，对镇江市开展资源环境承载力评价，发现承载力发展不均衡。温亮等（2017）以宁国市为研究区域，利用层次分析法确定耕地等三方面相关指标的权重，得出该市土地资源环境承载力现状为可载的结论。孙亚飞等（2015）运用层次分析法对辽河沿线城市进行水环境承载力评价，揭示了这些城市不同年份的承载状况。李磊等（2014）运用层次分析法评价武汉市 2006~2010 年水环境承载力，得出该市水环境承载力存在逐年增大的趋势。目前大部分学者使用该方法主要用于指标体系构建、指标权重确定，该方法在资源环境承载力评价中的应用相对成熟。

第二，TOPSIS（technique for order preference by similarity to ideal solution）法，又叫逼近理想解排序法，是由 Hwang 和 Yoon（1981）提出。该法首先确定各指标最优和最劣值，以此确定正、负理想值，再计算各指标相对于理想值的贴近度，最后结合权重得到最终评价结果。该方法是处理多属性问题相关决策的一种有效方法，在资源环境承载力评价的应用中，TOPSIS 法通常和熵权法结合使用。徐建新等（2012）改进 TOPSIS 模型，并结合熵权法对地下水资源承载力进行评价，得出研究区地下水资源承载潜力小的结论。雷勋平和邱广华（2016）应用熵权TOPSIS模型对安徽省的经济、资源、环境三个子系统的承载力进行评价。徐文斌等（2018）以海岛地区为典型研究区，运用熵权TOPSIS法对其资源环境承载力进行评价，得出2009～2015年舟山普陀区、定海区承载力水平稳步提升。苟露峰等（2018）以青岛市为研究区，运用熵权TOPSIS模型进行海洋资源环境承载力评价，发现该地区承载力水平呈先下降后上升再下降的趋势。熵权TOPSIS模型在指标赋权方面具有较大优势，由于该方法可操作性强且客观全面，一直是相关资源环境承载力评价的应用热点。

第三，系统动力学（system dynamics，SD），由美国麻省理工学院的Forrester（1961）教授于1960～1969年创立。1980～1989年，英国科学家Sleeser（1990）在新的资源环境承载力定义基础之上，综合思考资源、人口、环境与发展之间的联系，建立了SD模型，得出一种计算资源环境承载力的新方法，此后系统动力学法在资源环境承载力相关方面的应用逐渐丰富。该方法通过构建一个将结构理论、功能概念、历史背景因素相结合的系统，模拟和预测近远期承载力合理的变化趋势。中国学者在20世纪末就提出了与之相似的理论，即复合系统理论。Yang等（2019）利用系统动力学方法构建了西安市的社会经济/水资源SD模型，并对此设计出5种不同目的的情景进行评估预测，发现在当前的社会发展模式下，西安市将从正常状态向贫困状态转变，对此提出缓解该状态的相关建议。Zhou和Zhou（2017）通过构建系统动力学模型来计算在GDP-PM$_{2.5}$约束下的大气环境承载力，取代了复杂的物理化学模拟流程，使得大气环境承载力的动态趋势模拟变得简单。Kong等（2017）利用系统动力学方法对青海湖区域矿产资源开发与环境的关系进行研究，发现盐湖矿产资源的开发利用对当地社会经济发展有积极影响，但对当地环境有消极影响。Zhang等（2018）将系统动力学和层次分析法相结合，对水生态承载力发展趋势进行分析和评价，针对吉林省四平地区存在的水生态环境问题，提出了六个规划方案。罗婷等（2018）利用系统动力学方法对广东省水资源承载力进行研究，并构建仿真模型，提出多种情景假设，分析各情景下的水资源承载力变动趋势，研究得出提高承载力的最优情景。崔丹等（2018）利用系统动力学方法对昆明市的水环境承载力状态进行预测，研究发现在目前发展情景下，到2025年昆明市的水环境超载状况会不断恶化。由于资源环境承载力存在动态变化趋势，且相关要素存在复杂的关联性，系统动力学方法的优势在此方面得到极大发挥，广泛用于远期资源环境承载力的模拟分析。

第四，地理信息系统（geographic information system，GIS）空间分析法。GIS在中小尺度的资源环境承载力评价中应用较广，其主要用途为：①承载力评价指标体系中与空间数据相关的指标的统计与处理；②不同承载力的评价单元相互之间的空间聚集度、相关性分析；③热点分析以及评价结果可视化分析等。冯欢等

（2017）使用 GIS 技术对重庆市内的县域资源环境承载力进行分析，发现各县域资源环境承载力有显著的空间自相关特点。张静静（2018）使用 GIS 获取各类评价因子在空间上的相关信息，并构建数据库，以此为基础进行评价。杨亮洁和杨永春（2017）利用 GIS 空间分析方法分别对甘肃省各市承载力水平差异进行了空间格局分析。总体来说单独使用 GIS 进行资源环境承载力评价缺乏全面性，但 GIS 在资源环境承载力评价中有着不可替代的作用，GIS 空间分析方法众多，但目前学者主要集中应用热点分析和聚类分析，未来空间分析方法在资源环境承载力中的应用有待进一步丰富。

第五，压力-状态-响应（pressure-state-response，PSR）模型和驱动力-压力-状态-影响-响应（driving force-pressure-state-impact-response，DPSIR）模型主要用于资源环境承载力评价指标体系的构建。皮庆等（2016）运用 PSR 模型构建武汉市及周边城市环境承载力评价指标体系，评价结果表明大部分城市环境状况较好。熊鸿斌和韩尚信（2018）在 PSR 理论的支持下选取指标，结合改进的熵权 TOPSIS 法，对安徽省各地级市进行资源环境承载力评价，并找出影响各地级市资源环境承载力水平的主要因素，提出相关建议。张型芳等（2017）基于 DPSIR 模型构建北京市生态环境承载力的指标体系，并在此基础上进行分析。白洁芳等（2017）构建了农业相关的水土资源承载力 DPSIR 模型，并结合其他模型算法，对榆林市各区县承载力的相对水平进行评价。PSR 模型和 DPSIR 模型在评价指标体系构建上具有优势，能有效指导评价要素的选择与梳理，因此应用广泛。

4）国土空间开发适宜性评价方法研究

随着社会经济的不断发展，城市建设空间不断扩展。世界各国在开发建设中，盲目扩大城镇区域，占用大量优质农田和生态重要性强的空间用地，自然空间和农业空间在逐步减少，使得生态空间、农业空间和城镇空间内部矛盾愈演愈烈，国土空间开发适宜性评价的重要性也逐渐凸显出来。因此，国土空间开发适宜性评价成果也逐渐成为国土空间规划编制重要参考依据之一。在国外，土地适宜性评价目前常用的研究方法主要有：德尔菲（Delphi）法、主成分分析法和灰色关联法等。Davidson（1994）选取气候因素和土壤因素作为评价指标，研究加拿大不同种类农作物的土地适宜程度。Rahmanipour 等（2014）选取了 10 项土壤质量指标，利用主成分分析法对伊朗加兹温省农田土壤质量进行评价。Kim 和 Shim（2018）利用层次分析法以土壤和气候为指标进行了果树的土地适宜性评价，以期达到土地适宜性和苹果产量的最优。由此可见，土地适宜性评价首先要在众多指标中筛选合适的指标，根据实际情况运用合理的研究方法进行评价。

5）国土空间优化方法研究

国土空间是人类生产、生活和享受生态功能的载体，优化国土空间开发布局是促进人类生产生活可持续发展的重要手段。人类在时代发展的同时注重生存空间开发和利用，通过不断改革创新，完善空间布局优化。国外学者对国土空间发展规律的认识相对较早也较为全面。Guttenberg（1993）从土地、空间和空间规划的概念入手，认为空间主要由自然资源和文化资源组成，通过分析在不同的区域和时间范围内，家庭、邻里和城市三个不同模式所占的主导地位的不同，指出规划师和地理信息系统专家在国土空间规划思路与方案上所面临的挑战；Albrechts 等（2003）对欧洲战略国土空间规划与区域管制效果开展空间专题研究，从欧洲利用的空间战略角度出发，探讨发展战略对城市区域发展的影响，并利用具有创新性的三个案例来说明空间发展战略的动机、模式和政策；Koomen 等（2008）通过研究发现土地利用变化是人类活动和自然环境发展的重要影响因素，并基于土地利用模式变化的概念，深入探讨土地利用方式与空间利用政策之间的关系，提出通过土地利用变化模型来引导国土空间规划实施；Todes（2012）从城市增长和空间发展战略规划的角度，探讨利用国土空间规划来指导解决城市发展中存在的分散问题，利用空间重构模型来减轻现有空间格局分散与新兴空间格局分裂的趋势。

1.2.2 国内研究现状

1.2.2.1 国土空间规划体系

从中华人民共和国成立再到新时期改革开放以来，我国的城市化进程得到飞速发展，从而也产生了很多现实问题。为了解决问题，我国在国土空间管理方面实施了许多规划举措。国土空间规划分区是根据不同空间的使用特点进行整合，其目的在于区分不同分类。就国土空间规划方式而言，现已形成多种土地规划方式，呈现多种标准并行、部门特色突出的特征，我国现行国土空间规划体系出现了多元化发展。各政府部门从各自规划管理需求出发，制定了各个规划的基础理论框架，如土地利用总体规划、城市总体规划、《国务院关于编制全国主体功能区规划的意见》、生态环境保护规划和《生态文明体制改革总体方案》等。根据城市开发建设和规划管理的需求，政府对于国土空间规划的需求也在不断发展改进。但是由于我国现行的规划体系繁杂，而且各个规划的内容、层级和侧重点不同，因此不能在全国形成一个统一的国土空间规划体系，并且很多现行的国土空间规划体系主要是以城镇和农业发展为侧重点，忽略土地的生态价值，因而不能很好地保护生态环境，导致出现多规并存、冲突和重叠问题，使得空间管理效率低下。

1.2.2.2 国土空间规划分类体系

我国在不同的发展阶段，为了适应不同阶段的发展诉求，国土空间规划分类体系也在不断完善和发展,最具有代表性的是我国原国土部门的土地利用调查分类与住房和城乡建设部的城市规划用地分类。在原国土部门印发的第一版《土地利用现状调查技术规程》中,将用地划分为耕地、园地、牧草地等八大类;随着调查工作的逐渐深化,为了获取更为详尽的用地情况,制定了《城镇地籍调查技术规程》标准,从这个时候开始,我国城镇和乡镇形成了两套不同的用地调查分类标准。2007 年和 2017 年分别下发的国家标准《土地利用现状分类》,在第二次全国土地调查和第三次全国国土调查中才得到执行。住房和城乡建设部主持的城乡规划用地分类标准也在不断完善。1990 年将城市用地划分为居住用地和工业用地等十个大类。2011 年住房和城乡建设部为了满足城乡发展需求,统筹城乡一体化发展,以全行政区覆盖的原则,按照建设用地和非建设用地对城乡用地进行逐步细化,将公益性用地和经营性用地等具有不同政策导向的用地进行类别划分。

我国学者也通过选取不同行政区进行国土空间规划分类划定和管控的研究与探讨。马世发等(2015)从欧盟国土空间规划统计单元划分中得到启示,结合湖南省的实际情况,对省级国土空间用地进行了划分研究。李芳(2012)通过定量分析和定性分析相结合对广西壮族自治区贵港市进行了空间划分探讨,以行政村为基本单元,将贵港市划分为生态发展空间和经济发展空间两大类,进一步划分为生物多样性维护空间、农业发展空间等九个二级类。蔡玉梅等(2014)综合各类区划,探讨了省级国土空间综合功能分区划分的三级体系,其中一级类是以地貌为主,二级类是以国土空间类型为主,三级类则包含生产、生活和生态三个方面的八个主体功能。张合兵等(2018)采用土地利用/覆被类型和人类活动影像相结合的方法,建立了市县级自然生态空间分类体系。岳健和张雪梅(2003)对现有国土空间规划分类体系及其存在问题进行分析,在此基础上提出了土地利用划分方法。

1.2.2.3　国土空间评价方法

1)生态系统服务功能重要性评价

在国内,生态系统服务功能研究最早开始于 1980 年的森林资源评价研究工作。1990 年以后,国外与生态系统服务功能有关的研究成果开始进入国内,学者们开始关注对生态系统服务功能的内涵、理论及其评价方法的研究,并取得了显著的成果。在生态系统服务功能内涵研究上,欧阳志云等(1999)最早提出了其内涵,并系统总结了其研究趋势和功能价值的评价方法。郭中伟和甘雅玲(2003)讨论了生态系统服务功能的定性、定量和定位,生态系统服务功能在空间上的转移及其与生态安全格局、可持续发展之间的相互关系。谢高地等(2003)在 Costanza(1997)研究的基础上,构建了中国陆地生态系统单位面积服务价值表,并对青藏高原不同生态资产的服务价值进行了估算。王伟和陆健健（2005）在对已有生态系统服务功能分类及其计算方法进行总结的基础上，提出了新的分类系统和核心服务功能、理论服务价值、现实服务价值的概念。李月臣等（2013）以三峡地区为例，选取了水源涵养、土壤保持、生物多样性保护和营养物质保持四个生态系统服务功能，并构建了其评价模型与方法，定量揭示了三峡地区生态系统服务功能重要性程度和空间分布规律。付奇等（2016）以西北干旱区为例，基于山盆系统理论，构建了水源涵养、固碳释氧、土壤保持和生物多样性保护评价模型与方法，弥补了山盆系统区域的研究空白。在国内学者大量的探索下，生态系统服务功能研究取得了一定的进展和成果，但目前还处于发展阶段，评价方法和评价模型的构建还不够完善。

2）生态环境敏感性评价

国内生态环境敏感性评价研究始于 1990 年，刚开始主要借鉴国外的研究方法对酸雨、水土流失、土地沙漠化和植被覆盖等方面进行了研究，后来随着研究的进一步深入和扩展，生物多样性、地质灾害和人为影响等因素被纳入到了评价系统中。仇荣亮和吴箐（1997）总结了酸雨的研究现状、对生态和土壤系统造成的影响及生态系统酸沉降敏感性等，提出了进一步的研究方向和研究中需要注意的地方。后来，王让会和樊自立（1998）以塔里木河流域为研究区，基于景观生态学和恢复生态学理论，综合考虑了自然和人类活动因素的影响，对流域内生态环境敏感性和恢复性进行了研究。欧阳志云等（2000）在国家尺度上研究了我国酸雨、水土流失、盐渍化和沙漠化的空间分布格局及其空间自相关性，并分析了其主要影响因素，在中国进行了生态环境敏感性评价分区。彭羽等（2008）以北京市顺义区为例，采用 ArcGIS 空间分析的方法，通过计算不同生态系统类型的生态指数、脆弱度和生态损失度，确定了三个生态风险等级及其空间分布，进一步完善了生态环境敏感性评价。黄静等（2011）以厦门市为例，分析了 20 年沿海城市围填海、城市扩展等主要土地利用活动对生态环境的影响机制，并计算了土地利用变化情况下生态环境敏感性指数，进一步研究了其变化过程。随着 3S 技术手段的迅速发展，GIS 和 RS 技术在生态环境敏感性研究中应用得越来越广泛，多数学者借助 3S 技术，对生态环境敏感性展开了广泛的研究。李大龙等（2016）以新疆伊犁河谷重要农牧业生产基地为例，采用 ArcGIS 空间分析的方法，研究了伊犁河谷对土壤侵蚀的敏感性。刘春霞等（2011）借助 RS 和 GIS 手段，以三峡库区重庆段为例，选取了研究区典型的土壤侵蚀、生境破坏、石漠化和酸雨等生态环境问题进行了敏感性评价，定量揭示了三峡库区生态环境敏感性程度及其空间分布特征。可以看出，自引进国外生态环境敏感性评价的方法和理论后，随着我国生态环境问题越来越突出，生态环境敏感性评价研究逐步成为热点，从刚开始对国外方法和理论的借鉴发展到逐步适应国内突出的环境问题。在研究方法、理论和技术手段上也逐渐趋于成熟。

3）资源环境承载力分析方法研究

国内目前的资源环境承载力分析方法具体包括以下几类。

第一，模糊综合评价法：在资源环境承载力评价过程中由于部分单个评价指标存在模糊性、不确定性，可以通过模糊物元模型将单个指标转化为综合指标进行评价。该方法具有结果明确、评价全面的特点，在一些复杂的系统问题中数学方法较难描述时，该方法具有优势，在水资源承载力和资源环境承载力方面应用比较广泛。

第二，生态足迹法：该方法是将人类物质、能源等各种消费转化为对建筑用地、耕地、化石能源地、牧草地、森林、水域六类用地的需求，通过分析盈亏，来评价其承载状态。由于资源环境承载力评价涉及诸多生态因素，所以此种方法得到广泛应用，其中在生态承载力领域的相关研究最丰富。曹萌（2016）运用能值生态足迹模型对北京市生态足迹和生态承载力进行计算，从而分析北京市承载力状况。吴振良（2010）从物质流的角度出发，构建资源环境压力评价指标体系，在测算压力指数时，借鉴了生态足迹的测算方法。丁娇娇（2017）将生态足迹与水足迹、碳足迹相结合，并对相对应的生态承载力、水承载力、碳承载力进行对比盈余分析，从而得出泉州市环境承载力状态为生态赤字。刘亚亚（2016）从"省公顷"的角度引用生态足迹法，对宁夏市中部干旱带县级单元和乡镇级单元的生态承载力进行测算，将资源承载力与生态承载力综合，得出综合承载力，并对其进行评价分析。大部分学者在使用此方法进行资源环境承载力评价时，侧重于测算方法的引用，该方法在分析承载压力状态方面具有优势。

第三，主成分分析法：主要原理是运用降维的思路，将具有内在联系的原指标转化为几种综合指标，综合指标包含原指标的相关信息，在计算指标的贡献率、累计贡献率、特征值等的基础上，分析影响资源环境承载力的主要因素，根据主要因素提出相关的政策建议。邬彬（2010）运用主成分分析法对深圳市资源环境承载力进行评价，得出资源利用效率等是影响深圳市资源环境承载力的主要因素，并对此提出相关的六个建议。茶增芬（2016）运用主成分分析法得出曲靖市罗平县各乡镇资源环境承载力的主要限制成分。贺辉辉等（2017）在对安徽省淮河流域进行水环境承载力评价时运用了主成分分析法，得出影响水环境承载力的主要指标为城镇居民恩格尔系数、水资源利用率等，并得出主要影响指标的优先顺序。王晶等（2018）用主成分分析法分析阿克苏地区引起水资源承载力变化的主要驱动因素。肖杰等（2018）采用主成分分析法得出影响经济区水资源承载力的主要因素，认为经济发展水平是最主要的影响因素。总体而言，主成分分析法在发掘资源环境承载力的主要影响成分方面具有优势，可以全面精确指导后期相关对策建议的提出。

第四，均方差决策法：该方法是一种客观确定权重的方法，主要用于评价指标权重的确定，该法根据各指标的标准差占所有指标标准差总和的比例确定各指标的权重，优点是避免了两两指标进行重要性比较的主观性，简单易操作。蒙海花等（2016）运用均方差决策法对辽宁省各市综合承载力赋权，通过评价发现省内各市的承载力差别明显。易鹏涛等（2018）在均方差决策法的基础上对云南省中部城市群土地资源综合承载力进行评价，发掘各市短板要素及差异。郭美骅和郝润梅（2018）将内蒙古自治区和林格尔县作为研究区，在相关承载力变化状况的研究中应用了均方差决策法，通过研究发现承载力变化幅度较大的子系统是水土资源系统，并提出了针对性的对策建议。蓝希等（2018）对武汉市水环境承载力指标体系进行赋权时，采用主客观赋权相结合的方法，其中客观赋权法采用的是均方差决策法。资源环境承载力的指标赋权一直以来都是研究热点，由于均方差决策法克服了主观性这一问题，使得指标赋权更具科学性，该方法在此方面得到大量应用。

用于资源环境承载力评价的方法除以上几个主流方法以外，还有灰色关联分析法、状态空间法、能值分析法、神经网络模型、聚类分析法等。学者们在进行资源环境承载力评价时通常将两种以上的方法进行有机融合，以此保证评价的客观、合理、全面。

4）国土空间开发适宜性评价研究

国内学者在国土空间开发适宜性评价上进行了大量的研究。在适宜性的内涵方面，刘耀林和焦利民（2008）认为城市国土空间开发适宜性是指在一定技术条件下，将农用地等其他功能的国土空间转化为城市生产、生活等空间的适宜程度。在适宜性评价方面，从农用地到非农用地的研究也取得一些进展，涉及国土空间开发适宜性评价的指标体系、评价方法以及实际应用等方面。从方法而言，国内学者更倾向通过 GIS 软件平台从复合视角对研究区域进行国土空间开发适宜性评价，通过构建合理的适宜性评价指标体系对研究区域现实情况作出分析，但因为各个研究区域地类不同等，在指标选取方面往往存在部分差异，对不同地区和不同功能的用地进行更具体的分析是当前研究的深化拓展方向。部分学者将国土空间划分为生态空间、农业空间和城镇空间三大类进行适宜性评价分析，也有学者将国土空间分为生态、生产和生活三类空间。我国在进行国土空间开发适宜性评价时有两种方式：一种是通过研究实际情况建立不同的评价指标体系，利用熵权法或层次分析法等方法计算权重，最终确定三类空间；另一种是以土地利用功能为基础，进行归并分类，这种方法实现了土地功能与土地利用的有效衔接，为国土空间开发适宜性评价提供了一种新思路。综上所述，近些年我国政府部门和学者也开展了很多适宜性评价方法研究，而如今国土空间开发适宜性评价的主要研究方向是城镇建设用地方面，没有做到全区域覆盖研究。一方面，我国在开展国土空间开发适宜性评价时以建设用地为主要研究内容，涉及乡镇的也以农业生活用地与生产用地分布为主要研究内容，很少涉及生态空间方面的内容研究；另一方面，在建立适宜性评价指标体系时，应当注重研究区域内的自然地貌和社会经济情况，除了刚性条件外，还需要与地方实际相结合。今后国土空间开发适宜性评价的目的在于识别生态环境敏感保护区、农业生产生活区和城镇开发建设区的适宜情况，本研究以此为研究宗旨，结合现有研究开展评价。

5）国土空间优化方法研究

国内关于国土空间优化方法的研究始于 1990 年，学者们在国土空间优化的理论依据和开发模式方面进行了广泛研究。学者们以大型城市群为研究对象，从多种研究角度出发，运用各种计量及规划分析方法，对大型城市群空间开发分区模式及城市群空间优化路径展开深入研究。

国土空间优化路径及开发模式的相关研究。首先，部分学者在国土空间优化及重构的理论方面进行探索和研究，如刁琳琳（2010）基于空间经济学理论，分析影响中国城市空间重构的作用机理，从土地和资本等生产要素出发，在宏观层面剖析城市空间重构对于经济发展的影响，充实了城市空间重构体系的研究；肖金成和刘保奎（2013）从开发区位、功能等四个维度剖析国土空间开发相关概念的内涵，在国土空间开发的基础上，揭示国土空间格局演变的内在机制，提出了相应的国土空间区域优化思路和策略；牛方曲等（2015）从城市综合实力指数、交通可达性以及相互作用强度出发，构建了空间结构分析算法和技术框架，开拓了利用计算机大数据快速分析城市群复杂网络的新方法；欧阳慧（2015）以影响不同尺度空间组织结构的因素为切入点，分析不同尺度空间组织与主导因素的关联机制，揭示区域空间的主导因素对空间节点优化、空间通道的重组及要素流管理等方面的作用机理，依据研究结果提出了不同尺度区域空间组织的建议。在国土空间优化相关理论研究的基础上，学者们分别从宏观、中观及微观不同层次，探讨了国土空间优化及重构路径。城市群国土空间优化一直是学者们关注的重点，汤放华等（2010）从区域一体化、信息化与知识化三个角度，以长株潭城市群为例开展国土空间优化方法研究，建立了以区域一体化流动空间体系、扁平网络化信息空间结构及生态基础设施为空间分隔的组团空间，充实了城市群空间重构理论；陈红霞等（2011）以京津冀区域空间为研究对象，从点、线、网络和域面四个空间要素入手，将提升区域竞争力作为发展目标，综合考虑区域经济社会的发展水平，提出了区域空间整合的具体方案；邓文英与邓玲（2015）利用经济学综合空间均衡模型对城市群国土空间优化和开发进行了经济学分析，并以环渤海城市圈为实证进行理论应用，依据不同功能区的物质和生态财富价值，并以生态文明建设为目标提出了相关的政策建议；王传胜等（2016）以长江经济带为研究对象，分析其空间结构的历史演变特征，提出国土空间开发要遵循国土空间结构演化规律，并按照"点、线、面"形式组织开发长江经济带。随着国土空间优化路径和模式的不断丰富，"三生"（生产、生活、生态）空间概念逐步被引入空间优化的实践中，Sun 等（2018）将海岸带作为空间功能分区的特殊研究对象，从经济社会等方面选取多项指标，进行空间适宜性评价和空间功能分区，并建立了生产、生活和生态空间的规划路径，优化了宁波市 41 个岸段的空间格局；席建超等（2016）以生产、生态和生活空间为重构对象，探究旅游乡村聚落演进和重构的驱动机制，并给出乡村空间格局重构的模式与路径；樊杰（2016）在广东省国土空间优化中，将"三生"空间概念运用于规划实践，以"三生"理念实现国土空间优化配置，综合多种空间分析手段进行生产空间调整、生态空间整治以及生活空间的优化，充实了"三生"空间理念的实践成果。

1.2.3　研究述评

综上所述，在欧美各国对国土空间规划体系的进一步研究中可以得出：应先对我国现存的国土空间规划体系问题进行梳理，再通过总结欧美各国国土空间规划理论中的精华部分，建立科学完善的国土空间规划体系的基本原则和工作方向，最后构建出符合中国国情的国土空间规划体系框架；国土空间规划在未来的发展将会更加简洁易操作，不再是以前复杂的土地区域规划，它明确了各级政府和部门对规划的权力关系，新的国土空间规划体系要将公民的知情权和参与权明确到国土空间规划的过程中，建立起政民一体的国土空间规划体系；还要建立起完善的国土空间规划法律体系，为国土空间规划的管控提供坚实的法律保障。从国内外政府和学者对国土空间规划分类体系的研究可以得出以下三点：①各国的国土空间规划分类都是根据时代的变化而加以改进的，可通过借鉴国外分类思维，并结合我国国情，构建适合我国社会经济发展的国土空间规划分类体系；②要加强"多规合一"的实现，完善用地分类的相关法律法规，实现多种分类体系融合，减少多种国土规划土地分类体系的矛盾；③构建国土空间规划分类体系时要注重生态保护优先原则，通过社会经济活动来促进国土空间高质量发展，提升人民的幸福感。同时，国内外学者对国土空间优化方法均有独到见解。国外学者对国土空间发展规律的研究和认知相对较早，更注重土地利用的变更状况和土地在经济发展过程中的变化规律，他们结合人类活动和社会经济发展来进行国土空间布局优化。我国国土空间优化方法研究起步相对较晚，国内学者在结合国情的基础上，分析空间结构的变化特征，对国土空间进行重构和优化，在改革创新中探索能够适应多尺度国土空间开发布局优化的方法；通过对国土空间进行土地功能分区和适宜性评价分析，以国土地类识别和国土空间开发适宜性评价结果为依托，构建科学合理的国土空间开发导向分区优化方案。

国内外对自然生态空间保护重要性评价、资源环境承载力评价、国土空间开发适宜性评价等各方面国土空间评价方法已有较深的研究，同时也针对上述单个因素提出了相对应的国土空间优化方案。但这些研究只是考虑国土空间单个因素评价，最终还是没有对国土空间多维评价进行专项研究。本研究将建立面向国土空间开发格局调整与优化的多维评价模型，提出一套基于多源信息融合/多目标协调的城镇、农业、生态空间优化技术路径，为统筹区域空间开发、利用、保护和整治，有序推进市级国土空间规划工作提供技术支持。

1.3　相关概念界定与理论基础

1.3.1　相关概念界定

1.3.1.1　自然生态空间概念界定

一般而言，地理学上的空间是指一定范围内的地域空间，是生物和非生物所占据的场所与环境总和。国外较多关注"绿色空间"的研究，主要有三种观点：一是认为绿色空间是指所有具有绿色植被覆盖的土地类型，包括农用地。二是认为绿色空间是指具有绿色植被覆盖的开敞空间，并同时具有自然生态属性、可为人类提供娱乐功能，重点强调绿色空间的开放性。三是将土地空间分为"蓝色空间"和"绿色空间"，前者是指自然水体所占据的地域空间，如河流、湖泊、水库水面等，但不包括人造的具有观赏性的水体构筑物等；后者是指以绿色植被覆盖为主的开敞空间，如自然保护区、森林、公园等。可以看出，国外对于"绿色空间"的定义主要基于土地覆被类型，同时关注地域空间为人类提供的生态系统服务功能，重点强调"绿色空间"可被公众所获得。国内研究多聚焦于"生态用地""生态空间""生态保护红线"等，形成了"生态要素决定论""生态功能决定论""主体功能决定论"三种观点。目前，学术界对于自然生态空间概念尚无明确界定，而国家颁布的《自然生态空间用途管制办法（试行）》中对自然生态空间进行了定义，是指具有自然属性、以提供生态产品或生态服务为主导功能的国土空间，涵盖需要保护和合理利用的森林、草原、湿地、河流、湖泊、滩涂、岸线、海洋、荒地、荒漠、戈壁、冰川、高山冻原、无居民海岛等。

因此，在国内外现有研究成果的基础上，遵循《自然生态空间用途管制办法（试行）》，在应用于国土自然生态空间登记管理的前提下，对自然生态空间概念界定应遵循生态功能主导性原则。考虑地域的实际差异性和空间的尺度性，将市县级自然生态空间定义为：除生产性空间和承载性空间以外，发挥环境调节、水土涵养、防风固沙、生物保育等生态系统服务功能，以提供维持生命支持系统、保障生态调节功能、维持生存环境舒适性等生态产品为主，对维护区域生态系统稳定性、保障区域生态安全格局具有重要作用的用地空间。

从空间尺度上来讲，市县尺度区别于国家和省级尺度：国家尺度上更多的是宏观上对整个生态系统的管控，维持生态系统内部结构的稳定性，保障各个组成部分生态功能的完整性，使整个生态系统能够良性地循环发展；省级尺度上主要是发挥着承上启下的作用，一方面落实国家在不同区域及省份之间的生态保护战略部署，另一方面进一步细化区域内生态保护格局、实行跨区域的生态系统保护协作和指引下一级自然生态空间管理部门的管理与保护方向；市县级尺度则是将国家和省级生态保护战略落实到具体的区域空间上，是对自然生态空间的精细化管控，是保障国家和区域生态系统稳定性的底线。从特征属性上来讲，自然生态空间主要包括两类空间：一类是以发挥生态系统服务功能、提供生态产品为主的生态重要区域，在维护区域生态系统稳定性方面发挥着重要作用；另一类是以维持、修复、保护为主的生态脆弱区，在保障区域生态安全格局方面具有重要意义。从涵盖范围上来讲，其指的是广义上的自然生态空间，既包括自然界中各类天然形成的自然生态空间，如森林、湿地、草原、沙漠、滩涂等，还包括那些经过人类改造形成的自然生态空间，如防护林地、公益林地、人造水域、湿地公园、水源保护区、风景名胜区和自然保护区等。

1.3.1.2 自然生态空间分区内涵

自然生态空间分区是指在明晰区域自然生态系统特征与问题的基础上，依据其受胁迫的过程与效应，考虑生态系统服务功能重要性及生态环境敏感性在空间上的相似性和异质性，将区域自然生态空间划分为不同生态保护区的过程。

依据其内涵，在进行自然生态空间分区时，要充分考虑研究区自然生态系统的实际特点与存在的主要生态问题，同时也应考虑区域自然环境本底条件、社会经济发展状况和人与自然和谐发展的关系。在尊重自然、顺应自然、保护自然的同时，寻求生态保护和人类社会经济发展和谐共生的契合点，为区域社会经济发展提供生态支撑力，实现区域可持续发展。

1.3.1.3 资源环境承载力的内涵界定

承载力最初是一个机械概念，指的是一个物体在不造成任何物理损伤的情况下所能承受的最大载荷。而后承载力被引入生态学领域，最具代表性的就是马尔萨斯种群理论，马尔萨斯（1992）认为种群增长呈指数增长，受限于食物供给。有很多学者在此基础上拓展承载力概念，对承载力相关概念进行延伸，从生物物理承载力延伸到社会、经济、文化承载力。前期学者们认为承载力是"所有层次的生物整体增长或发展的极限",由有限资源和资源消耗者之间的过程与相互依赖的关系决定。当然有一部分学者将承载力与人类生存相联系,认为承载力应代表与人类生存有关的环境质量和资源条件,而中国在 20 世纪 50 年代开始对承载力进行研究,代表人物是竺可桢(1964)等一系列学者,他们依据估算的国内各类农作物的潜在产量来预估未来中国各地区的适宜人口规模。在 1980~1989 年,由中国科学院带头研究的土地资源承载力是资源环境承载力相关研究在中国学术研究领域的一次里程碑事件,在 1986 年首次定义了土地资源承载力。而后环境承载力这一概念被大范围关注,学者们将资源承载力和环境承载力相结合统称为资源环境承载力,并进行大量研究。

在资源承载力方面,土地资源承载力和水资源承载力是主要的研究方向。闵庆文等(2004)从可持续发展角度定义水资源承载力,认为其是对社会经济发展的最大支撑能力。Shi 等(2013)将城市土地资源承载力定义为在一定的经济、社会、技术和环境条件下,城市土地资源所能维持的各种人类活动的规模、强度,以及人口的极限。Godschalk 和 Parker(1975)将环境承载力定义为假设环境本身对发展有一定限制的条件下,人类活动会对环境造成不良变化的极限。对于资源环境承载力这一综合概念,邓伟(2010)通过辨析资源环境承载力、生态承载力和区域承载力之间的内涵,从可持续发展视角定义资源环境承载力。

整体而言资源环境承载力的内涵存在纵向深入与横向融合两个趋势。就纵向而言,有关资源环境承载力的单一元素承载力评价(如水资源承载力、土地资源承载力、大气环境承载力等)的研究正在逐渐深入;从横向上来看,将资源、环境、人口、社会、经济等方面的承载力有机融合为综合承载力是国内外研究方向之一,研究视角正在逐步拓宽。

1.3.1.4　国土空间开发导向分区内涵界定

国土空间开发导向分区是指以国土空间未来开发利用导向为基础,依据国土空间地类识别和国土空间开发适宜性,充分考虑国土空间用地功能的相似性和一致性,结合区域社会经济发展需要,将区域国土空间划分为不同开发利用导向分区的过程。根据其内涵,在进行分区时既要充分考虑到国土空间用地的实际特点,也要考虑到区域国土空间的本底条件、经济发展情况和人类活动状况。在社会经济发展的同时,要尊重自然、顺应自然、保护自然,寻求人类文明进步和生态自然保护之间和谐共生的方法,为区域开展科学合理的国土空间规划编制、国土空间基本分区和国土空间优化提供可靠的数据基础,从而实现区域可持续发展。

1.3.2 理论基础

1.3.2.1 PSR 理论

PSR 是环境质量评价学科中生态系统健康评价子学科中常用的一种评价模型，是最初在 1979 年由加拿大统计学家 Rapport 和 Friend 提出，后由经济合作与发展组织和联合国环境规划署于 1980～1999 年发展起来的用于研究环境问题的框架体系。

PSR 模型使用"压力-状态-响应"这一思维逻辑，体现了人类与环境之间的相互作用关系。人类通过各种活动从自然环境中获取其生存与发展所必需的资源，同时又向环境排放废弃物，从而改变了自然资源储量与环境质量，而自然和环境状态的变化又反过来影响人类的社会经济活动与福利，进而使社会通过环境政策、经济政策和部门政策，以及意识和行为的变化对这些变化做出反应。如此循环往复，构成了人类与环境之间的压力-状态-响应关系。

该模型区分了三类指标，即压力指标、状态指标和响应指标。其中，压力指标表征人类的经济和社会活动对环境的作用，如资源索取、物质消费以及各种产业运作过程所产生的物质排放等对环境造成的破坏和扰动；状态指标表征特定时间阶段的环境状态和环境变化情况，包括生态系统与自然环境现状、人类的生活质量和健康状况等；响应指标指社会和个人为减轻、阻止与预防人类活动对环境的负面影响，以及对已经发生的不利于人类生存发展的生态环境变化进行补救的措施。PSR 模型回答了"发生了什么、为什么发生、我们将如何做"三个可持续发展的基本问题，特别是它提出的所评价对象的压力-状态-响应指标与参照标准相对比的模式受到了国内外很多学者的推崇，广泛地应用于区域环境可持续发展指标体系研究，水资源、土地资源指标体系研究，农业可持续发展评价指标体系研究以及环境保护投资分析等领域。

1.3.2.2 克里斯泰勒的中心地理论

中心地理论是由德国城市地理学家克里斯泰勒和德国经济学家廖什分别于 1933 年和 1940 年提出的，1950 年开始流行于英语国家，之后传播到其他国家，被认为是 20 世纪人文地理学最重要的贡献之一。它是研究城市群和城市化的基础理论之一，也是西方马克思主义地理学的建立基础之一。

克里斯泰勒创建中心地理论深受杜能和韦伯区位论的影响，故他的理论也建立在"理想地表"之上，其基本特征是每一点均有接受一个中心地的同等机会，一点与其他任一点的相对通达性只与距离成正比，而不管方向如何，均有一个统一的交通面。后来，克里斯泰勒又引入新古典经济学的假设条件，即生产者和消费者都属于经济行为合理的人的概念。这一概念表示生产者为谋取最大利润，寻求掌握尽可能大的市场区，致使生产者之间的间隔距离尽可能地大；消费者为尽可能减少旅行费用，都自觉地到最近的中心地购买货物或取得服务。生产者和消费者都具备完成上述行为的完整知识。经济人假设条件的补充对中心地六边形网络图形的形成是十分重要的。

20世纪以来，资本主义经济的高度发展加速了城市化进程，城市在整个国民经济和社会生活中的地位日益重要，逐渐占据主导地位，工业、商业、贸易、服务等行业由于集聚效应，开始向城市聚集。因此，对城市的研究显得日益重要，主要研究城市的空间分布、数量和规模等级。1933年，德国地理学家克里斯泰勒出版了著作《南德的中心地》或《德国南部的中心地原理》，成为城市区位论的代表性著作。

与杜能的农业区位论相似，中心地理论是克里斯泰勒在大量的实地调查基础上提出的，他在德国南部所有的城市和农村进行调研，积累了大量的基础数据和详细资料。理论的中心内容是论述一定区域内城镇等级、规模、职能之间的关系及其空间结构的规律性，并用六边形图形对城镇等级与规模关系加以概括。

1.3.2.3　佩鲁的增长极理论

增长极理论是1949~1950年西方经济学家关于一国经济平衡增长或不平衡增长大论战的产物。增长极理论在1950年由法国经济学家佩鲁首次提出，许多区域经济学者将这种理论引入地理空间，用它来解释和预测区域经济的结构与布局。该理论被认为是西方区域经济学中经济区域观念的基石，是不平衡发展论的依据之一。后来法国经济学家布代维尔将增长极理论引入区域经济理论中，之后美国经济学家弗里德曼、瑞典经济学家缪尔达尔、美国经济学家赫希曼分别在不同程度上进一步丰富和发展了这一理论，使区域增长极理论的发展成为区域开发工作中的流行观点。增长极理论认为：一个国家要实现平衡发展只是一种理想，在现实中是不可能的，经济增长通常是从一个或数个"增长中心"逐渐向其他部门或地区传导。因此，应选择特定的地理空间作为增长极，以带动经济发展。

法国经济学家佩鲁认为，第一，如果把发生支配效应的经济空间看作力场，那么位于这个力场中的推进型单元就可以描述为增长极。增长极是围绕推进型的主导工业部门而组织的有活力的高度联合的一组产业，它不仅能迅速增长，而且能通过乘数效应推动其他部门的增长。因此，增长并非出现在所有地方，而是以不同强度首先出现在一些增长点或增长极上，这些增长点或增长极通过不同的渠道向外扩散，对整个经济产生不同的最终影响。他借喻了磁场内部运动在磁极最强这一规律，称经济发展的这种区域极化为增长极。在此之后，佩鲁首先提出了一个完全不同于地理空间的经济空间。他主张经济空间是以抽象的数字空间为基础，经济单位不是存在于地理上的某一区位，而是存在于产业间的数学关系中，表现为存在于经济元素之间的经济关系。第二，佩鲁认为经济发展的主要动力是技术进步与创新。创新集中于那些规模较大、增长速度较快、与其他部门相互关联效应较强的产业中，具有这些特征的产业被佩鲁称为推进型产业。推进型产业与被推进型产业通过经济联系建立起非竞争性联合体，通过后向、前向连锁效应带动区域的发展，最终实现区域发展的均衡。这种推进型产业就起着增长极的作用，它对其他产业（或地区）具有推进作用。第三，增长极理论的核心是推进型企业对被推进型企业的支配效应。支配，是指一个企业和城市、地区、国家在所处环境中的地位与作用。法国的另一位经济学家布代维尔认为，经济空间是经济变量在地理空间之中或之上的运用，增长极在拥有推进型产业的复合体城镇中出现。因此，布代维尔定义增长极是指在城市配置中不断扩大的工业综合体，并在影响范围内引导经济活动的进一步发展，并主张通过"最有效地规划配置增长极并通过其推进工业的机制"，来促进区域经济的发展。美国经济学家盖尔在研究了各种增长极观点后，指出影响发展的空间再组织过程是扩散-回流过程，扩散-回流过程导致的空间影响为绝对发展水平的正增长，即是扩散效应，否则是回流效应。

1.3.2.4 可持续发展理论

可持续发展是指既满足当代人的需要，又不对后代人满足需要的能力构成危害的发展，以公平性、持续性、共同性为三大基本原则。可持续发展理论的最终目的是达到共同、协调、公平、高效、多维的发展。

可持续发展理论的形成经历了相当长的历史过程。1950～1969年，人们在经济增长、城市化、人口、资源等所形成的环境压力下，对"增长=发展"的模式产生怀疑并展开讨论。1962年，美国女生物学家卡逊发表了一部引起很大轰动的环境科普著作《寂静的春天》，作者描绘了一幅由于农药污染所引发的可怕景象，惊呼人们将会失去"春光明媚的春天"，在世界范围内引发了人类关于发展观念的争论。10年后，两位著名美国学者杜博斯和沃德的享誉全球的著作《只有一个地球》问世，把人类生存与环境的认识推向一个新境界，即可持续发展的境界。同年，一个非正式国际著名学术团体，即罗马俱乐部发表了有名的研究报告《增长的极限》，明确提出"持续增长"和"合理的持久的均衡发展"的概念。1987年，以挪威首相布伦特兰为主席的联合国世界环境与发展委员会发表了一份报告《我们共同的未来》，正式提出可持续发展概念，并以此为主题对人类共同关心的环境与发展问题进行了全面论述，受到世界各国政府组织和舆论的极大重视。

在 1992 年联合国环境与发展大会上可持续发展要领得到与会者的共识与承认。
"可持续发展"一词在国际文件中最早出现于 1980 年由国际自然保护同盟制定的
《世界自然保护大纲》，其概念最初源于生态学，指的是对于资源的一种管理战
略。其后被广泛应用于经济学和社会学范畴，加入了一些新的内涵，是一个涉及
经济、社会、文化、技术和自然环境的综合动态的概念。1987 年，世界环境与发
展委员会在《我们共同的未来》报告中，第一次阐述了"可持续发展"的概念。
在可持续发展思想形成的历程中，最具国际化意义的是 1992 年 6 月在巴西里约热
内卢举行的联合国环境与发展大会。在这次大会上，来自世界 178 个国家和地区
的领导人通过了《21 世纪议程》《联合国气候变化框架公约》等一系列文件，明
确把发展与环境密切联系在一起,使可持续发展走出了仅仅在理论上探索的阶段,
响亮地提出了可持续发展的战略，并将之付诸于全球的行动。

1.3.2.5 空间结构理论

空间结构理论是一定区域范围内社会经济各组成部分及其组合类型的空间相
互作用和空间位置关系，以及反映这种关系的空间集聚规模和集聚程度的学说。
它是在古典区位理论基础上发展起来的、总体的、动态的区位理论。任何一个区
域或国家，在不同的发展阶段，有不同特点的空间结构。完善、协调与区域自然
基础相适应的空间结构对区域社会经济的发展具有重要意义。该理论的主要内容
是：社会经济各发展阶段的空间结构特征、合理集聚与最佳规模、区域经济增长
与平衡发展间的倒"U"形相关、位置级差地租与以城市为中心的土地利用空间
结构、城镇居民体系的空间形态、社会经济客体在空间的相互作用、"点-轴"渐
进式扩散与"点-轴"系统等。空间结构理论在实践中可用来指导制定国土开发和
区域发展战略，是地理学和区域科学的重要理论基础。

1.4 研 究 内 容

本研究以鹤壁市国土空间规划试点为研究区，从资源本底与生态保护相结合
的视角，通过资源环境承载力评价及适宜性评价等共同确定区域适宜生活、生产
及生态功能的空间布局导向，基于"基础评价-规划耦合-空间协调"的国土空间
优化方法，提出一套基于多源信息融合/多目标协调的城镇、农业、生态空间优化
技术路径，为统筹区域空间开发、利用、保护和整治，有序推进市县国土空间规
划试点工作提供技术支持，主要研究内容如下。

（1）市级国土空间规划分类体系衔接转换方法与识别。

通过大量阅读国内外文献，研究国内外学者对国土空间规划分类和功能识别
的认识，整理和总结出市县国土空间规划分类体系。本研究通过对土地功能的综

合性分析，结合《土地利用现状分类》（GB/T 21010—2017）标准、《城市绿地分类标准》（CJJ/T 85—2017）、《城市用地分类与规划建设用地标准》（GB 50137—2011）、土地规划用途分类和地理国情普查分类，构建相互兼容的市县尺度国土空间规划用地分类体系。

（2）市级国土空间开发适宜性评价模型构建与分析。

通过构建生态、农业和城镇适宜性评价指标体系进行国土空间开发适宜性评价分析，结合多指标综合评价法与 GIS 空间分析法开展生态保护适宜性评价、农业功能适宜性评价和城镇开发适宜性评价，确定市级空间尺度下国土单元的适宜性等级。结合适宜性等级评判出生态保护、农业生产、城镇发展的国土单元，明确区域空间开发的资源环境短板和限制性，为国土空间开发导向分区优化奠定基础。

（3）市级资源环境承载力评价模型构建与分析。

以突出生态宜居和健康养生功能为前提，面向区域空间开发格局优化，遵循系统性、实用性、可操作性等原则，从自然地理、生命安全、生态安全、粮食安全等方面，选取土地资源、水资源、矿产资源、生态环境、地质环境、大气环境、土壤环境和水环境等要素建立区域资源环境承载力评价指标体系，建立区域空间承载力评价模型，确定生态保护、农业生产、城镇建设等功能指向下区域资源环境承载力等级。

（4）基于生态导向的自然生态空间保护重要性评价研究。

基于现有自然生态空间内涵相关研究成果，通过对国土、住建、环保、农业等相关部门基础数据的叠加整合，利用 GIS 技术，建立基于多源数据融合转换的自然生态空间判别方法，快速识别鹤壁市自然生态空间，了解其数量和空间分布特征。在识别出鹤壁市自然生态空间的基础上，构建自然生态空间生态系统服务功能重要性评价和生态环境敏感性评价指标体系及评价模型，了解自然生态空间生态系统服务功能重要程度和生态环境敏感程度空间分布规律；借鉴木桶理论，采用极大值法，建立自然生态空间重要性综合评价模型，识别出自然生态空间重点保护区域。

（5）基于生态导向的自然生态空间优化研究。

针对鹤壁市实际自然地理环境状况，依据自然生态空间分区原则，以生态系统服务功能重要性评价和生态环境敏感性评价为基础，确定分区方案，采取三维魔方和热点分析相结合的分区方法与模型，综合考虑各种影响因素，遵循自下而上合并的程序，实现对自然生态空间分区，了解不同自然生态空间分区空间分布情况及其特点，明晰不同分区的主导生态系统服务功能和主要环境问题，在此基础上，提出差异化管制措施和建议。

（6）基于"基础评价-规划耦合-空间协调"的市级国土空间布局优化研究。

以提升国土生态宜居和健康养生保障能力为导向，坚持最大程度保护生态安全与构建生态屏障要求，统筹考虑农业生产和农村生活需要，兼顾城镇布局和功能优化弹性需要，提出"基础评价-规划耦合-空间协调"相结合的生态、农业和城镇空间格局优化技术方法，为统筹优化国土空间提供技术支撑。

（7）市级国土空间管控对策及建议。

在分析鹤壁市国土空间格局的基础上，分别从生态自然保护空间、农业生产生活空间和城镇开发建设空间等方面对鹤壁市提出了具有针对性的管控对策及建议。

1.5　研究方法与技术路线

1.5.1　研究方法

（1）文献研究法。文献研究法是主要根据一定的研究目的，通过查阅相关资料文献，全面正确地了解研究成果及研究现状的一种科学方法。通过对国土空间规划分类识别、国土空间评价、国土空间优化管控等相关文献进行梳理，进而在此基础上归纳总结现有研究的不足，明确本研究的研究重点和研究方向。

（2）GIS 空间分析法。GIS 空间分析是指从空间数据中获取有关研究对象的空间位置、分布、形态及演变等信息并进行分析评价。本研究借助 ArcGIS 软件实现空间数据运算和图形表达，并利用空间自相关分析等工具，分析各类国土空间时空分布特征、冷热点发展区域及移动轨迹。

（3）多指标综合分析法。通过结合 GIS 平台，将空间数据和非空间数据进行结合，从而进行决策性分析，根据决策目的不同，可以获取多种选择方案的结果。本研究借助多指标综合分析法进行土地适宜性评价、资源环境承载力评价和生态空间保护重要性评价。

（4）系统动力学法。在充分了解系统动力学原理的基础上，界定鹤壁市资源环境承载力系统边界，并构建鹤壁市资源环境承载力 SD 模型。

1.5.2　技术路线

本研究从资源本底与生态保护相结合的视角，通过资源环境承载力评价、适宜性评价和自然生态空间保护重要性评价等共同确定区域适宜生活、生产及生态功能的空间布局导向，基于"基础评价-规划耦合-空间协调"的国土空间优化方法，提出市级国土空间规划管控的对策和建议，为市级国土空间的合理利用和管理提供理论与实践支持（图 1-1）。

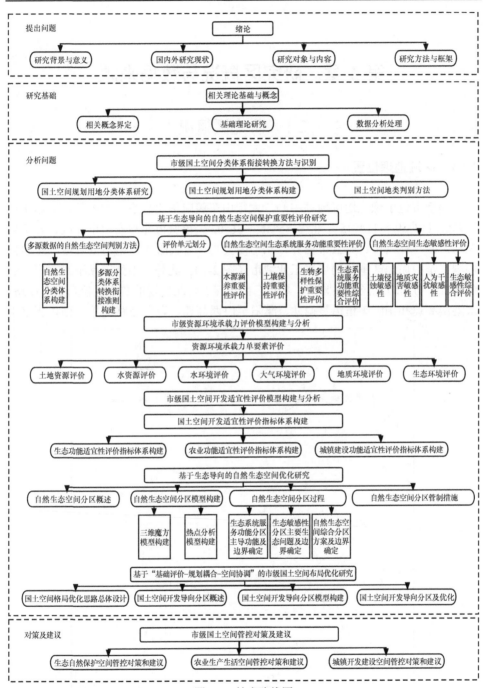

图 1-1 技术路线图

第2章 研究区概况与数据来源

2.1 研究区概况

2.1.1 区域地理位置

鹤壁市位于豫北地区地理中心，太行山东麓向华北平原过渡地带，地理坐标为东经 113°59′～114°45′，北纬 35°26′～36°02′。该城市北与安阳市郊区、安阳县为邻，西与林州市、辉县市搭界，东与内黄县、滑县毗邻，南与卫辉市、延津县接壤，是中原地区重要的煤炭工业城市（图 2-1）。此外，地处国家干线京广交通要道上，与周边地区联系紧密，具有东西过渡、南北贯通的居中区位。京广铁路、京港澳高速和 107 国道纵贯南北，濮阳至山西高速、壶台公路连接东西，北京市

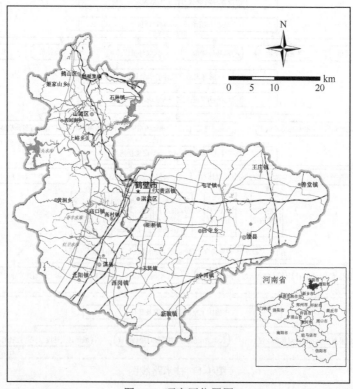

图 2-1 研究区位置图

至郑州市高速铁路在鹤壁市设站，北距北京市 500km，南距郑州新郑国际机场 130km，鹤壁市正在成为豫北"十字"交通枢纽。鹤壁市还是河南省重要高质粮产地和煤炭开采区，下辖 3 区（鹤山区、山城区、淇滨区）2 县（浚县、淇县）。2017 年总人口为 164.96 万，全市所辖三区城镇化水平 58.76%，是中原城市群核心发展区 14 个城市之一。

2.1.2　自然地理背景

2.1.2.1　自然地貌

鹤壁市地貌多样，其中西北部山地 331km²，占全域面积的 15.2%；西部丘陵 646km²，占全域面积的 29.6%；东部平原 1153km²，占全域面积的 52.8%；东南部泊洼地 52km²，占全域面积的 2.4%。鹤壁市地表形态复杂，有山地、丘陵、平原、泊洼地等多种地貌类型，基本地形呈西北向东南倾斜，分四个阶梯：第一阶梯在西北部，为太行山东麓中低山区，山地坡度较大，裸地较多，沟壑纵横，土层较薄，水土流失严重；第二阶梯是中部的丘陵区，为太行山东麓山地与华北平原交接过渡地带，其地势起伏不大，沟壑切割，有明显阶地，土层薄厚差异较大；第三阶梯是东部平原，包括淇河平原、卫河平原、黄河故道平原，以第四系黄土覆盖为主，除东部少数沙地外，大部分地势平坦，土层深厚，土质肥沃，水源充足，排灌便利，是粮食作物高产稳产区；第四阶梯为东南部的泊洼区（淇县良相坡蓄滞洪区），其地势低洼，夏秋季因雨水排流不畅易形成内涝或滞洪区，但土层质地良好，水资源丰富。鹤壁市的高程图如图 2-2 所示。

2.1.2.2　自然水源

鹤壁市域内河流约 30 条，属海河流域卫河水系，境内主要有淇河、卫河、汤河、姜河等，源于境内的河流有思德河、汤河、姜河、永通河。多为季节性河流，常年性河流有卫河和淇河。鹤壁市年降水量在 349.2～970.1mm，2015 年全市水资源总量为 2.3815 亿 m³，其中地表水资源量为 0.7603 亿 m³，地下水资源量为 2.0659 亿 m³，地表水与地下水重复计算量为 0.4447 亿 m³。全市水资源总量比上年减少 0.2663 亿 m³。年均降水量（2010～2018 年）为 594.2mm，年人均水资源占有量为 377m³，低于河南省的人均 407m³ 水资源量，属于河南省较干旱地区，并常出现春旱秋涝问题。自实行蓝天碧水工程以来，淇河水质评价为Ⅱ级，水质优良，已然成为生态旅游的一张明信片。淇滨区西部盘石头水库、淇县西北部夺丰水库为鹤壁市两大水库，总蓄水量为 1.19 亿 m³。2017 年，埋深大于 8m 的地下水漏斗面积为 1147.45km²，占全市面积为 53.61%，漏斗中心位于浚县西北部。2017 年，

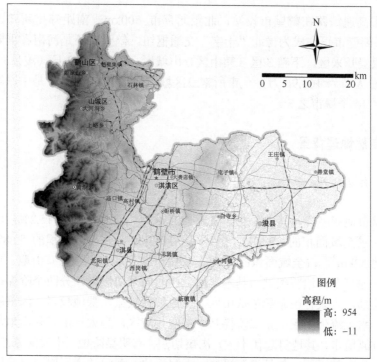

图 2-2　鹤壁市高程图

全市水资源总量（不含过境水）为 2.7578 亿 m³，人均水资源占有量为 167.18m³，地表供水量为 1.7763 亿 m³，占总供水量的 39.34%，地下供水量为 2.6687 亿 m³，占总供水量的 59.1%。

2.1.2.3　自然气候

鹤壁市位于中纬度地区，属暖温带半湿润型季风气候，其特点是四季分明，温差较大，光照充足。春季温暖多风，夏季湿润炎热，秋季温润高爽，冬季寒冷少雪。年均降水量（2010~2018 年）594.2mm，属半干旱地带，降雨较为充沛。年平均气温为 14.2℃，极端最高气温为 42.3℃，极端最低气温为–15.5℃，平均气温的年较差为 27.8℃。据河南省气象局旱涝资料统计，在 1279~1911 年的 632 年间，发生大旱 82 年，平均六七年一遇；大涝 69 次，平均八九年一遇。年内静风较多，频率为 25.3%，次多风向是北风和南风，频率为 12%，定时最大风速为 24m/s，其风向为北风。年平均雷暴出现天数为 21.9 天，年平均冰雹出现天数为 0.4 天，年平均雨日出现天数为 78.5 天，年平均降雪日数为 10.6 天，年平均积雪日数为 14.3 天，最大积雪深度为 18cm。

2.1.2.4　矿产资源

鹤壁市矿产资源丰富，截至 2017 年，已探明的矿产资源保有量：煤 8.59 亿 t，水泥灰岩 4.98 亿 t，白云岩 1.04 亿 t。市内富有重酸钙镁型矿泉水和锶型低钠矿泉水，日产量合计为 4.05 万 m^3，市内张庄村水质优良，并通过国家评审，矿泉水产业成为当地的知名产业。

2.1.3　社会经济条件

截至 2017 年，市内总人口 164.96 万，净增人数 9705 人，自然增长率为 5.9%；常住人口中，农村人口有 66.86 万，城镇人口有 95.26 万，城镇化率为 58.76%；60 岁以上人口有 25.41 万，老年化率为 15.4%，低于全国平均水平。根据鹤壁市统计局公布的《2017 年鹤壁市国民经济和社会发展统计公报》数据，2017 年鹤壁市全市生产总值 832.59 亿元，比去年同期增长了 8.3%。其中，第一产业增加值 61.10 亿元，增长 4.4%；第二产业增加值 537.15 亿元，增长 8.5%；第三产业增加值 234.34 亿元，增长 9.3%，增长率最高。三次产业结构为 7.3∶64.5∶28.2，第二、第三产业比重比上年提高 1.7 个百分点。鹤壁市人均生产总值 51168 元，略低于全国人均水平。全年全市居民人均可支配收入为 2.23 万元，比去年增长 9.7%。其中城镇居民人均可支配收入为 2.85 万元，恩格尔系数为 25.2%；农村居民人均可支配收入为 1.53 万元，恩格尔系数为 29.1%。全市人居生活状况良好。整体来看，鹤壁市正处于经济增长的快速时期，发展态势良好，第一产业稳步向前，第二产业繁荣发展，第三产业蓬勃兴起。鹤壁市如今大力发展汽车电子电器和新能源汽车、清洁能源和新材料、绿色食品等产业集群，建设全省重要的人工智能产业基地、区域性大数据中心城市和豫北重要物流节点城市。随着鹤壁市产业结构升级的推进，现代化工业、农业和服务业将得到进一步发展和提升。

2.1.4　土地利用现状

鹤壁市 2017 年土地利用变更调查数据统计显示，按照《土地利用现状分类》（GB/T 21010—2017）标准，鹤壁市用地类型可分为农用地、建设用地和未利用地。其中农用地面积为 1417.23km^2，占鹤壁市土地总面积的 66.21%；建设用地面积为 381.19km^2，占鹤壁市土地总面积的 17.81%；未利用地面积为 342.01km^2，占鹤壁市土地总面积的 15.98%，见表 2-1。

表 2-1　2017 年鹤壁市土地利用现状表

用地类型			面积/km²	比例/%
农用地	耕地		1254.69	58.62
	园地		12.86	0.60
	林地		103.78	4.85
	其他农用地		45.90	2.14
	农用地合计		1417.23	66.21
建设用地	城乡建设用地	城镇用地	108.64	5.08
		农村居民点用地	200.34	9.36
		采矿用地	25.40	1.19
		小计	334.38	15.63
	交通水利设施用地	铁路用地	4.34	0.20
		公路用地	28.37	1.33
		水库水面	5.80	0.27
		水工建筑用地	5.01	0.23
		小计	43.52	2.03
	其他建设用地	风景名胜设施用地	3.29	0.15
		小计	3.29	0.15
	建设用地合计		381.19	17.81
未利用地	水域		15.73	0.73
	其他土地		37.72	1.76
	自然保留地		288.56	13.48
	未利用地合计		342.01	15.98
土地总面积			2140.43	100.00

2.1.4.1　农用地

农用地主要分为耕地、园地、林地和其他农用地。其中鹤壁市耕地面积为 1254.69km²，占鹤壁市土地总面积的 58.62%；园地面积为 12.86km²，占鹤壁市土地总面积的 0.6%；林地面积为 103.78km²，占鹤壁市土地总面积的 4.85%；其他农用地面积为 45.90km²，占鹤壁市土地总面积的 2.14%。农用地的主要用地类型为耕地。

2.1.4.2　建设用地

建设用地主要分为城乡建设用地、交通水利设施用地和其他建设用地。其中城乡建设用地主要包含城镇用地、农村居民点用地和采矿用地，面积共计 334.38km²，占鹤壁市土地总面积的 15.63%；交通水利设施用地主要包括铁路用地、公路用地、水库水面和水工建筑用地，面积共计 43.52km²，占鹤壁市土地总面积的 2.03%；其他建设用地主要为风景名胜设施用地，面积总计 3.29km^2，占鹤壁市土地总面积的 0.15%。建设用地主要用地类型为城镇用地和农村居民点用地。

2.1.4.3　未利用地

未利用地主要分为水域、其他土地和自然保留地。其中水域面积为 15.73km^2，占鹤壁市土地总面积的 0.73%；其他土地面积为 37.72km^2，占鹤壁市土地总面积的 1.76%；自然保留地面积为 288.56km^2，占鹤壁市土地总面积的 13.48%。未利用地主要用地类型为自然保留地。

2.1.5　生态环境状况

1）水污染严重，河道整治需进一步加强

根据《2015 年鹤壁市环境状况公报》，2015 年鹤壁市水质级别为中度污染。全市内仅淇河为Ⅰ～Ⅱ级水质，定性评价为优，其他河流均为劣Ⅴ类，水污染严重，其中卫河和共产主义渠的水污染还威胁到地下水的水质，造成周边群众生活饮用水困难。

2）农业面源污染和工业废弃物污染日趋严重

鹤壁市作为豫北粮食主产区，拥有全国粮食生产先进县，单产创全国最高纪录的万亩[①]夏玉米种植核心区等优质粮食生产基地，但多年来由于农药、化肥的滥用，对河流水质和土壤环境均造成了一定程度的污染。加上鹤壁市为煤炭资源型城市，在对煤炭的长期开采过程中，煤矸石等废弃物的堆放，对周围土地造成了严重的污染，这些问题都导致鹤壁市生态环境压力巨大。

3）生态资源严重不足

随着鹤壁市城镇化、工业化进程加快，能源大量被消耗，城市不断扩张、建设用地快速增加，耕地与未利用地大量被占用。据统计，自 1980～1989 年以来，鹤壁市常用耕地面积减少到 95.15km^2。城市的快速扩张和优质耕地的不断减少，将导致荒山、滩涂等未利用地的开发。一些不适宜作为耕地的土地被开发，造成水土流失、土地荒漠化等一系列生态问题，破坏区域生态系统平衡，造成区域生态资源严重不足，区域生态安全面临巨大压力。

鹤壁市现有云梦山国家级森林公园一处，另有省级森林公园六处，森林公园

---

① 1 亩≈666.667m^2。

总面积为 1.78 万 hm²。淇河作为鹤壁市生态代名词，其排污整治工作逐年加强，至 2017 年水质达到 Ⅱ 级，成为河南省内为数不多的高标水质常年性河流，依托优良水质，被农业农村部划定为淇河鲫鱼国家级水产种质资源保护区，区内更有一处国家级湿地公园，面积为 332.5hm²。随着太行园林绿化、淇河绿化等绿化力度的逐年加大，鹤壁市森林覆盖率为 32.6%，高于河南省全省平均水平。鹤壁市采煤产业发达，长期开采活动造成部分区域地质稳定性变差，采煤产生的煤矸石的堆积对当地造成污染；随着城市扩张，建设用地需求日益加剧，开荒补耕活动更是给当地植被生态带来压力。

2.2　数　据　来　源

1）基础土地利用、气象、土壤数据

鹤壁市遥感影像数据来源于地理空间数据云下载的 30 米分辨率的 DEM 数据和鹤壁市 2017 年 5 月 Landsat8 OLI 遥感影像，空间分辨率为 30m，且云量较少，图像清晰度较高。在 ENVI 软件中通过遥感影像数据处理功能，得到鹤壁市 NDVI 数据。鹤壁市气象数据，来源于中国气象科学数据共享网站的中国地面气候标准值数据集，通过空间插值的方法获取鹤壁市有关气象数据。鹤壁市土壤数据库来源于国家地球系统科学数据共享服务平台。

2）社会经济数据

鹤壁市人口、社会经济等数据来源于《河南省统计年鉴》（2017 年）、《鹤壁市统计年鉴》（2017 年）、鹤壁市政府工作报告、鹤壁市及各县（区）国民经济与社会发展统计公报以及《中国县域统计年鉴》（2017 年）。

3）专项调查和规划数据

其他专项调查和规划数据主要通过相关网站和实地调研访谈等方式获取，部分中间过程数据通过相关评价获得，如永久基本农田、生态红线、城镇开发边界等数据主要在资源环境承载能力与国土空间开发适宜性评价基础上划定。

第3章　市级国土空间规划用地分类体系
转换衔接方法与识别

　　国土调查分类主要分为土地利用现状分类体系、城乡规划用地分类体系、地理国情普查分类体系和林地分类体系，这些分类体系关注的重点不同，如土地利用现状分类体系重点关注的是土地利用现状的情况，分类更注重土地使用属性；城乡规划用地分类体系和林地分类体系更加注重城乡内部建设用地划分和城市外围林业用地划分情况，分类更加细化；地理国情普查分类体系重点关注土地的自然地理和人文地理分布情况，对土地使用功能属性体现较少。随着开展第三次全国国土调查工作，应该构建与现有多种国土调查分类体系相互对应衔接的国土空间规划用地分类体系，开展国土地类识别方法研究，为国土空间开发适宜性评价和基本分区划分提供精准可靠的基础数据。

3.1　国土空间规划用地分类体系

3.1.1　国土空间规划用地分类体系研究

　　国土空间规划用地分类体系是国土空间规划不可或缺的一部分，服务于全国土地和城乡地政统一管理，科学划分土地利用类型，明确土地利用各类型含义，统一土地调查、统计分类标准，合理规划、利用土地。各国政府有着适合本国的国土空间规划用地分类体系，如英国采用的是政策区分类；澳大利亚政府采用的是基本分类/用地政策和附加分类/附加条款的双层体系；日本将土地使用区划、其他特别用途区划和公共设施规划三类规划进行空间叠加构成一种规划分类体系。国内学者基于土地利用功能的视角，将国土空间划分为生产、生活和生态空间；部分学者通过国土空间开发适宜性评价，将国土空间划分为生态、农业和城镇三类空间；或通过将适宜性评价和土地主体功能区划进行空间耦合分析，划定出生态、农业和城镇空间。

　　总体来说，国土空间规划用地分类体系分类原则和标准呈现出多元化的态势，可以分为三大类：第一类是基于土地的利用现状和地表覆盖特征进行土地分类；第二类是根据土地利用功能视角，就土地的主体功能而言，对土地类型进行划分；第三类是结合国土空间开发适宜性评价，开展国土空间划分。

3.1.2　国土空间规划用地分类体系构建

　　构建国土空间规划用地分类体系时应适应国土空间规划编制准则，坚持全域覆盖、城乡统筹的原则，以土地利用现状和土地主导用途功能为基准，构建涵盖多层次的国土空间规划用地分类体系。注重国土空间规划用地分类体系中生态保护用地的位置，以土地实际使用情况或规划引导情况为主要分类依据，统筹考虑土地的使用情况和覆盖特征等因素。依据现有分类体系研究，以第三次全国国土调查土地分类为基础，对多种用地类型进行归纳、划分，建立多种国土调查分类体系融合的国土空间规划用地分类体系，主要包括农业生产生活用地、城镇发展用地、区域设施用地和生态保护用地 4 个一级类，耕地、园地等 12 个二级类，水田、果园等 45 个三级类，详情见表 3-1。

表 3-1　国土空间规划用地分类体系

一级类名称	二级类名称	三级类名称	归类依据
农业生产生活用地	耕地	水田、水浇地、旱地	提供粮食和其他农产品等农业生产用地
	园地	果园、茶园、橡胶园、其他园地	提供水果、茶叶和橡胶等农产品生产用地
	其他农业用地	设施农用地、沟渠、田坎、坑塘水面、农村道路	为农业生产和生活提供服务的设施用地
	牧草地	天然草地、人工草地	提供放牧生产和生态保护功能,具有涵养水源、防止水土流失作用的土地
	农业生活用地	村庄、盐田及采矿用地、特殊用地	农村宅基地及农村居民生产生活用地，村镇企业工厂生产用地及其他特殊用地
城镇发展用地	城镇建设用地	城市、建制镇	为城镇居民提供居住生活用地
	其他建设用地	盐田及采矿用地、特殊用地	为工业生产提供相关服务等城镇发展用地
区域设施用地	基础设施用地	铁路轨道交通用地、公路用地、机场码头用地、管道运输用地、水工建筑用地	提供交通运输通行的地面线路和水利生产等服务用地
生态保护用地	林地	乔木林地、竹林地、灌木林地、其他林地	有明显主干植物，有气候调节功能，动物的栖息地，促进生态环境改善
	水域	河流水面、湖泊水面、水库水面	具有区域气候调节、稳定区域气候作用
	湿地	红树林地、森林沼泽、灌丛沼泽、沼泽草地、滩涂、沼泽地	改善生态环境和调节区域气候的常年过度湿润土地
	自然保留地	盐碱地、冰川及永久积雪、沙地、裸土地、裸岩石砾地、其他草地	该类土地是自然环境中不可或缺的重要组成部分，冰川积雪是天然固体水库，是补给江河水量的重要源头之一

注：为了更好地划分城镇发展用地和农业生产生活用地分布，盐田及采矿用地和特殊用地的分类依据其分布情况，分为城镇发展用地和农业生活用地中的盐田及采矿用地和特殊用地。

3.2　多源数据国土空间规划用地分类体系转换衔接准则建立

现行多种国土调查分类体系在国土资源管理中均得到了广泛应用，但由于各类国土调查分类标准不同、数据源较多、划分尺度不同、各种数据之间相互匹配度较差，难以获得客观可靠的国土空间用地基础数据，无法满足国土空间适宜性评价、国土空间划分和格局优化的需要。因此，为了快速精准识别多源数据下国土地类，需要依据土地类型的一致性、土地用途功能相似性和土地功能的主导性原则，构建国土空间规划用地分类体系与多种国土调查分类体系之间的对应关系。通过对应关系构建国土空间规划用地分类体系与第三次全国国土调查工作分类体系、第二次全国土地调查土地分类体系、地理国情普查分类体系、城乡规划用地分类体系和林地分类体系有效的国土地类转换衔接准则。

3.2.1　与第三次全国国土调查工作分类体系转换衔接准则

第三次全国国土调查工作分类体系主要采用《第三次全国国土调查技术规程》（TD/T 1055—2019），该分类以《土地利用现状分类》（GB/T 21010—2017）为基础，根据土地利用方式、用途、经营特点和地表覆盖特征等因素，按照主要用途对土地利用类型进行分类。为满足集约、节约评价、分类化管理及落实耕地保有量目标责任制等需求，对部分地类进行了细化和归并。第三次全国国土调查工作分类体系进一步完善了湿地、林地和其他土地等用地含义，将城镇内部建设用地进一步细化，其中一级类 13 个，二级类 55 个，相较第二次全国土地调查土地分类体系一级类增加湿地地类。本研究结合第三次全国国土调查土地利用现状分类依据及其地类含义，实现国土空间规划用地分类体系与第三次全国国土调查工作分类体系地类的相互转换衔接，具体转换衔接准则见表 3-2。

表 3-2　国土空间规划用地分类体系与第三次全国国土调查工作分类体系转换衔接准则

国土空间规划用地分类体系			第三次全国国土调查工作分类体系
一级类名称	二级类名称	三级类名称	二级类名称
农业生产生活用地	耕地	水田	水田
		水浇地	水浇地
		旱地	旱地
	园地	果园	果园
		茶园	茶园
		橡胶园	橡胶园
		其他园地	其他园地
	牧草地	天然草地	天然牧草地
		人工草地	人工牧草地
	其他农业用地	设施农用地	设施农用地
		沟渠	沟渠
		田坎	田坎

国土空间规划用地分类体系			第三次全国国土调查工作分类体系
一级类名称	二级类名称	三级类名称	二级类名称
农业生产生活用地	其他农业用地	坑塘水面	坑塘水面
		农村道路	农村道路
	农业生活用地	村庄	村庄
		盐田及采矿用地	盐田及采矿用地
		特殊用地	特殊用地
城镇发展用地	城镇建设用地	城市	城市
		建制镇	建制镇
	其他建设用地	盐田及采矿用地	盐田及采矿用地
		特殊用地	特殊用地
区域设施用地	基础设施用地	铁路轨道交通用地	铁路用地、轨道交通用地、城镇村道路用地、交通服务场站用地
		公路用地	公路用地
		机场码头用地	机场用地、港口码头用地
		管道运输用地	管道运输用地
		水工建筑用地	水工建筑用地
生态保护用地	林地	乔木林地	乔木林地
		竹林地	竹林地
		灌木林地	灌木林地
		其他林地	其他林地
	水域	河流水面	河流水面
		湖泊水面	湖泊水面
		水库水面	水库水面
	湿地	红树林地	红树林地
		森林沼泽	森林沼泽
		灌丛沼泽	灌丛沼泽
		沼泽草地	沼泽草地
		滩涂	沿海滩涂、内陆滩涂
		沼泽地	沼泽地
	自然保留地	盐碱地	盐碱地
		冰川及永久积雪	冰川及永久积雪
		沙地	沙地
		裸土地	裸土地
		裸岩石砾地	裸岩石砾地
		其他草地	其他草地

3.2.2　与第二次全国土地调查土地分类体转换衔接准则

第二次全国土地调查土地分类体系主要采用《第二次全国土地调查工作分类》，该分类以《土地利用现状分类》（GB/T 21010—2007）为基础，根据土地用途、经营特点、利用方式和覆盖特征等因素对土地进行分类。其目的是全面查清土地利用现状，建立和完善土地调查、统计和等级制度，实现土地调查信息的社会化服务，满足经济社会发展及国土资源管理的需要。第二次全国土地调查土地分类体系采用二级分类，其中一级类 12 个，二级类 57 个，三级类 6 个。本研究根据第二次全国土地调查土地利用现状分类依据及其地类含义，实现国土空间规划用地分类体系与第二次全国土地调查土地分类体系地类相互转换接衔，具体转换衔接准则见表 3-3。

表 3-3　国土空间规划用地分类体系与第二次全国土地调查土地分类体系转换衔接准则

国土空间规划用地分类体系			第二次全国土地调查土地分类体系
一级类名称	二级类名称	三级类名称	二级类名称
农业生产生活用地	耕地	水田	水田
		水浇地	水浇地
		旱地	旱地
	园地	果园	果园
		茶园	茶园
		橡胶园	其他园地
		其他园地	其他园地
	牧草地	天然草地	天然牧草地
		人工草地	人工牧草地
	其他农业用地	设施农用地	设施农用地
		沟渠	沟渠
		田坎	田坎
		坑塘水面	坑塘水面
		农村道路	农村道路
	农业生活用地	村庄	村庄
		盐田及采矿用地	盐田及采矿用地
		特殊用地	风景名胜及特殊用地
城镇发展用地	城镇建设用地	城市	城市
		建制镇	建制镇
	其他建设用地	盐田及采矿用地	盐田及采矿用地
		特殊用地	风景名胜及特殊用地

国土空间规划用地分类体系			第二次全国土地调查土地分类体系
一级类名称	二级类名称	三级类名称	二级类名称
区域设施用地	基础设施用地	铁路轨道交通用地	铁路用地、街巷用地
		公路用地	公路用地
		机场码头用地	机场用地、港口码头用地
		管道运输用地	管道运输用地
		水工建筑用地	水工建筑用地
生态保护用地	林地	乔木林地	有林地
		竹林地	有林地
		灌木林地	灌木林地
		其他林地	其他林地
	水域	河流水面	河流水面
		湖泊水面	湖泊水面
		水库水面	水库水面
	湿地	红树林地	有林地
		森林沼泽	沼泽地
		灌丛沼泽	沼泽地
		沼泽草地	沼泽地
		滩涂	沿海滩涂、内陆滩涂
		沼泽地	沼泽地
	自然保留地	盐碱地	盐碱地
		其他草地	其他草地
		冰川及永久积雪	冰川及永久积雪
		沙地	沙地
		裸土地	裸地
		裸岩石砾地	裸地

3.2.3 与地理国情普查分类体系转换衔接准则

地理国情普查是对我国地理国情国力的重大调查，主要为了全面获取地理国情信息，掌握地表自然环境特征、生态保护需要及人类活动基本情况，也是了解我国国土空间范围内自然资源环境和人为地理要素二者之间关系的重要手段与工作。开展地理国情普查工作可以掌握权威、客观、系统和准确的自然地理信息和人文地理国情信息，对于提高测绘地理信息公共服务功能、生态安全保护、优化国土空间开发格局和建设资源节约型社会具有重大意义。地理国情普查分类体系根据需求导向、现有测绘成果基础拓展和使用可行性原则，并依据地表形态、地表覆盖和重要地理国情监测要素三个方面进行细节划分，将用地种类分为 12 个一级类、58 个二级类和 133 个三级类。因此，依据地理国情普查分类体系的分类原则和地类含义，实现国土空间规划用地分类体系与地理国情普查分类体系地类相互转换衔接，具体转换衔接准则见表 3-4。

表 3-4　国土空间规划用地分类与地理国情普查分类转换衔接准则

国土空间规划用地分类体系			地理国情普查分类体系
一级类名称	二级类名称	三级类名称	二级类（一级类）名称
农业生产生活用地	耕地	水田	水田
		水浇地	旱地
		旱地	
	园地	果园	果园
		茶园	茶园
		橡胶园	橡胶园
		其他园地	桑园、苗圃、花圃、其他园地
	牧草地	天然草地	天然草地
		人工草地	人工草地
	其他农业用地	设施农用地	（构筑物）硬化地表、温室、大棚
		沟渠	河渠
		田坎	（构筑物）硬化地表
		坑塘水面	库塘
		农村道路	乡村道路
	农业生活用地	村庄	（房屋建筑区）、（构筑物）、（人工堆掘地）、非自然地理单元
		盐田及采矿用地	（构筑物）工业设施、（人工堆掘地）建筑工地
		特殊用地	非自然地理单元
城镇发展用地	城镇建设用地	城市	（房屋建筑区）、（构筑物）、（地理单元）、非自然地理单元
		建制镇	
	其他建设用地	盐田及采矿用地	（构筑物）工业设施、（人工堆掘地）建筑工地
		特殊用地	非自然地理单元
区域设施用地	基础设施用地	铁路轨道交通用地	铁路、城市道路、（构筑物）交通设施
		公路用地	公路、（构筑物）交通设施
		机场码头用地	（构筑物）交通设施、硬化地表
		管道运输用地	（构筑物）水工设施
		水工建筑用地	

国土空间规划用地分类体系			地理国情普查分类体系
一级类名称	二级类名称	三级类名称	二级类（一级类）名称
生态保护用地	林地	乔木林地	乔木林
		竹林地	竹林
		灌木林地	灌木林
		其他林地	疏林、乔灌混合林、稀疏灌丛
	水域	河流水面	河渠、自然地理单元
		湖泊水面	湖泊、自然地理单元
		水库水面	库塘
	湿地	红树林地	
		森林沼泽	
		灌丛沼泽	自然地理单元
		沼泽草地	
		滩涂	
		沼泽地	
	自然保留地	盐碱地	盐碱地表
		其他草地	其他草地
		冰川及永久积雪	冰川与常年积雪
		沙地	沙质地表
		裸土地	泥土地表、岩石地表
		裸岩石砾地	砾石地表

3.2.4　与城乡规划用地分类体系转换衔接准则

　　城乡规划用地分类体系包括城乡用地分类和城市建设用地分类两个部分，用地分类采用大类、中类、小类 3 级分类体系。城乡规划用地分类体系共分为 2 大类、9 中类和 14 小类，适用于市县、乡镇区域整体规划，主要包含区域内地表覆盖的所有建设用地和非建设用地，但该分类体系对城镇建设用地分类不够详细。城镇建设用地分类共分为 8 大类、35 中类和 43 小类，该分类是对城乡用地分类中建设用地的进一步划分，适用于中心城区或乡镇镇区地表覆盖范围，也是在详细和专项城市规划中对建设用地的进一步细分。城乡规划用地分类体系主要依据土地利用特征、地表覆盖主导设施性质进行用地划分，以服务于城乡建设各部门，为城乡规划提供基础保障。本研究主要通过与城乡规划用地分类体系中的城乡用地分类进行整体宏观衔接划分，依据城乡规划用地分类体系的分类依据和地类含义，实现国土空间规划用地分类体系与城乡规划用地分类体系的地类相互转换衔接，具体转换衔接准则见表 3-5。

表 3-5　国土空间规划用地分类体系与城乡规划用地分类体系转换衔接准则

国土空间规划用地分类体系			城乡规划用地分类体系
一级类名称	二级类名称	三级类名称	中类（小类）名称
农业生产生活用地	耕地	水田	农林用地
		水浇地	
		旱地	
	园地	果园	
		茶园	
		橡胶园	
		其他园地	
	牧草地	天然草地	
		人工草地	
	其他农业用地	设施农用地	
		沟渠	水域（坑塘沟渠）
		田坎	农林用地
		坑塘水面	水域（坑塘沟渠）
		农村道路	农林用地
	农业生活用地	村庄	城乡居民点建设用地（村庄建设用地）
		盐田及采矿用地	采矿用地
		特殊用地	特殊用地、区域公用设施用地
城镇发展用地	城镇建设用地	城市	城乡居民点建设用地（城市建设用地）
		建制镇	城乡居民点建设用地（镇、乡建设用地）
	其他建设用地	盐田及采矿用地	采矿用地
		特殊用地	特殊用地、区域公用设施用地
区域设施用地	基础设施用地	铁路轨道交通用地	区域交通设施用地（铁路用地）
		公路用地	区域交通设施用地（公路用地）
		机场码头用地	区域交通设施用地（港口用地、机场用地）
		管道运输用地	区域交通设施用地（管道运输用地）
		水工建筑用地	区域公用设施用地
生态保护用地	林地	乔木林地	农林用地
		竹林地	
		灌木林地	
		其他林地	
	水域	河流水面	水域（自然水域）
		湖泊水面	
		水库水面	水域（水库）

续表

国土空间规划用地分类体系			城乡规划用地分类体系
一级类名称	二级类名称	三级类名称	中类（小类）名称
生态保护用地	湿地	红树林地	水域（自然水域）
		森林沼泽	其他非建设用地
		灌丛沼泽	
		沼泽草地	
		滩涂	水域（自然水域）
		沼泽地	其他非建设用地
		盐碱地	
		冰川及永久积雪	水域（自然水域）
	自然保留地	其他草地	农林用地
		沙地	
		裸土地	其他非建设用地
		裸岩石砾地	

3.2.5　与林地分类体系转换衔接准则

现行林地分类标准为《林地分类》（LY/T 1812—2021），由国家林业和草原局于 2021 年发布实施，主要用于全国范围内森林资源调查、统计、检测、规划设计和经营管理。林地分类是根据土地的覆盖和利用状况综合划定的地类类型，主要包括林地和非林地 2 个一级类，有林地、疏林地和耕地等 13 个二级类，纯林、混交林和工矿建设用地等 20 个三级类。林地分类重点在于林业用地类型的细分，对非林地地类划分较为粗略。在林地划分过程中以森林覆盖类型为主，以林地规划利用类型为辅，重点在于对林业用地现状利用特征的表达，便于国家对我国森林资源的有效管控。依据林地分类体系的分类依据和地类含义，实现国土空间规划用地分类体系与林地分类体系地类相互转换衔接，具体转换衔接准则如表 3-6 所示。

表 3-6　国土空间规划用地分类体系与林地分类体系转换衔接准则

国土空间规划用地分类体系			林地分类体系
一级类名称	二级类名称	三级类名称	二级类（三级类）名称
农业生产生活用地	耕地	水田	耕地
		水浇地	
		旱地	

国土空间规划用地分类体系			林地分类体系
一级类名称	二级类名称	三级类名称	二级类（三级类）名称
农业生产用地	园地	果园	耕地
		茶园	
		橡胶园	
		其他园地	
	牧草地	天然草地	牧草地
		人工草地	
	其他农业用地	设施农用地	耕地、建设用地（城乡居民建设用地）
		沟渠	水域
		田坎	耕地
		坑塘水面	水域
		农村道路	建设用地（交通建设用地）
	农业生活用地	村庄	建设用地（城乡居民建设用地）
		盐田及采矿用地	建设用地（工矿建设用地）
		特殊用地	建设用地（其他用地）
城镇发展用地	城镇建设用地	城市	建设用地（城乡居民建设用地）
		建制镇	
	其他建设用地	盐田及采矿用地	建设用地（工矿建设用地）
		特殊用地	建设用地（其他用地）
区域设施用地	基础设施用地	铁路轨道交通用地	建设用地（交通建设用地）
		公路用地	
		机场码头用地	
		管道运输用地	
		水工建筑用地	水域
生态保护用地	林地	乔木林地	有林地、疏林地
		竹林地	有林地
		灌木林地	灌木林地
		其他林地	苗圃地、无立木林地、宜林地、林业其他用地、未成林地
	水域	河流水面	水域
		湖泊水面	
		水库水面	
	湿地	红树林地	未利用地
		森林沼泽	
		灌丛沼泽	
		沼泽草地	

续表

国土空间规划用地分类体系			林地分类体系
一级类名称	二级类名称	三级类名称	二级类（三级类）名称
生态保护用地	湿地	滩涂	水域
		沼泽地	未利用地
		盐碱地	
	自然保留地	冰川及永久积雪	水域
		其他草地	牧草地
		沙地	未利用地
		裸土地	
		裸岩石砾地	

3.3　鹤壁市国土空间规划用地分类判别方法与识别过程

目前，地类识别方法主要分为量化测算法和归并分类法两种，量化测算法是依靠构建国土空间评价指标体系实现对土地功能的量化识别，从而确定国土空间规划用地分类；归并分类法是通过对现状数据进行归并分类，在一定程度上实现了国土空间规划用地分类和城市用地分类等的数据关系转换衔接。由于从各部门搜集的多源数据标准和形式不同，需要统一数据属性标准后进行融合叠加分析处理，以多源分类体系转换衔接准则为基础，构建基于多源数据融合转换的国土空间规划用地识别方法，从而最大限度地准确识别区域内国土空间规划用地分类。具体融合判别方法技术路线如图 3-1 所示。

（1）统一数据结构属性和空间坐标系统，建立基础数据库。

由于各部门的数据建立标准和形式差异化，需要对收集的数据进行标准化：对基础数据进行投影转换、统一坐标系统和属性结构，按照统一坐标系统和属性结构导入到国土地类识别基础数据库中。建立国土地类识别模型，对多源数据下国土地类进行识别。

（2）国土地类数据叠加分析，完善数据属性。

通过 ArcGIS 平台中 GIS 空间叠加分析法对统一好的数据进行空间叠加分析，构建多源数据下国土地类识别的基准单元，使得每个图斑单元都具有多源数据属性结构。

（3）构建国土地类判别准则，解决多源数据地类转换冲突问题。

建立多种分类体系组合的国土地类识别方法：①对于符合国土空间规划用地分类体系二级类的图斑单元，直接依据国土地类转换衔接准则转换为所对应的国土土地类型；②由于各类全域调查数据分类准则和调查情况不同，出现部分图斑

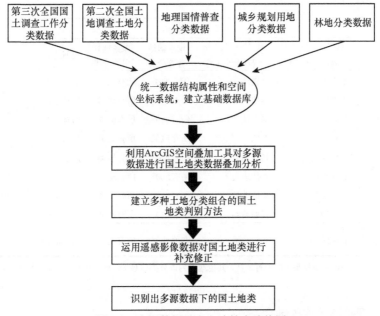

图 3-1　多源数据融合方法技术路线图

有多种不同地类组合情况，再依据国土地类分类定义，建立不同国土地类组合下的识别基准数据，对于部分符合国土空间规划用地分类体系二级类的图斑单元，依据第三次全国国土调查工作分类转换为所对应的土地用地类型。

（4）利用遥感影像数据对地类转换衔接准则识别和组合识别进行修正。

遥感影像在国土空间规划用地分类转换衔接准则识别和组合地类识别后，剩余图斑再次通过遥感影像来进行地类补充判读。以耕地为例，根据国土空间规划用地分类识别准则，识别转换为耕地的组合有以下几种情况（表 3-7），依据识别转换组合，识别出耕地地类。

表 3-7　国土空间规划用地分类组合情况和识别准则（以耕地为例）

国土地类转换衔接分类情况	地类对应关系情况					国土地类识别方法
	第三次全国国土调查工作分类	第二次全国土地调查土地分类	地理国情普查分类	城乡规划用地分类	林地分类	
全部符合耕地的转换衔接规则	水浇地	水浇地	耕地	农林用地	耕地	依据国土空间规划用地分类转换衔接准则转换为耕地
	水浇地	水浇地	耕地	农林用地	未利用地	
	水浇地	水浇地	耕地	农林用地	耕地	
	旱地	旱地	耕地	农林用地	耕地	
	旱地	旱地	耕地	农林用地	未利用地	
	旱地	旱地	耕地	农林用地	耕地	

国土地类转换衔接分类情况	地类对应关系情况					国土地类识别方法
	第三次全国国土调查工作分类	第二次全国土地调查土地分类	地理国情普查分类	城乡规划用地分类	林地分类	
部分符合耕地的转换衔接规则	水浇地	水浇地	所有地类	所有地类	所有地类	依据第三次全国国土调查工作分类转换到耕地
	水浇地	旱地	所有地类	所有地类	所有地类	
	旱地	水浇地	所有地类	所有地类	所有地类	
	旱地	旱地	所有地类	所有地类	所有地类	
遥感影像数据对耕地的转换衔接规则	其他地类	其他地类	所有地类	所有地类	所有地类	依据遥感影像识别为耕地
	其他地类	其他地类	所有地类	所有地类	所有地类	
	其他地类	其他地类	所有地类	所有地类	所有地类	
	其他地类	其他地类	所有地类	所有地类	所有地类	
不符合耕地的转换衔接规则	其他地类	其他地类	其他地类	所有地类	所有地类	不划入耕地

注：所有地类为该分类体系下的所有地类，其他地类为该分类体系下除转换到耕地用地的地类，剩余的地类。

（5）细碎图斑地类融合。

因为在空间叠加分析识别的过程中会产生破碎图斑，破碎程度较高，需要与附近相同图斑进行融合，对于耕地面积小于 400m² 的图斑采取细碎图斑地类融合的处理办法，其他地类的细碎图斑地类融合标准参照《第三次全国国土调查技术规程》（TD/T 1055—2019），不能进行地类融合的独立图斑不予保留。

3.4　鹤壁市国土空间地类识别结果分析

根据 3.3 节方法对鹤壁市国土空间进行地类识别，依据识别结果和国土空间规划用地分类体系对鹤壁市进行国土空间地类分析，其占地分布情况如表 3-8 所示。从国土空间规划用地分布来看，呈现出西部地区以生态保护用地为主，东部以农业生产生活用地为主的特点。生态保护用地主要分布在鹤壁市西部低山丘陵地区，集中连片程度较高，自然生态土地类型丰富，西部山区地带人为活动干预程度较弱，主要地类为林地和其他土地，不适宜农业生产生活和城镇发展。中部和东部地区主要以山前平原地带为主，地势平坦，土壤肥沃，交通便利，人为活动程度较强，主要地类为耕地、城镇及其他建设用地和农业生活用地等，适宜农业生产和城镇开发建设。根据鹤壁市地形地貌分析，鹤壁市西部位于太行山脉山麓与华北平原交错地带，多为低山丘陵地区，地形复杂，地势起伏较大，不适宜农业生产生活和城镇发展；中部和东部地区位于华北平原地带，地势平坦，土地利用等级较高，交通通达度高，适宜农业生产生活和城镇开发建设。

表 3-8　鹤壁市国土空间规划用地分布结构

国土空间一级类	国土空间二级类	市辖区/km²	淇县/km²	浚县/km²	总面积/km²	比例/%
农业生产生活用地	耕地	264.92	265.80	730.88	1261.60	58.94
	园地	1.36	4.01	7.35	12.72	0.59
	其他农用地	4.84	7.62	12.40	24.86	1.16
	牧草地	11.49	4.80	0.43	16.72	0.78
	农业生活用地	54.54	43.02	118.05	215.61	10.07
	合计	337.15	325.25	869.11	1531.51	71.54
城镇发展用地	城镇及其他建设用地	68.89	29.70	22.47	121.06	5.66
区域设施用地	基础设施用地	13.03	10.67	10.19	33.89	1.58
生态保护用地	林地	47.43	24.21	27.01	98.65	4.62
	水域	14.61	13.44	17.06	45.11	2.11
	湿地	5.73	7.68	7.32	20.73	0.97
	自然保留地	120.81	166.98	1.69	289.48	13.52
	合计	188.58	212.31	53.08	453.97	21.22
总计		607.65	577.93	954.85	2140.42	100.00

从鹤壁市国土地类面积来看，生态保护用地面积为 453.97km²，占研究区总面积的 21.22%，其主要地类为林地和自然保留地，占地面积分别为 98.65km² 和 289.48km²，林地主要分布在西部山地地区，部分林地分布在河流两岸和部分湿地周围，自然保留地主要分布在西部山区地带；农业生产生活用地面积为 1531.51km²，占研究区总面积的 71.54%，其主要地类为耕地和农业生活用地，占地面积分别为 1261.60km² 和 215.61km²，耕地和农业生活用地主要集中在鹤壁市中部和东部平原地区；城镇发展用地面积为 121.06km²，占研究区总面积的 5.66%；区域设施用地面积为 33.89km²，占研究区总面积的 1.58%；城镇发展用地和区域设施用地主要分布在鹤壁市中部和东部平原地带，地势平坦，适宜城镇发展建设。

为便于统计描述，将鹤壁市分为三个行政分区进行统计，分别为市辖区（由鹤山区、山城区和淇滨区组成）、淇县和浚县三个行政分区，三个行政分区总面积相差不大，市辖区面积为 607.65km²，占鹤壁市总面积的 28.39%；淇县面积为 577.93km²，占鹤壁市总面积的 27.00%；浚县面积为 954.85km²，占鹤壁市总面积的 44.61%。

农业生产生活用地主要集中在鹤壁市南部和东部地区，以浚县和淇县为主，浚县的农业生产生活用地面积为 869.11km²，占农业生产生活用地总数的 56.75%；淇县农业生产生活用地面积为 325.25km²，占农业生产生活用地总数的 21.24%，中部和南部地区地处华北平原地区，地势平坦，土地集中连片且土地国家利用等级较高,适宜进行农业耕作,主要地类为耕地、园地、其他农用地和农业生活用地;市辖区农业生产生活用地面积为 337.15km²,占农业生产生活用地总数的22.01%,市辖区北部和西部地区为低山丘陵地区,地形坡度较大,不适宜耕种。

生态保护用地主要集中在鹤壁市西部低山丘陵地区,以淇县和市辖区为主,淇县生态保护用地面积为 212.31km²,占生态保护用地总数的 46.77%;市辖区生态保护用地面积为 188.58km²,占生态保护用地总数的 41.54%,主要地类为林地和自然保留地;浚县地区生态保护用地零星分散,主要地类为水域、林地和湿地,占生态保护用地总数的 11.69%。

鹤壁市城镇发展用地总量为 121.06km²,占鹤壁市土地总面积的 5.66%。城镇发展用地主要集中在鹤壁市中部和北部地区,以市辖区为主,市辖区城镇发展用地面积为 68.89km²,占城镇发展用地总数的 56.91%,主要地类为城镇及其他建设用地;淇县和浚县以农业生产为主,城镇规模较小且与农业生产生活用地紧密相连,淇县城镇发展用地面积为 29.70km²,占城镇发展用地总数的 24.53%,浚县城镇发展用地面积为 22.47km²,占城镇发展用地总数的 18.56%。

鹤壁市区域设施用地总量为 33.89km²,占鹤壁市土地总面积的 1.58%。区域设施用地作为连接各种用地的纽带和服务区域,在鹤壁市均匀分布。市辖区区域设施用地面积为 13.03km²,占区域设施用地总量的 38.45%;淇县区域设施用地面积为 10.67km²,占区域设施用地总量的 31.48%;浚县区域设施用地面积为 10.19km²,占区域设施用地总量的 30.07%。

通过上述国土空间规划用地分类识别方法,开展鹤壁市国土空间规划用地分类判读,将判读结果与遥感影像对比分析。虽然多源数据国土空间规划用地分类识别方法便捷且准确度较高,但仍有部分图斑地类识别存在误差,需要使用高清遥感影像进行判读或人工进行实地调查更正。从地类分布情况来看,受鹤壁市地形地貌影响,生态保护用地主要分布在西部地区,农业生产生活用地主要分布在南部和东部地区,城镇发展用地主要分布在中部和北部地区,区域设施用地分布较为均匀。

第4章　市级国土空间开发适宜性评价模型构建与分析

市级国土空间开发适宜性评价模型构建与分析是国土空间规划和管理领域的重要研究内容。随着城市化进程的加快和土地资源的日益紧缺，如何合理开发和利用国土空间成了一个亟待解决的问题。本章旨在通过科学的方法和技术，对不同地区的国土空间进行评价，为决策者提供科学的依据，指导国土空间的合理开发和利用。

4.1　评价目标及原则

4.1.1　评价目标

面向河南省市县尺度国土空间规划关键技术研究与应用的总体目标，开展鹤壁市国土空间开发适宜性评价。按照河南省国土空间规划要求，结合鹤壁市城市经济发展条件与需求，以 2017 年土地利用变更调查数据、城乡调查数据和林业调查数据等资源环境调查成果为基础，以评价鹤壁市国土空间开发适应性为研究目的，为鹤壁市国土空间规划编制提供基础数据支撑。

评价目标为综合评价鹤壁市区位条件、交通通达度、自然地理环境和人口分布情况等因素，并开展鹤壁市国土空间开发适宜性评价。评价国土空间开发适宜性，分别按照生态空间、城镇空间、农业空间的用途方向，对生态空间、城镇空间和农业空间进行全域国土空间开发适宜性评价，找出各类用途最适宜的布局区位。

4.1.2　评价原则

1）均衡保护和发展的关系

结合鹤壁市土地主体功能定位，坚持发展与保护相协调，将保护作为发展的基本前提，坚守自然资源供给上限、粮食安全与生态环境安全的基本底线，力求塑造鹤壁市安全、有序、可持续的国土空间格局。

2）尊重自然和经济规律

充分考虑鹤壁市的浚县和淇县是全省重要的粮食主产区的现实情况和其未来发展诉求，在充分分析的基础上，结合本地特色和实际情况，选取适当的评价指标，构建鹤壁市国土空间开发适宜性评价指标体系。

3）兼顾刚性和弹性约束

综合考虑鹤壁市的地理区位特征、资源环境禀赋等区域差异，在遵循相关行业标准和规范刚性要求的基础上，因地制宜选取评价因子、设置重要参数、确定分级阈值，以定量为主、定性为辅，开展综合评价。

4）尊重稳定性和可获得性

基于统计口径和数据可得性的现实，本次评价结果在参考鹤壁市相关文献资料的基础上，结合土地利用变更调查结果，选取的指标都便于统计和处理，稳定可靠，不仅可以开展国土空间开发适宜性的现状评价，也有利于对鹤壁市国土空间开发过程中的实施情况进行评价和修正，更具指导性和现势性。

4.2　国土空间开发适宜性评价指标体系构建

通过收集的鹤壁市数据对鹤壁市全域进行国土空间开发适宜性评价分析。通过构建国土空间开发适宜性评价指标体系，运用 ArcGIS 软件空间分析的方法，利用空间叠加分析工具对鹤壁市进行国土空间开发适宜性评价。参考国家最新下发的《资源环境承载能力和国土空间开发适宜性评价指南（试行）》（以下简称《双评价指南（试行）》），构建鹤壁市生态功能、农业功能和城镇功能国土空间开发适宜性评价指标体系。

4.2.1　生态功能适宜性评价指标体系构建

生态方面从生态保护红线、水源地敏感性、河流敏感性等自然因素和人类活动等因素构建生态空间指标体系，最后结合《双评价指南（试行）》中的土地连片程度进行生态功能适宜性评价，得到鹤壁市生态功能适宜性评价指标体系，如表4-1所示。

表4-1　鹤壁市生态功能适宜性评价指标体系

目标层	准则层	指标层	指标分级
生态功能适宜性	生态系统服务性	归一化植被指数（NDVI）	0～0.4（含）
			0.4～0.6（含）
			0.6～0.8（含）
			0.8～1（含）
		河流敏感性	200m（含）
			200～400m（含）
			400～600m（含）
		水源地敏感性	200m（含）
			200～400m（含）
			400～600m（含）

续表

目标层	准则层	指标层	指标分级
生态功能适宜性	生态系统服务性	人类活动影响	200m（含）
			200～400m（含）
			400～600m（含）
	生态保护红线	地形地貌	平原
			丘陵
			山地
		土地连片程度	≤2500m^2
			>2500m^2
		森林公园	保护区
		水源保护区	保护区
		湿地保护区	保护区
		风景名胜区	保护区

4.2.2　农业功能适宜性评价指标体系构建

农业方面从永久基本农田保护区、地形地貌坡度、地质灾害等自然因素和水源便捷程度、农业设施便捷度等人为社会因素构建农业空间指标体系，最后结合《双评价指南（试行）》中的土地连片程度进行农业功能适宜性评价，得到鹤壁市农业功能适宜性评价指标体系，如表4-2所示。

表 4-2　鹤壁市农业功能适宜性评价指标体系

目标层	准则层	指标层	指标分级
农业功能适宜性	自然条件	耕地坡度	0°～2°（含）
			2°～6°（含）
			6°～25°（含）
			>25°
		地形地貌	平原
			丘陵
			山地
		地质灾害风险	地质灾害低易发区
			地质灾害中易发区
			地质灾害高易发区
		土地连片程度	≤2500m^2
			>2500m^2

续表

目标层	准则层	指标层	指标分级
农业功能适宜性	社会因素	农业设施便捷度	200m（含）
			200～400m（含）
			400～800m（含）
		交通便捷度	200m（含）
			200～400m（含）
			400～600m（含）
		水源便捷程度	200m（含）
			200～400m（含）
			400～600m（含）
	永久基本农田	永久基本农田保护区	保护区
			非保护区

4.2.3　城镇功能适宜性评价指标体系构建

　　城镇方面从地形地貌坡度、地质灾害、地震断裂带分布状况等自然因素和矿山占用土地等人为社会因素构建城镇空间指标体系，最后结合《双评价指南（试行）》中的土地连片程度进行城镇功能适宜性评价，得到鹤壁市城镇功能适宜性评价指标体系，如表4-3所示。

表4-3　鹤壁市城镇功能适宜性评价指标体系

目标层	准则层	指标层	指标分级
城镇功能适宜性	地形条件	地形坡度	0°～8°（含）
			8°～15°（含）
			15°～25°（含）
			>25°
		地形地貌	平原
			丘陵
			山地
		地质灾害风险	地质灾害低易发区
			地质灾害中易发区
			地质灾害高易发区
		土地连片程度	≤2500m^2
			>2500m^2
	矿山占用	矿山占用土地	未占用
			占用

国土空间开发适宜性分级方法通过参考《双评价指南（试行）》和部分文献资料，对指标体系中的指标进行分级定值。

4.3　国土空间开发适宜性评价模型构建

通过参考《双评价指南（试行）》中集成评价——国土空间开发适宜性评价中的方法对鹤壁市国土空间开发适宜性进行总体评价。

4.3.1　生态空间适宜性评价方法

生态空间适宜性评价方法：生态环境敏感性高和较高等级区，即为生态系统服务功能极重要和生态极敏感区域。首先初判生态环境敏感性等级，取生态系统服务功能重要性和生态环境敏感性评价结果的较高等级作为生态保护重要性等级的初判结果，如表 4-4 所示。

表 4-4　生态空间适宜性等级矩阵（初步判别）

生态系统服务功能	生态环境敏感性			
	极敏感	较敏感	一般敏感	不敏感
适宜	适宜	适宜	适宜	适宜
较适宜	适宜	较适宜	较适宜	一般适宜
一般适宜	适宜	较适宜	一般适宜	不适宜
不适宜	适宜	一般适宜	不适宜	不适宜

随后对初步判定结果进行修正，首先是基于生态保护红线进行修正，将生态保护红线内的修正为生态适宜区域；其次基于斑块集中度进行修正，对相应等级的邻近图斑进行聚合操作；最后修边，考虑自然边界，依据自然地理地形地貌或生态系统完整性确定的边界，如林线、雪线、岸线、分水岭，以及生态系统分布界线，对生态环境敏感性高、较高等级的区域进行边界修正。

4.3.2　农业空间适宜性评价方法

农业空间适宜性评价方法：评价应考虑现状农业发展状况，对于粮食安全保障十分重要的区域，农业空间适宜程度可给予一定弹性，但不宜突破耕地应在坡度 25°以下的刚性约束。首先，初步判定农业生产适宜性，根据坡度因素对农业生产进行适宜性初步判定，之后在坡度的基础上进行地形地貌的国土空间开发适宜性初步评价，得到农业空间适宜性等级矩阵（初步判别），如表 4-5 所示。

表 4-5　农业空间适宜性等级矩阵（初步判别）

地形坡度	地形地貌			
	适宜	较适宜	一般适宜	不适宜
适宜	适宜	适宜	适宜	适宜
较适宜	适宜	较适宜	较适宜	一般适宜
一般适宜	适宜	较适宜	一般适宜	不适宜
不适宜	适宜	一般适宜	不适宜	不适宜

其次，在地形坡度和地形地貌的评价基础上基于地质灾害和水资源丰富度等因素对农业适宜性初步评价进行修正，对于地质灾害等级较高的地区将初步评价结果下降一级，将植被覆盖度分值较高或较低的地区初步结果下降一或两个级别，得到农业空间适宜性等级矩阵（部分修正），如表 4-6 所示。

表 4-6　农业空间适宜性等级矩阵（部分修正）

水资源	地质灾害			
	适宜	较适宜	一般适宜	不适宜
适宜	适宜	适宜	适宜	适宜
较适宜	适宜	较适宜	较适宜	一般适宜
一般适宜	适宜	较适宜	一般适宜	不适宜
不适宜	适宜	一般适宜	不适宜	不适宜

最后，基于土地连片程度进行修正。将上步修正后结果为适宜和较适宜等级的图斑进行聚合操作，作为适宜和较适宜等级的连片程度评价结果；对初判结果为一般适宜及以上等级图斑进行聚合操作，作为一般适宜等级的连片程度评价结果；对初判结果为不适宜等级的图斑，不进行修正。结合其他农业活动调整农业空间适宜性等级，结合牧业、渔业等农业生产活动需求，对重要草场、水域的农业空间适宜性等级进行适当调整。

4.3.3　城镇空间适宜性评价方法

城镇空间适宜性评价方法：首先考虑城镇的区位因素、矿山占用情况，对城镇适宜性进行初步判定，矿山占用的情况适宜度等级下降一个等级，得到城镇空间适宜性等级矩阵（初步判别），如表 4-7 所示。

表 4-7　城镇空间适宜性等级矩阵（初步判别）

矿山占用	区位因素	
	适宜	不适宜
适宜	适宜	不适宜
较适宜	较适宜	不适宜

续表

矿山占用	区位因素	
	适宜	不适宜
一般适宜	一般适宜	不适宜
不适宜	不适宜	不适宜

其次，基于地形坡度和自然灾害对城镇空间适宜性初步判定结果进行修正，地形坡度较高的区域适宜度等级下降一个级别，在此基础上地形地貌分值高的上升一个级别，分值低的下降一个级别，在地形坡度和地形地貌的基础上结合自然灾害等级进行适宜性评价，灾害易发区下降一个级别，得到城镇空间适宜性等级矩阵（修正判别），如表4-8所示。

表4-8　城镇空间适宜性等级矩阵（修正判别）

地形坡度	自然灾害			
	适宜	较适宜	一般适宜	不适宜
适宜	适宜	适宜	适宜	适宜
较适宜	适宜	较适宜	较适宜	一般适宜
一般适宜	适宜	较适宜	一般适宜	不适宜
不适宜	适宜	一般适宜	不适宜	不适宜

最后，基于土地连片程度进行最后的划分。将修正后结果为适宜和较适宜等级的图斑进行聚合操作，作为适宜和较适宜等级的连片程度评价结果；对修正后结果为一般适宜及以上等级图斑进行聚合操作，作为一般适宜等级的连片程度评价结果；对修正后结果为不适宜的图斑，不进行修正。

4.4　鹤壁市国土空间开发适宜性评价结果

4.4.1　生态空间适宜性评价结果

生态红线要素主要包括森林公园、水源保护区、湿地保护区、风景名胜区和南水北调线状工程保护区等，这些区域全部划为生态空间适宜性等级为适宜区域。各乡镇生态红线区域分布情况如表4-9所示，鹤壁市生态红线保护区分布如图4-1所示。

表4-9　鹤壁市各乡镇生态红线分布情况

区域		面积/km²		占比/%	
		生态红线区	非生态红线区	生态红线区	非生态红线区
鹤山区	鹤壁集镇	1.90	69.88	2.64	97.36
	姬家山乡	7.54	50.15	13.07	86.93
	合计	9.44	120.03	7.29	92.71

区域		面积/km²		占比/%	
		生态红线区	非生态红线区	生态红线区	非生态红线区
山城区	石林镇	0.90	81.41	1.10	98.90
	鹿楼乡	1.29	51.69	2.44	97.56
	合计	2.19	133.10	1.62	98.38
淇滨区	金山办事处	12.87	23.53	35.36	64.64
	大赍店镇	0.03	90.55	0.04	99.96
	上峪乡	32.85	31.47	51.08	48.92
	大河涧乡	22.21	60.35	26.90	73.10
	钜桥镇	0.05	68.99	0.08	99.92
	合计	68.01	274.89	19.84	80.16
浚县	城关镇	1.85	11.79	13.58	86.42
	善堂镇	0.00	155.16	0.00	100.00
	屯子镇	0.98	135.38	0.72	99.28
	新镇镇	0.72	124.78	0.57	99.43
	小河镇	1.06	105.06	1.00	99.00
	黎阳镇	0.95	110.12	0.85	99.15
	卫贤镇	0.03	82.42	0.03	99.97
	王庄乡	0.08	107.32	0.07	99.93
	白寺乡	0.00	117.15	0.00	100.00
	合计	5.67	949.18	0.59	99.41
淇县	黄洞乡	69.35	46.55	59.84	40.16
	庙口乡	22.01	69.64	24.01	75.99
	高村镇	15.17	66.47	18.58	81.42
	桥盟乡	37.31	49.13	43.16	56.84
	朝歌镇	0.00	20.89	0.00	100.00
	西岗乡	1.27	63.59	1.96	98.04
	北阳镇	34.97	81.60	30.00	70.00
	合计	180.08	397.87	31.16	68.84
全市总计		265.39	1875.07	12.40	87.60

图 4-1　鹤壁市生态红线保护区分布图

如图 4-1 所示，鹤壁市生态红线区域主要分布在鹤壁市西部地区，以淇县和淇滨区西部地区为主要分布区域。

（1）NDVI 值分析。

结合鹤壁市 NDVI 值现状，将鹤壁市 NDVI 值划分为四个等级。NDVI 值为 0.8～1（含）的国土空间，生态系统稳定性最好，生态系统服务性最高，生态空间适宜性等级划分为适宜；植被指数为 0.6～0.8（含）的国土空间，生态系统稳定性较好，生态系统服务性较高，生态空间适宜性等级划分为较适宜；NDVI 值为 0.4～0.6（含）的国土空间，生态系统稳定性较差，生态系统服务性较低，生态空间适宜性等级划分为一般适宜；植被指数为 0（含）～0.4（含）的国土空间，生态系统稳定性最差，生态系统服务性最低，生态空间适宜性等级划分为不适宜。

由于 6 月、7 月影像云团较多，分析误差较大，故下载节点为 2017 年 12 月的清晰影像，鹤壁市西部山区地带 NDVI 值较低，浚县西部、淇县东南部地区和淇滨区东部地区粮食作物生长较好，NDVI 值较高。鹤壁市各乡镇 NDVI 值分布情况如表 4-10 所示，鹤壁市 NDVI 值变化如图 4-2 所示。

表 4-10　鹤壁市各乡镇 NDVI 值分布情况

区域		面积/km²				占比/%			
		适宜	较适宜	一般适宜	不适宜	适宜	较适宜	一般适宜	不适宜
鹤山区	鹤壁集镇	0.00	2.10	9.78	59.90	0.00	2.92	13.63	83.45
	姬家山乡	0.00	0.64	2.88	54.16	0.00	1.12	5.00	93.88
	合计	0.00	2.74	12.66	114.06	0.00	2.12	9.78	88.10
山城区	石林镇	0.03	11.05	21.88	49.34	0.04	13.43	26.58	59.95
	鹿楼乡	0.00	2.17	7.16	43.65	0.00	4.09	13.52	82.39
	合计	0.03	13.22	29.04	92.99	0.02	9.77	21.47	68.74
淇滨区	金山办事处	0.01	3.52	5.79	27.09	0.02	9.66	15.91	74.41
	大赉店镇	0.04	26.21	20.93	43.40	0.05	28.93	23.11	47.91
	上峪乡	0.00	1.60	4.09	58.63	0.00	2.49	6.36	91.15
	大河涧乡	0.02	1.05	3.26	78.23	0.02	1.27	3.95	94.76
	钜桥镇	0.17	23.95	13.22	31.70	0.25	34.69	19.15	45.91
	合计	0.24	56.33	47.29	239.05	0.07	16.43	13.79	69.71
浚县	城关镇	0.00	1.19	1.05	11.40	0.00	8.71	7.72	83.57
	善堂镇	0.00	4.93	77.18	73.05	0.00	3.18	49.74	47.08
	屯子镇	0.06	64.34	35.37	36.58	0.04	47.19	25.94	26.83
	新镇镇	0.43	48.24	42.66	34.17	0.34	38.43	34.00	27.23
	小河镇	0.95	62.94	18.66	23.56	0.90	59.32	17.58	22.20
	黎阳镇	0.23	34.00	25.51	51.33	0.21	30.61	22.97	46.21
	卫贤镇	0.22	45.58	17.20	19.44	0.27	55.29	20.86	23.58
	王庄乡	0.08	1.07	5.52	100.72	0.07	1.00	5.14	93.79
	白寺乡	0.02	24.07	32.51	60.54	0.02	20.55	27.75	51.68
	合计	1.99	286.36	255.66	410.79	0.21	29.99	26.78	43.02
淇县	黄洞乡	0.00	1.04	5.04	109.80	0.00	0.90	4.35	94.75
	庙口乡	0.02	13.01	17.02	61.61	0.02	14.19	18.57	67.22
	高村镇	0.10	23.42	18.40	39.71	0.13	28.69	22.54	48.64
	桥盟乡	0.02	9.36	12.95	64.12	0.02	10.83	14.98	74.17
	朝歌镇	0.00	4.04	3.02	13.82	0.00	19.35	14.46	66.19
	西岗乡	0.12	32.12	16.14	16.47	0.19	49.52	24.89	25.40
	北阳镇	0.05	34.40	23.32	58.80	0.05	29.51	20.00	50.44
	合计	0.31	117.39	95.89	364.33	0.06	20.31	16.59	63.04
全市总计		2.57	476.04	440.55	1221.22	0.12	22.24	20.58	57.06

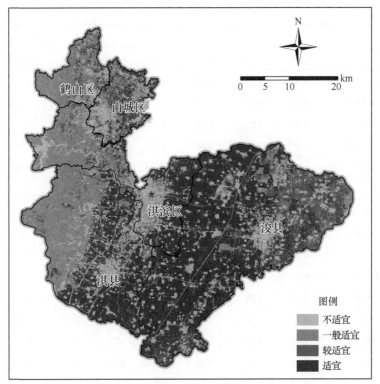

图 4-2　鹤壁市 NDVI 值变化图

（2）水源地敏感性分析。

距水源地的距离越近生态环境敏感性越高，根据距水源地的距离划分四个等级，分别为：水源地及其 200m（含）缓冲区，该区域适宜生态保护；水源地 200～400m（含）缓冲区，该区域生态空间适宜性等级划分为较适宜；水源地 400～600m（含）缓冲区，该区域生态空间适宜性等级划分为一般适宜；距水源地＞600m 区域，该区域按照生态空间适宜性等级划分为不适宜。统计分析各乡镇水源地适宜性分布情况如表 4-11 所示。

表 4-11　鹤壁市各乡镇水源地适宜性分布情况

区域		面积/km²				占比/%			
		适宜	较适宜	一般适宜	不适宜	适宜	较适宜	一般适宜	不适宜
鹤山区	鹤壁集镇	2.27	3.28	4.50	61.74	3.16	4.57	6.27	86.00
	姬家山乡	0.00	0.00	0.00	57.69	0.00	0.00	0.00	100.00
	合计	2.27	3.28	4.50	119.43	1.75	2.53	3.48	92.24
山城区	石林镇	4.47	3.35	4.10	70.39	5.43	4.07	4.98	85.52
	鹿楼乡	0.32	0.44	0.68	51.54	0.60	0.84	1.28	97.28
	合计	4.79	3.79	4.78	121.93	3.55	2.80	3.53	90.12

续表

区域		面积/km²				占比/%			
		适宜	较适宜	一般适宜	不适宜	适宜	较适宜	一般适宜	不适宜
淇滨区	金山办事处	9.73	1.78	1.60	23.30	26.74	4.89	4.38	63.99
	大赉店镇	0.00	0.00	0.00	90.58	0.00	0.00	0.00	100.00
	上峪乡	0.14	0.28	0.70	63.20	0.22	0.44	1.08	98.26
	大河涧乡	10.04	3.77	3.54	65.22	12.16	4.57	4.28	78.99
	钜桥镇	0.00	0.00	0.00	69.04	0.00	0.00	0.00	100.00
	合计	19.91	5.83	5.84	311.34	5.81	1.70	1.70	90.79
浚县	城关镇	2.30	0.61	0.74	9.99	16.86	4.47	5.43	73.24
	善堂镇	0.00	0.00	0.00	155.16	0.00	0.00	0.00	100.00
	屯子镇	0.55	1.02	1.52	133.26	0.40	0.75	1.12	97.73
	新镇镇	0.00	0.00	0.00	125.50	0.00	0.00	0.00	100.00
	小河镇	0.15	0.40	0.65	104.93	0.14	0.38	0.61	98.87
	黎阳镇	4.32	1.54	1.66	103.55	3.89	1.39	1.49	93.23
	卫贤镇	0.00	0.00	0.00	82.44	0.00	0.00	0.00	100.00
	王庄乡	0.00	0.00	0.00	107.40	0.00	0.00	0.00	100.00
	白寺乡	0.17	0.42	0.67	115.88	0.15	0.36	0.57	98.92
	合计	7.49	3.99	5.24	938.11	0.78	0.42	0.55	98.25
淇县	黄洞乡	23.15	3.83	4.15	84.76	19.97	3.31	3.58	73.14
	庙口乡	16.11	3.06	3.11	69.37	17.58	3.33	3.40	75.69
	高村镇	1.62	0.79	0.89	78.34	1.99	0.96	1.09	95.96
	桥盟乡	2.43	1.38	1.60	81.04	2.81	1.59	1.85	93.75
	朝歌镇	0.00	0.00	0.00	20.89	0.00	0.00	0.00	100.00
	西岗乡	0.00	0.00	0.00	64.86	0.00	0.00	0.00	100.00
	北阳镇	0.57	1.03	1.53	113.45	0.49	0.88	1.31	97.32
	合计	43.88	10.09	11.28	512.71	7.59	1.74	1.95	88.72
全市总计		78.34	26.98	31.64	2003.52	3.66	1.26	1.48	93.60

如图 4-3 和表 4-11 所示，鹤壁市水源地主要分布在西部低山丘陵地区，以淇县北部地区、淇滨区中部和西部地区为主。

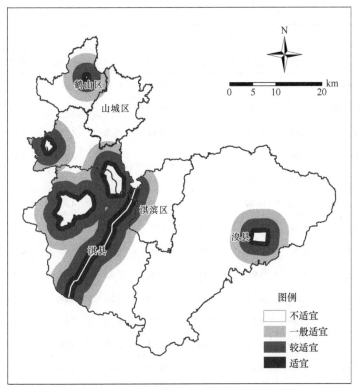

图 4-3　鹤壁市水源地适宜性分布图

（3）河流敏感性分析。

根据全市河流距离划分生态环境敏感性，划分规则与基于水源地的生态环境敏感性一致。统计分析各乡镇河流适宜性分布情况，如表 4-12 所示。

表 4-12　鹤壁市各乡镇河流适宜性分布情况

区域		面积/km²				占比/%			
		适宜	较适宜	一般适宜	不适宜	适宜	较适宜	一般适宜	不适宜
鹤山区	鹤壁集镇	7.38	7.05	6.81	50.54	10.28	9.82	9.49	70.41
	姬家山乡	3.36	3.03	3.01	48.28	5.82	5.26	5.22	83.70
	合计	10.74	10.08	9.82	98.82	8.29	7.79	7.59	76.33
山城区	石林镇	12.74	10.77	9.86	48.93	15.48	13.09	11.98	59.45
	鹿楼乡	5.92	6.26	5.99	34.81	11.17	11.81	11.31	65.71
	合计	18.66	17.03	15.85	83.74	13.79	12.59	11.72	61.90

续表

区域		面积/km²				占比/%			
		适宜	较适宜	一般适宜	不适宜	适宜	较适宜	一般适宜	不适宜
淇滨区	金山办事处	3.35	3.37	3.43	26.26	9.21	9.26	9.41	72.12
	大赉店镇	4.43	4.04	3.94	78.17	4.89	4.46	4.35	86.30
	上峪乡	6.65	5.52	5.26	46.88	10.34	8.58	8.18	72.90
	大河涧乡	2.66	2.13	2.12	75.66	3.22	2.58	2.56	91.64
	钜桥镇	1.93	1.83	1.80	63.49	2.79	2.65	2.61	91.95
	合计	19.02	16.89	16.55	290.46	5.55	4.93	4.82	84.70
浚县	城关镇	1.54	1.65	1.75	8.71	11.26	12.09	12.81	63.84
	善堂镇	0.00	0.00	0.00	155.16	0.00	0.00	0.00	100.00
	屯子镇	3.64	3.92	4.19	124.60	2.67	2.88	3.07	91.38
	新镇镇	7.29	6.75	6.16	105.30	5.81	5.38	4.91	83.90
	小河镇	10.34	8.32	7.34	80.11	9.75	7.84	6.92	75.49
	黎阳镇	5.66	5.32	5.10	94.99	5.09	4.79	4.59	85.53
	卫贤镇	3.97	3.82	3.74	70.92	4.82	4.63	4.53	86.02
	王庄乡	3.24	3.48	3.52	97.16	3.02	3.24	3.28	90.46
	白寺乡	0.96	1.19	1.49	113.50	0.82	1.02	1.27	96.89
	合计	36.64	34.45	33.29	850.45	3.84	3.61	3.49	89.06
淇县	黄洞乡	2.37	2.76	3.27	107.49	2.05	2.38	2.82	92.75
	庙口乡	7.42	6.52	6.51	71.21	8.09	7.11	7.10	77.70
	高村镇	7.04	6.15	5.85	62.60	8.62	7.53	7.17	76.68
	桥盟乡	5.06	5.56	5.32	70.51	5.85	6.43	6.15	81.57
	朝歌镇	0.59	0.76	1.03	18.50	2.84	3.64	4.95	88.57
	西岗乡	8.79	8.38	8.02	39.66	13.56	12.92	12.37	61.15
	北阳镇	5.10	4.99	4.61	101.87	4.37	4.28	3.96	87.39
	合计	36.37	35.12	34.61	471.84	6.29	6.08	5.99	81.64
全市总计		121.43	113.57	110.12	1795.31	5.67	5.31	5.14	83.88

　　如图 4-4 和表 4-12 所示，鹤壁市河流水资源较为丰富，主要集中分布在鹤壁市北部地区，以鹤山区、山城区和淇滨区为主要分布区域；淇县和浚县河流分布

相对较少，河流流经区域较大，适宜区域面积大。

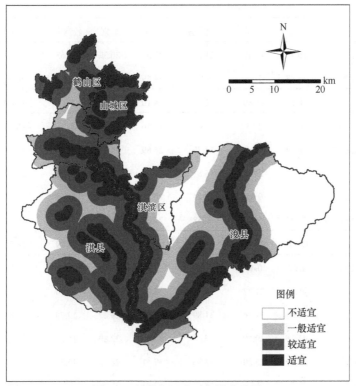

图 4-4　鹤壁市河流适宜性分布图

（4）人类活动影响分析。

　　根据鹤壁市全市的城市、建制镇和村庄等要素对鹤壁市生态环境受人类活动影响进行分析，划分规则如下：距离人类生活地区 200m（含）内的为生态空间不适宜区域；在 200～400m（含）之间的为一般适宜区域；400～600m（含）之间的为较适宜区域；距离＞600m 的区域为适宜区域。统计分析各乡镇人类活动影响适宜性分布情况，如表 4-13 所示。鹤壁市人类活动影响分析如图 4-5 所示。

表 4-13　鹤壁市各乡镇人类活动影响适宜性分布情况

区域		面积/km²				占比/%			
		适宜	较适宜	一般适宜	不适宜	适宜	较适宜	一般适宜	不适宜
鹤山区	鹤壁集镇	20.92	4.07	12.24	34.54	29.14	5.67	17.06	48.13
	姬家山乡	16.94	10.98	14.24	15.52	29.36	19.04	24.69	26.91
	合计	37.86	15.05	26.48	50.06	29.24	11.63	20.46	38.67

区域		面积/km²				占比/%			
		适宜	较适宜	一般适宜	不适宜	适宜	较适宜	一般适宜	不适宜
山城区	石林镇	16.73	10.39	21.67	33.51	20.32	12.63	26.33	40.72
	鹿楼乡	21.88	1.41	5.11	24.59	41.29	2.66	9.64	46.41
	合计	38.61	11.80	26.78	58.10	28.53	8.73	19.80	42.94
淇滨区	金山办事处	8.70	2.73	6.87	18.10	23.90	7.50	18.88	49.72
	大赉店镇	40.54	8.36	14.79	26.89	44.75	9.23	16.33	29.69
	上峪乡	14.05	12.38	16.81	21.07	21.85	19.25	26.14	32.76
	大河涧乡	39.55	9.65	13.24	20.13	47.91	11.68	16.03	24.38
	钜桥镇	23.34	5.60	12.58	27.53	33.81	8.11	18.21	39.87
	合计	126.18	38.72	64.29	113.72	36.80	11.29	18.75	33.16
浚县	城关镇	8.69	0.41	0.92	3.62	63.69	3.02	6.75	26.54
	善堂镇	45.40	21.32	35.23	53.21	29.26	13.74	22.71	34.29
	屯子镇	39.91	24.14	31.89	40.42	29.27	17.70	23.39	29.64
	新镇镇	41.16	19.60	27.33	37.40	32.80	15.62	21.78	29.80
	小河镇	30.15	15.20	23.36	37.41	28.42	14.32	22.01	35.25
	黎阳镇	33.39	7.23	18.43	52.01	30.06	6.51	16.60	46.83
	卫贤镇	18.24	12.73	22.74	28.74	22.12	15.44	27.58	34.86
	王庄乡	20.21	13.30	27.30	46.59	18.82	12.38	25.42	43.38
	白寺乡	38.16	21.09	26.33	31.56	32.58	18.00	22.48	26.94
	合计	275.31	135.02	213.53	330.96	28.83	14.15	22.36	34.66
淇县	黄洞乡	56.07	20.03	20.27	19.52	48.38	17.28	17.49	16.85
	庙口乡	21.29	15.47	23.38	31.51	23.23	16.88	25.51	34.38
	高村镇	23.15	5.33	17.72	35.44	28.35	6.53	21.70	43.42
	桥盟乡	31.25	10.05	16.12	29.02	36.15	11.63	18.65	33.57
	朝歌镇	12.02	0.76	2.23	5.88	57.55	3.65	10.66	28.14
	西岗乡	15.68	7.70	15.38	26.10	24.18	11.87	23.71	40.24
	北阳镇	26.36	18.36	30.88	40.98	22.61	15.75	26.49	35.15
	合计	185.82	77.70	125.98	188.45	32.15	13.44	21.80	32.61
全市总计		663.78	278.29	457.06	741.29	31.01	13.00	21.35	34.64

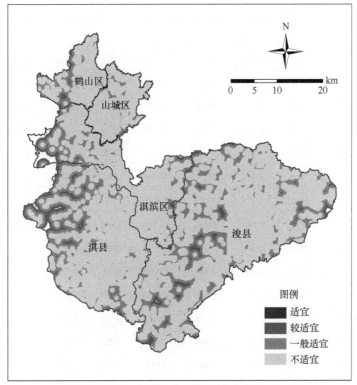

图 4-5　鹤壁市人类活动影响分析

如图 4-5 和表 4-13 所示，鹤壁市受人类活动影响较大的区域主要分布在鹤壁市中部地区，以淇滨区为主，淇滨区是鹤壁市新城区，为人口主要集中区域，西部低山丘陵区为生态保护旅游风景区，人流量较大，不纳入适宜区。

综合评价结果：根据评价方法，鹤壁市将生态空间适宜性划分为适宜、较适宜、一般适宜和不适宜四类，四类空间面积和乡镇分布如表 4-14 所示。

表 4-14　鹤壁市生态空间适宜性评价分析表

区域		面积/km²				占比/%			
		适宜	较适宜	一般适宜	不适宜	适宜	较适宜	一般适宜	不适宜
鹤山区	鹤壁集镇	2.90	2.90	23.85	42.13	4.04	4.04	33.23	58.69
	姬家山乡	7.54	0.95	18.08	31.12	13.07	1.65	31.34	53.94
	合计	10.44	3.85	41.93	73.25	8.06	2.98	32.38	56.58
山城区	石林镇	2.02	5.97	29.86	44.46	2.46	7.25	36.27	54.02
	鹿楼乡	1.29	5.05	23.69	22.95	2.44	9.54	44.71	43.31
	合计	3.31	11.02	53.55	67.41	2.45	8.15	39.58	49.82

区域		面积/km²				占比/%			
		适宜	较适宜	一般适宜	不适宜	适宜	较适宜	一般适宜	不适宜
淇滨区	金山办事处	13.01	1.35	6.33	15.72	35.73	3.71	17.38	43.18
	大赉店镇	0.03	5.21	38.12	47.22	0.04	5.75	42.08	52.13
	上峪乡	32.85	0.11	7.78	23.58	51.07	0.17	12.10	36.66
	大河涧乡	22.21	1.30	25.38	33.67	26.90	1.57	30.74	40.79
	钜桥镇	0.05	1.01	24.14	43.84	0.07	1.46	34.97	63.50
	合计	68.15	8.98	101.75	164.05	19.87	2.62	29.67	47.84
浚县	城关镇	1.85	0.84	5.65	5.30	13.58	6.15	41.45	38.82
	善堂镇	0.00	0.00	0.00	155.16	0.00	0.00	0.00	100.00
	屯子镇	0.98	0.95	7.50	126.93	0.72	0.70	5.50	93.08
	新镇镇	0.72	2.22	12.02	110.53	0.57	1.77	9.58	88.08
	小河镇	1.23	3.25	15.38	86.27	1.16	3.06	14.49	81.29
	黎阳镇	0.95	1.13	15.68	93.31	0.85	1.02	14.11	84.02
	卫贤镇	0.03	0.89	7.64	73.89	0.04	1.07	9.26	89.63
	王庄乡	0.08	1.07	5.52	100.72	0.07	1.00	5.14	93.79
	白寺乡	0.00	0.94	2.92	113.29	0.00	0.80	2.49	96.71
	合计	5.84	11.29	72.31	865.40	0.61	1.19	7.57	90.63
淇县	黄洞乡	69.35	0.00	19.34	27.20	59.84	0.00	16.69	23.47
	庙口乡	22.01	0.00	26.39	43.26	24.01	0.00	28.79	47.20
	高村镇	15.17	0.00	23.11	43.36	18.58	0.00	28.30	53.12
	桥盟乡	37.31	0.00	17.64	31.50	43.16	0.00	20.40	36.44
	朝歌镇	0.00	0.00	12.30	8.58	0.00	0.00	58.91	41.09
	西岗乡	1.27	0.00	20.42	43.17	1.96	0.00	31.48	66.56
	北阳镇	34.97	0.00	21.17	60.43	30.00	0.00	18.16	51.84
	合计	180.08	0.00	140.37	257.50	31.16	0.00	24.29	44.55
全市总计		267.82	35.14	409.91	1427.59	12.51	1.64	19.15	66.70

鹤壁市生态适宜空间主要分布在鹤壁市西部太行山麓、南水北调工程两侧和河流区域，具体如图4-6所示。

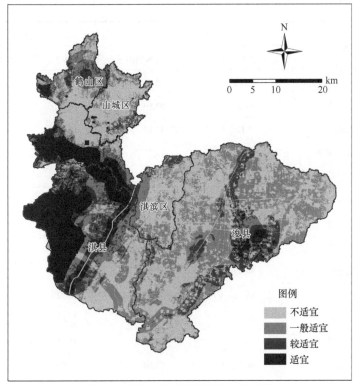

图 4-6　鹤壁市生态空间适宜性分布图

4.4.2　农业空间适宜性评价结果

1）永久基本农田保护区分析

永久基本农田保护区全部划为农业空间适宜区域，统计分析各乡镇永久基本农田分布情况，如表 4-15 所示。

表 4-15　鹤壁市永久基本农田分布情况

区域		面积/km²		占比/%	
		永久基本农田区	非永久基本农田区	永久基本农田区	非永久基本农田区
鹤山区	鹤壁集镇	17.25	54.53	24.03	75.97
	姬家山乡	5.00	52.69	8.67	91.33
	合计	22.25	107.22	17.19	82.81
山城区	石林镇	38.17	44.14	46.38	53.62
	鹿楼乡	11.84	41.14	22.35	77.65
	合计	50.01	85.28	36.97	63.03

区域		面积/km²		占比/%	
		永久基本农田区	非永久基本农田区	永久基本农田区	非永久基本农田区
淇滨区	金山办事处	10.78	25.63	29.60	70.40
	大赉店镇	33.08	57.50	36.52	63.48
	上峪乡	7.12	57.19	11.07	88.93
	大河涧乡	4.84	77.72	5.86	94.14
	钜桥镇	20.69	48.35	29.97	70.03
	合计	76.51	266.39	22.31	77.69
浚县	城关镇	0.00	13.64	0.00	100.00
	善堂镇	107.95	47.21	69.57	30.43
	屯子镇	94.02	42.33	68.95	31.05
	新镇镇	88.75	36.74	70.72	29.28
	小河镇	78.12	28.00	73.62	26.38
	黎阳镇	35.03	76.03	31.54	68.46
	卫贤镇	60.94	21.50	73.92	26.08
	王庄乡	60.12	47.28	55.98	44.02
	白寺乡	85.50	31.64	72.99	27.01
	合计	610.43	344.37	63.93	36.07
淇县	黄洞乡	11.84	104.05	10.22	89.78
	庙口乡	30.56	61.09	33.35	66.65
	高村镇	28.55	53.09	34.97	65.03
	桥盟乡	17.80	68.65	20.59	79.41
	朝歌镇	5.80	15.09	27.77	72.23
	西岗乡	39.44	25.41	60.82	39.18
	北阳镇	57.52	59.05	49.34	50.66
	合计	191.51	386.43	33.14	66.86
全市总计		950.71	1189.69	44.42	55.58

如图 4-7 和表 4-15 所示，鹤壁市永久基本农田主要分布在南部和东部地区，以鹤壁市淇县南部和浚县为主要分布区域。

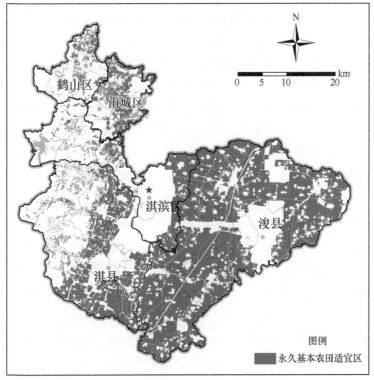

图 4-7　鹤壁市永久基本农田分布图

2）耕地坡度分析

结合《双评价指南（试行）》规程，使用鹤壁市高程将鹤壁市耕地坡度划分为四个等级，0°（含）～2°（含），2°～6°（含），6°～25°（含），25°以上。鹤壁市坡度大的区域主要分布在西部太行山一线。统计分析各乡镇耕地坡度适宜性分布情况，如表 4-16 所示。

表 4-16　鹤壁市耕地坡度适宜性分布情况

区域		面积/km²				占比/%			
		适宜	较适宜	一般适宜	不适宜	适宜	较适宜	一般适宜	不适宜
鹤山区	鹤壁集镇	37.23	18.63	14.61	1.31	51.87	25.95	20.36	1.82
	姬家山乡	22.90	15.01	5.14	14.64	39.69	26.02	8.91	25.38
	合计	60.13	33.64	19.75	15.95	46.44	25.98	15.26	12.32
山城区	石林镇	36.30	36.63	9.38	0.00	44.10	44.50	11.40	0.00
	鹿楼乡	25.31	16.20	11.45	0.02	47.77	30.58	21.60	0.05
	合计	61.61	52.83	20.83	0.02	45.54	39.05	15.39	0.02

续表

区域		面积/km²				占比/%			
		适宜	较适宜	一般适宜	不适宜	适宜	较适宜	一般适宜	不适宜
淇滨区	金山办事处	19.99	11.91	4.24	0.27	54.91	32.71	11.65	0.73
	大赉店镇	43.20	43.31	3.56	0.51	47.69	47.82	3.93	0.56
	上峪乡	12.43	24.80	16.54	10.55	19.32	38.56	25.72	16.40
	大河涧乡	11.76	14.58	28.89	27.32	14.25	17.66	34.99	33.10
	钜桥镇	33.84	22.55	11.56	1.09	49.02	32.66	16.74	1.58
	合计	121.22	117.15	64.79	39.74	35.35	34.16	18.90	11.59
浚县	城关镇	9.01	2.89	1.74	0.00	66.07	21.15	12.76	0.02
	善堂镇	68.32	78.77	8.07	0.00	44.03	50.77	5.20	0.00
	屯子镇	48.40	51.14	31.66	5.16	35.49	37.50	23.22	3.79
	新镇镇	57.13	59.76	8.34	0.26	45.52	47.62	6.65	0.21
	小河镇	55.08	32.95	17.70	0.40	51.90	31.05	16.68	0.37
	黎阳镇	51.92	45.33	13.71	0.11	46.75	40.81	12.34	0.10
	卫贤镇	36.44	36.87	8.89	0.25	44.19	44.72	10.79	0.30
	王庄乡	45.96	50.08	11.05	0.31	42.79	46.63	10.29	0.29
	白寺乡	49.47	37.90	26.87	2.90	42.23	32.35	22.94	2.48
	合计	421.73	395.69	128.03	9.39	44.17	41.44	13.41	0.98
淇县	黄洞乡	6.58	22.34	28.97	58.00	5.68	19.28	25.00	50.04
	庙口乡	27.48	31.61	17.25	15.32	29.98	34.49	18.82	16.71
	高村镇	35.29	35.57	10.50	0.28	43.23	43.57	12.86	0.34
	桥盟乡	18.00	36.98	12.89	18.58	20.82	42.78	14.91	21.49
	朝歌镇	5.26	14.26	1.36	0.01	25.17	68.26	6.52	0.05
	西岗乡	30.14	27.55	6.98	0.18	46.48	42.49	10.76	0.27
	北阳镇	31.78	56.12	14.61	14.06	27.26	48.14	12.54	12.06
	合计	154.53	224.43	92.56	106.43	26.74	38.83	16.02	18.41
全市总计		819.22	823.74	325.96	171.53	38.27	38.48	15.23	8.02

如图 4-8 和表 4-16 所示，鹤壁市耕地坡度较大区域主要分布在西部低山丘陵地区，以淇县西部、淇滨区西部和鹤山区西部为主，耕地坡度适宜区域主要分布

在东部和南部地区，以浚县南部、淇县南部和淇滨区东部地区为主。

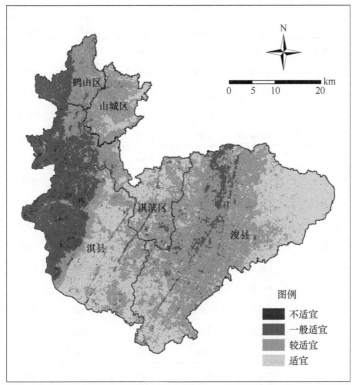

图 4-8　鹤壁市耕地坡度适宜性分布图

3）地形地貌分析

根据 DEM 分析出鹤壁市地形地貌，对其进行等级划分，平原地区为海拔 0～50m（含），此区域为农业空间适宜区域；低山丘陵地区海拔为 50～500m（含），该区域为农业空间一般适宜区域；山地地区为海拔＞500m 的地区，此地区为农业空间不适宜区域。统计分析各乡镇地形地貌适宜性分布情况，如表 4-17 所示。

表 4-17　鹤壁市地形地貌适宜性分布情况

区域		面积/km²			占比/%		
		适宜	一般适宜	不适宜	适宜	一般适宜	不适宜
鹤山区	鹤壁集镇	44.81	26.97	0.00	62.42	37.58	0.00
	姬家山乡	13.69	43.75	0.24	23.74	75.84	0.42
	合计	58.50	70.72	0.24	45.18	54.63	0.19
山城区	石林镇	80.52	1.79	0.00	97.82	2.18	0.00
	鹿楼乡	49.33	3.67	0.00	93.07	6.93	0.00
	合计	129.83	5.46	0.00	95.96	4.04	0.00

续表

区域		面积/km²			占比/%		
		适宜	一般适宜	不适宜	适宜	一般适宜	不适宜
淇滨区	金山办事处	36.05	0.36	0.00	99.01	0.99	0.00
	大赉店镇	90.58	0.00	0.00	100.00	0.00	0.00
	上峪乡	32.45	31.78	0.08	50.45	49.42	0.13
	大河涧乡	9.62	69.14	3.80	11.65	83.75	4.60
	钜桥镇	69.04	0.00	0.00	100.00	0.00	0.00
	合计	237.74	101.28	3.88	69.33	29.54	1.13
浚县	城关镇	13.64	0.00	0.00	100.00	0.00	0.00
	善堂镇	155.16	0.00	0.00	100.00	0.00	0.00
	屯子镇	136.36	0.00	0.00	100.00	0.00	0.00
	新镇镇	125.50	0.00	0.00	100.00	0.00	0.00
	小河镇	106.12	0.00	0.00	100.00	0.00	0.00
	黎阳镇	111.07	0.00	0.00	100.00	0.00	0.00
	卫贤镇	82.44	0.00	0.00	100.00	0.00	0.00
	王庄乡	107.40	0.00	0.00	100.00	0.00	0.00
	白寺乡	117.15	0.00	0.00	100.00	0.00	0.00
	合计	954.84	0.00	0.00	100.00	0.00	0.00
淇县	黄洞乡	7.85	84.79	23.25	6.78	73.16	20.06
	庙口乡	63.16	28.37	0.12	68.90	30.96	0.14
	高村镇	81.64	0.00	0.00	100.00	0.00	0.00
	桥盟乡	52.32	28.30	5.82	60.52	32.74	6.74
	朝歌镇	20.89	0.00	0.00	100.00	0.00	0.00
	西岗乡	64.86	0.00	0.00	100.00	0.00	0.00
	北阳镇	92.21	18.82	5.53	79.10	16.15	4.75
	合计	382.93	160.28	34.72	66.26	27.73	6.01
全市总计		1763.84	337.74	38.84	82.40	15.78	1.82

如图 4-9 和表 4-17 所示，鹤壁市地势平坦区域主要分布在南部和东部地区，结果与鹤壁市耕地坡度十分相似。适宜区域主要分布在浚县、淇县、鹤山区和淇滨区，不适宜区主要分布在山城区、淇滨区西部和淇县西部。

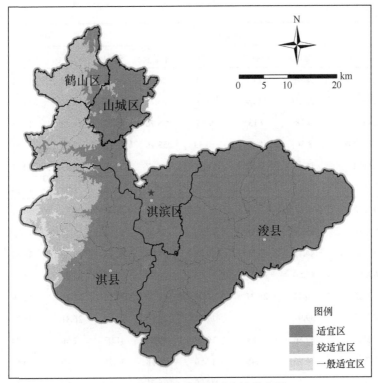

图 4-9　鹤壁市地形地貌适宜性分布图

4）农业设施便捷度分析

　　根据已建成的农业设施用地，进行农业设施便捷缓冲区分析，农业设施及其 200m（含）缓冲区域内为农业设施便捷适宜区；农业设施 200m～400m（含）缓冲区域内为农业设施便捷较适宜区；农业设施 400m～600m（含）缓冲区内为农业设施一般适宜区；大于 600m 农业设施便捷缓冲区的区域为农业设施便捷不适宜区。统计分析各乡镇农业设施便捷适宜性分布情况，如表 4-18 所示。

表 4-18　鹤壁市农业设施便捷适宜性分布情况

区域		面积/km²				占比/%			
		适宜	较适宜	一般适宜	不适宜	适宜	较适宜	一般适宜	不适宜
鹤山区	鹤壁集镇	16.15	20.34	15.74	19.55	22.50	28.33	21.93	27.24
	姬家山乡	6.00	9.22	8.70	33.77	10.41	15.98	15.07	58.54
	合计	22.15	29.56	24.44	53.32	17.11	22.83	18.88	41.18
山城区	石林镇	25.70	25.57	14.32	16.72	31.23	31.06	17.40	20.31
	鹿楼乡	9.89	12.56	12.43	18.11	18.66	23.70	23.45	34.19
	合计	35.59	38.13	26.75	34.83	26.31	28.18	19.77	25.74

续表

区域		面积/km²				占比/%			
		适宜	较适宜	一般适宜	不适宜	适宜	较适宜	一般适宜	不适宜
淇滨区	金山办事处	12.41	11.41	6.99	5.59	34.10	31.34	19.21	15.35
	大赉店镇	26.50	23.69	15.60	24.79	29.26	26.15	17.22	27.37
	上峪乡	9.18	9.13	9.25	36.76	14.27	14.20	14.38	57.15
	大河涧乡	8.36	10.71	10.33	53.16	10.13	12.97	12.51	64.39
	钜桥镇	16.16	23.57	16.64	12.67	23.40	34.13	24.11	18.36
	合计	72.61	78.51	58.81	132.97	21.18	22.90	17.14	38.78
浚县	城关镇	2.93	3.79	2.67	4.25	21.45	27.79	19.57	31.19
	善堂镇	35.72	33.88	27.50	58.06	23.02	21.84	17.72	37.42
	屯子镇	44.11	40.30	24.70	27.24	32.34	29.56	18.12	19.98
	新镇镇	47.50	34.29	17.67	26.03	37.85	27.33	14.08	20.74
	小河镇	36.42	28.77	12.94	28.00	34.32	27.11	12.19	26.38
	黎阳镇	39.92	29.77	17.01	24.36	35.94	26.81	15.32	21.93
	卫贤镇	33.86	26.84	10.88	10.86	41.07	32.56	13.20	13.17
	王庄乡	34.96	28.45	17.80	26.18	32.55	26.49	16.58	24.38
	白寺乡	31.11	29.12	21.20	35.71	26.56	24.86	18.10	30.48
	合计	306.53	255.21	152.37	240.69	32.10	26.73	15.96	25.21
淇县	黄洞乡	9.12	12.92	14.03	79.82	7.87	11.15	12.10	68.88
	庙口乡	26.11	22.82	13.90	28.83	28.48	24.90	15.17	31.45
	高村镇	32.85	28.86	12.92	7.00	40.24	35.35	15.83	8.58
	桥盟乡	29.73	22.06	10.46	24.19	34.40	25.52	12.10	27.98
	朝歌镇	6.15	4.82	3.89	6.02	29.45	23.08	18.63	28.84
	西岗乡	29.60	20.72	7.78	6.76	45.64	31.95	11.99	10.42
	北阳镇	38.73	32.81	16.24	28.79	33.22	28.15	13.93	24.70
	合计	172.29	145.01	79.22	181.41	29.81	25.09	13.71	31.39
全市总计		609.17	546.42	341.59	643.22	28.46	25.53	15.96	30.05

　　如图 4-10 和表 4-18 所示，鹤壁市农业设施便捷度较好区域主要分布在南部、中部和东部地区，以淇县、浚县和淇滨区为主；西部和北部地区农业设施建设相对较少，农业设施便捷适宜区域以山城区和鹤山区为主。

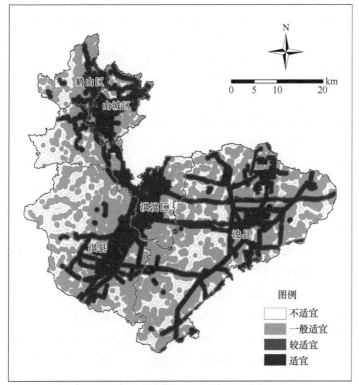

图 4-10　鹤壁市农业设施便捷适宜性分布图

5）农业水源便捷度分析

根据已有的河流水面、坑塘水面和沟渠等灌溉水源及设施，进行农业水源便捷缓冲区分析，农业水源及其 200m（含）缓冲区域内为适宜区；农业水源 200～400m（含）缓冲区域内为较适宜区；农业水源 400～600m（含）缓冲区内为一般适宜区；大于 600m 农业水源缓冲区的区域为不适宜区。统计分析各乡镇农业水源便捷适宜性分布情况，如表 4-19 所示。

表 4-19　鹤壁市农业水源便捷适宜性分布情况

区域		面积/km²				占比/%			
		适宜	较适宜	一般适宜	不适宜	适宜	较适宜	一般适宜	不适宜
鹤山区	鹤壁集镇	15.14	15.44	13.01	28.20	21.09	21.51	18.12	39.28
	姬家山乡	7.02	8.51	8.48	33.67	12.17	14.76	14.70	58.37
	合计	22.16	23.95	21.49	61.87	17.11	18.50	16.60	47.79
山城区	石林镇	24.07	19.48	11.49	27.27	29.24	23.67	13.96	33.13
	鹿楼乡	16.92	18.34	10.29	7.43	31.94	34.62	19.42	14.02
	合计	40.99	37.82	21.78	34.70	30.30	27.95	16.10	25.65

续表

区域		面积/km²				占比/%			
		适宜	较适宜	一般适宜	不适宜	适宜	较适宜	一般适宜	不适宜
淇滨区	金山办事处	13.61	9.23	5.74	7.83	37.38	25.34	15.77	21.51
	大赉店镇	35.24	27.83	13.72	13.80	38.90	30.72	15.15	15.23
	上峪乡	14.76	12.15	11.33	26.07	22.95	18.89	17.62	40.54
	大河涧乡	9.64	11.41	10.43	51.07	11.68	13.82	12.64	61.86
	钜桥镇	13.35	14.97	12.39	28.33	19.34	21.68	17.95	41.03
	合计	86.60	75.59	53.61	127.10	25.26	22.04	15.64	37.06
浚县	城关镇	1.06	1.95	2.01	8.62	7.75	14.33	14.73	63.19
	善堂镇	1.50	10.34	3.65	139.67	0.97	6.66	2.35	90.02
	屯子镇	64.26	37.48	18.81	15.80	47.13	27.49	13.80	11.58
	新镇镇	21.94	23.63	19.85	60.08	17.48	18.83	15.82	47.87
	小河镇	16.99	15.42	13.47	60.24	16.01	14.53	12.69	56.77
	黎阳镇	14.71	18.75	14.79	62.83	13.24	16.88	13.31	56.57
	卫贤镇	8.31	7.94	7.80	58.39	10.08	9.64	9.46	70.82
	王庄乡	17.03	18.75	16.13	55.50	15.85	17.46	15.01	51.68
	白寺乡	35.03	30.87	20.93	30.31	29.90	26.35	17.87	25.88
	合计	180.83	165.13	117.44	491.44	18.94	17.29	12.30	51.47
淇县	黄洞乡	7.55	10.02	13.50	84.83	6.51	8.65	11.65	73.19
	庙口乡	13.33	11.33	11.56	55.43	14.55	12.36	12.61	60.48
	高村镇	21.84	18.80	15.93	25.06	26.75	23.03	19.52	30.70
	桥盟乡	16.23	15.63	13.30	41.28	18.77	18.09	15.39	47.75
	朝歌镇	3.55	3.86	3.40	10.08	17.01	18.46	16.28	48.25
	西岗乡	21.70	20.18	11.50	11.48	33.45	31.12	17.73	17.70
	北阳镇	20.37	20.44	17.56	58.20	17.47	17.54	15.06	49.93
	合计	104.57	100.26	86.75	286.36	18.09	17.35	15.01	49.55
全市总计		435.15	402.75	301.07	1001.47	20.33	18.82	14.07	46.78

如图 4-11 和表 4-19 所示，鹤壁市农业水源便捷适宜区域主要分布在西北部；以鹤山区和山城区为主；东部平原地区农业水源较少，农业灌溉不便。

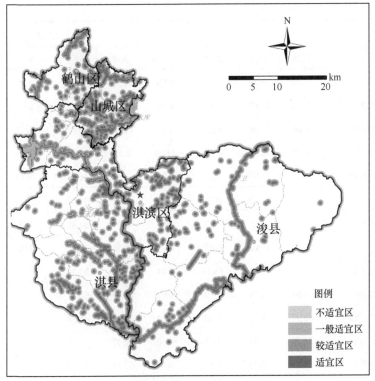

图 4-11　鹤壁市农业水源便捷适宜性分布图

综合评价结果：根据评价方法，鹤壁市将农业空间适宜性划分为适宜、较适宜、一般适宜和不适宜四类，四类空间面积和乡镇分布如表 4-20 所示。

表 4-20　鹤壁市农业空间适宜性评价分析表

区域		面积/km²				占比/%			
		适宜	较适宜	一般适宜	不适宜	适宜	较适宜	一般适宜	不适宜
鹤山区	鹤壁集镇	21.82	38.88	10.94	0.13	30.40	54.17	15.25	0.18
	姬家山乡	4.92	15.13	35.98	1.66	8.52	26.23	62.37	2.88
	合计	26.74	54.01	46.92	1.79	20.65	41.72	36.25	1.38
山城区	石林镇	45.11	35.00	2.20	0.00	54.81	42.52	2.67	0.00
	鹿楼乡	23.53	26.34	3.11	0.00	44.41	49.72	5.87	0.00
	合计	68.64	61.34	5.31	0.00	50.74	45.34	3.92	0.00

续表

区域		面积/km²				占比/%			
		适宜	较适宜	一般适宜	不适宜	适宜	较适宜	一般适宜	不适宜
淇滨区	金山办事处	17.60	16.22	2.59	0.00	48.35	44.55	7.10	0.00
	大赉店镇	52.78	34.62	3.12	0.06	58.27	38.22	3.45	0.06
	上峪乡	8.06	21.49	32.47	2.30	12.54	33.41	50.48	3.57
	大河涧乡	6.79	22.78	41.45	11.54	8.23	27.59	50.21	13.97
	钜桥镇	29.66	31.95	7.36	0.08	42.95	46.27	10.66	0.12
	合计	114.89	127.06	86.99	13.98	33.51	37.05	25.37	4.07
浚县	城关镇	5.29	7.42	0.93	0.00	38.77	54.40	6.83	0.00
	善堂镇	140.13	15.02	0.01	0.00	90.31	9.68	0.01	0.00
	屯子镇	70.10	48.06	18.16	0.04	51.41	35.24	13.32	0.03
	新镇镇	84.51	38.79	2.19	0.00	67.34	30.91	1.75	0.00
	小河镇	53.27	49.22	3.60	0.04	50.19	46.38	3.39	0.04
	黎阳镇	58.28	49.33	3.45	0.00	52.47	44.42	3.11	0.00
	卫贤镇	51.40	29.36	1.68	0.00	62.34	35.62	2.04	0.00
	王庄乡	66.87	38.14	2.38	0.00	62.27	35.52	2.21	0.00
	白寺乡	55.30	51.27	10.51	0.07	47.20	43.77	8.97	0.06
	合计	585.15	326.61	42.91	0.15	61.28	34.21	4.49	0.02
淇县	黄洞乡	8.15	11.05	76.08	20.62	7.03	9.53	65.65	17.79
	庙口乡	33.62	25.98	27.68	4.38	36.68	28.34	30.20	4.78
	高村镇	46.26	30.51	4.87	0.00	56.66	37.37	5.97	0.00
	桥盟乡	34.12	19.78	26.51	6.03	39.47	22.88	30.67	6.98
	朝歌镇	13.85	6.72	0.32	0.00	66.32	32.16	1.52	0.00
	西岗乡	41.63	21.48	1.74	0.01	64.19	33.11	2.69	0.01
	北阳镇	63.10	28.58	21.90	3.00	54.13	24.52	18.78	2.57
	合计	240.73	144.10	159.10	34.04	41.65	24.93	27.53	5.89
全市总计		1036.15	713.12	341.23	49.96	48.41	33.32	15.94	2.33

　　鹤壁市农业适宜空间主要分布在鹤壁市中部和东部华北平原地区，以浚县和淇县为主要区域，淇滨区东部地区也适宜农业生产；不适宜区域主要分布在西部

和北部地区，以淇县西部地区和淇滨区西部为主，该区域以低山丘陵为主，坡度较大，不适宜农业生产，具体如图 4-12 所示。

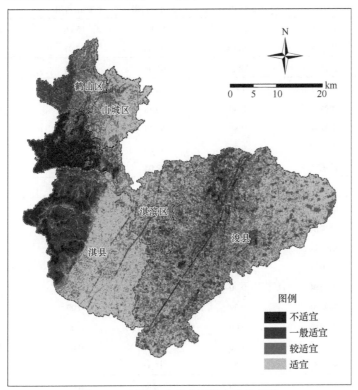

图 4-12　鹤壁市农业空间适宜性分布图

4.4.3　城镇空间适宜性评价结果

1）矿山占用分析

根据矿山占地情况分为两类，即矿山占用土地和矿山未占用土地。统计分析各乡镇矿山占用分布情况，如表 4-21 所示。

表 4-21　鹤壁市矿山占用分布情况

区域		面积/km²		占比/%	
		矿山占用	矿山未占用	矿山占用	矿山未占用
鹤山区	鹤壁集镇	22.32	49.46	31.10	68.90
	姬家山乡	1.59	56.10	2.76	97.24
	合计	23.91	105.56	18.47	81.53

区域		面积/km²		占比/%	
		矿山占用	矿山未占用	矿山占用	矿山未占用
山城区	石林镇	12.39	69.91	15.06	84.94
	鹿楼乡	25.94	27.03	48.97	51.03
	合计	38.33	96.94	28.34	71.66
淇滨区	金山办事处	7.44	28.97	20.43	79.57
	大赉店镇	0.00	90.58	0.00	100.00
	上峪乡	2.88	61.44	4.48	95.52
	大河涧乡	0.29	82.26	0.36	99.64
	钜桥镇	0.00	69.04	0.00	100.00
	合计	10.61	332.29	3.09	96.91
浚县	城关镇	0.00	13.64	0.00	100.00
	善堂镇	0.00	155.16	0.00	100.00
	屯子镇	0.00	136.36	0.00	100.00
	新镇镇	0.00	125.50	0.00	100.00
	小河镇	0.00	106.12	0.00	100.00
	黎阳镇	0.00	111.07	0.00	100.00
	卫贤镇	0.00	82.44	0.00	100.00
	王庄乡	0.00	107.40	0.00	100.00
	白寺乡	0.00	117.15	0.00	100.00
	合计	0.00	954.84	0.00	100.00
淇县	黄洞乡	0.15	115.74	0.13	99.87
	庙口乡	4.95	86.70	5.41	94.59
	高村镇	0.00	81.64	0.00	100.00
	桥盟乡	0.00	86.44	0.00	100.00
	朝歌镇	0.00	20.89	0.00	100.00
	西岗乡	0.00	64.86	0.00	100.00
	北阳镇	0.21	116.37	0.18	99.82
	合计	5.31	572.64	0.92	99.08
全市总计		78.16	2062.27	3.65	96.35

如图 4-13 和表 4-21 所示，鹤壁市矿山占用区域主要集中在鹤壁市北部地区，以鹤山区和山城区为主，占地较为集中；浚县没有矿山占用情况，淇县和淇滨区矿山占用面积相对较少。

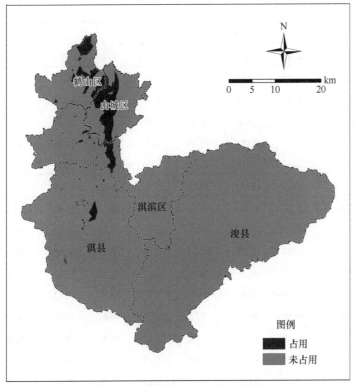

图 4-13　鹤壁市矿山占用分布图

2）城镇地形坡度分析

依据《城市规划原理》《城市用地竖向规划规范》（CJJ 83—2016）等，结合鹤壁市高程，将鹤壁市坡度划分为 4 个等级，0°（含）～8°（含），8°～15°（含），15°～25°（含），25°以上。鹤壁市坡度大的区域主要分布在西部太行山一线。统计分析各乡镇地形坡度适宜性分布情况，如表 4-22 所示。

表 4-22　鹤壁市城镇地形坡度适宜性分布情况

区域		面积/km²				占比/%			
		适宜	较适宜	一般适宜	不适宜	适宜	较适宜	一般适宜	不适宜
鹤山区	鹤壁集镇	13.39	45.81	11.36	1.23	18.65	63.81	15.83	1.71
	姬家山乡	2.19	16.96	25.94	12.59	3.80	29.40	44.97	21.83
	合计	15.58	62.77	37.30	13.82	12.04	48.48	28.81	10.67
山城区	石林镇	30.88	47.93	3.49	0.00	37.52	58.24	4.24	0.00
	鹿楼乡	18.57	30.91	3.47	0.02	35.05	58.35	6.55	0.05
	合计	49.45	78.84	6.96	0.02	36.55	58.28	5.15	0.02

续表

区域		面积/km²				占比/%			
		适宜	较适宜	一般适宜	不适宜	适宜	较适宜	一般适宜	不适宜
淇滨区	金山办事处	13.90	19.55	2.81	0.15	38.18	53.71	7.71	0.40
	大赉店镇	46.23	39.67	4.20	0.49	51.03	43.79	4.64	0.54
	上峪乡	4.68	23.96	26.47	9.20	7.28	37.26	41.15	14.31
	大河涧乡	4.32	24.57	27.04	26.62	5.24	29.76	32.75	32.25
	钜桥镇	23.12	36.12	8.74	1.06	33.49	52.32	12.66	1.53
	合计	92.25	143.87	69.26	37.52	26.90	41.96	20.20	10.94
浚县	城关镇	5.29	7.42	0.93	0.00	38.77	54.40	6.81	0.02
	善堂镇	123.81	31.28	0.07	0.00	79.80	20.16	0.04	0.00
	屯子镇	34.37	67.37	30.31	4.32	25.20	49.40	22.23	3.17
	新镇镇	62.56	57.23	5.51	0.20	49.85	45.60	4.39	0.16
	小河镇	32.80	62.05	10.89	0.38	30.91	58.47	10.26	0.36
	黎阳镇	48.89	56.91	5.22	0.04	44.02	51.24	4.70	0.04
	卫贤镇	36.19	40.43	5.56	0.25	43.90	49.04	6.75	0.31
	王庄乡	51.26	49.95	6.01	0.17	47.73	46.51	5.60	0.16
	白寺乡	28.09	64.07	22.77	2.22	23.98	54.69	19.44	1.89
	合计	423.26	436.71	87.27	7.59	44.33	45.74	9.14	0.79
淇县	黄洞乡	3.92	14.73	41.64	55.60	3.38	12.71	35.93	47.98
	庙口乡	24.20	34.02	20.75	12.68	26.40	37.12	22.64	13.84
	高村镇	39.74	35.81	5.83	0.26	48.68	43.86	7.14	0.32
	桥盟乡	29.14	24.09	15.71	17.50	33.71	27.87	18.17	20.25
	朝歌镇	12.26	8.21	0.40	0.01	58.70	39.33	1.92	0.05
	西岗乡	31.59	29.34	3.71	0.21	48.71	45.24	5.72	0.33
	北阳镇	48.32	41.74	16.46	10.04	41.45	35.81	14.12	8.62
	合计	189.17	187.94	104.50	96.30	32.73	32.52	18.09	16.66
全市总计		769.71	910.13	305.29	155.25	35.96	42.52	14.27	7.25

如图 4-14 和表 4-22 所示，鹤壁市城镇地形坡度适宜性分析结果表明，鹤壁市北部部分地区、中部、东部和南部地区适宜城镇开发建设，主要集中在鹤壁市鹤山区、浚县地区，以及淇滨区和淇县部分地区；鹤壁市西部地区不适宜城镇开发建设，集中在山城区，以及淇滨区和淇县西部地区。

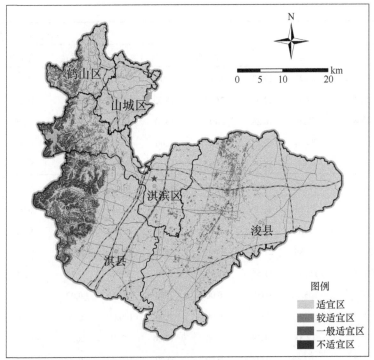

图 4-14　鹤壁市城镇地形坡度适宜性分布图

3）地震断裂带分析

结合鹤壁市活动断层实际情况，将鹤壁市活动断层影响距离情况划分为四个等级，距离活动断层 600m（含）以外的国土空间开发限制性最低；距离活动断层 400～600m（含）的国土空间开发限制性较低；距离活动断层 200～400m（含）的国土空间开发限制性较高；距离活动断层 200m 以内的国土空间开发限制性最高。统计分析各乡镇地震断裂带适宜性分布情况，如表 4-23 所示。

表 4-23　鹤壁市地震断裂带适宜性分布情况

区域		面积/km²				占比/%			
		适宜	较适宜	一般适宜	不适宜	适宜	较适宜	一般适宜	不适宜
鹤山区	鹤壁集镇	58.39	12.85	0.54	0.00	81.34	17.91	0.75	0.00
	姬家山乡	57.69	0.00	0.00	0.00	100.00	0.00	0.00	0.00
	合计	116.08	12.85	0.54	0.00	89.65	9.93	0.42	0.00
山城区	石林镇	40.05	28.81	12.38	1.06	48.66	35.00	15.05	1.29
	鹿楼乡	0.00	5.71	30.97	16.30	0.00	10.77	58.46	30.77
	合计	40.05	34.52	43.35	17.36	29.61	25.51	32.04	12.84

区域		面积/km²				占比/%			
		适宜	较适宜	一般适宜	不适宜	适宜	较适宜	一般适宜	不适宜
淇滨区	金山办事处	25.91	10.43	0.07	0.00	71.17	28.64	0.19	0.00
	大赉店镇	28.32	20.62	23.11	18.53	31.27	22.77	25.51	20.45
	上峪乡	8.30	16.28	26.11	13.62	12.91	25.31	40.60	21.18
	大河涧乡	74.64	7.92	0.00	0.00	90.40	9.60	0.00	0.00
	钜桥镇	6.44	15.98	29.57	17.05	9.32	23.15	42.83	24.70
	合计	143.61	71.23	78.86	49.20	41.88	20.77	23.00	14.35
浚县	城关镇	13.64	0.00	0.00	0.00	100.00	0.00	0.00	0.00
	善堂镇	155.16	0.00	0.00	0.00	100.00	0.00	0.00	0.00
	屯子镇	93.86	21.34	17.87	3.29	68.83	15.65	13.11	2.41
	新镇镇	112.64	11.56	1.30	0.00	89.75	9.21	1.04	0.00
	小河镇	106.12	0.00	0.00	0.00	100.00	0.00	0.00	0.00
	黎阳镇	111.07	0.00	0.00	0.00	100.00	0.00	0.00	0.00
	卫贤镇	12.38	21.79	29.82	18.46	15.01	26.43	36.17	22.39
	王庄乡	107.40	0.00	0.00	0.00	100.00	0.00	0.00	0.00
	白寺乡	80.97	24.39	10.89	0.90	69.12	20.82	9.30	0.76
	合计	793.24	79.08	59.88	22.65	83.08	8.28	6.27	2.37
淇县	黄洞乡	41.37	31.36	27.44	15.71	35.70	27.06	23.68	13.56
	庙口乡	27.32	29.06	26.60	8.68	29.81	31.70	29.02	9.47
	高村镇	69.31	8.51	3.82	0.00	84.90	10.42	4.68	0.00
	桥盟乡	37.97	18.35	19.02	11.10	43.92	21.23	22.00	12.85
	朝歌镇	19.68	1.20	0.00	0.00	94.23	5.77	0.00	0.00
	西岗乡	1.07	16.33	30.71	16.74	1.65	25.18	47.35	25.82
	北阳镇	53.23	23.60	26.09	13.65	45.66	20.25	22.38	11.71
	合计	249.95	128.41	133.68	65.88	43.25	22.22	23.13	11.40
全市总计		1342.93	326.09	316.31	155.09	62.74	15.23	14.78	7.25

如图 4-15 和表 4-23 所示，鹤壁市地震断裂带有两条，主要分布在鹤壁市西部地区和中部地区，以鹤山区、淇滨区和淇县为主，不适宜区域也分布在以上三个区县内；山城区和浚县适宜城镇开发建设。

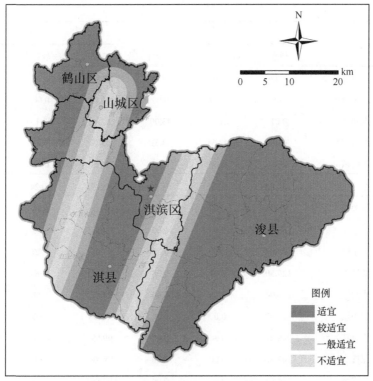

图 4-15　鹤壁市地震断裂带适宜性分布图

4）地质灾害风险分析

结合滑坡、崩塌、泥石流等地质灾害易发程度的空间差异，划分出地质灾害低易发、中易发、高易发三个等级，随之对应的适宜程度分别为适宜区、一般适宜区和不适宜区。统计分析各乡镇地质灾害风险适宜性分布情况，如下表 4-24 所示。

表 4-24　鹤壁市地质灾害风险适宜性分布情况

区域		面积/km²			占比/%		
		适宜	一般适宜	不适宜	适宜	一般适宜	不适宜
鹤山区	鹤壁集镇	7.10	8.71	55.97	9.89	12.14	77.97
	姬家山乡	0.02	50.40	7.26	0.04	87.37	12.59
	合计	7.12	59.11	63.23	5.50	45.66	48.84
山城区	石林镇	77.15	0.00	5.16	93.74	0.00	6.26
	鹿楼乡	0.81	4.98	47.19	1.52	9.40	89.08
	合计	77.96	4.98	52.35	57.63	3.68	38.69

区域		面积/km²			占比/%		
		适宜	一般适宜	不适宜	适宜	一般适宜	不适宜
淇滨区	金山办事处	21.06	0.46	14.89	57.84	1.26	40.90
	大赉店镇	90.58	0.00	0.00	100.00	0.00	0.00
	上峪乡	0.01	21.31	43.00	0.01	33.13	66.86
	大河涧乡	0.33	47.64	34.59	0.40	57.70	41.90
	钜桥镇	69.04	0.00	0.00	100.00	0.00	0.00
	合计	181.02	69.41	92.48	52.79	20.24	26.97
浚县	城关镇	13.64	0.00	0.00	100.00	0.00	0.00
	善堂镇	155.16	0.00	0.00	100.00	0.00	0.00
	屯子镇	124.08	12.28	0.00	91.00	9.00	0.00
	新镇镇	125.50	0.00	0.00	100.00	0.00	0.00
	小河镇	104.94	1.18	0.00	98.89	1.11	0.00
	黎阳镇	111.07	0.00	0.00	100.00	0.00	0.00
	卫贤镇	82.10	0.34	0.00	99.59	0.41	0.00
	王庄乡	107.40	0.00	0.00	100.00	0.00	0.00
	白寺乡	114.64	2.51	0.00	97.86	2.14	0.00
	合计	938.53	16.31	0.00	98.29	1.71	0.00
淇县	黄洞乡	1.99	0.00	113.91	1.71	0.00	98.29
	庙口乡	30.36	0.00	61.30	33.12	0.00	66.88
	高村镇	81.64	0.00	0.00	100.00	0.00	0.00
	桥盟乡	31.88	0.00	54.56	36.88	0.00	63.12
	朝歌镇	19.90	0.00	0.99	95.28	0.00	4.72
	西岗乡	64.86	0.00	0.00	100.00	0.00	0.00
	北阳镇	47.41	0.00	69.17	40.67	0.00	59.33
	合计	278.04	0.00	299.93	48.11	0.00	51.89
全市总计		1482.67	149.81	507.99	69.27	7.00	23.73

如图 4-16 和表 4-24 所示，鹤壁市地质灾害主要集中在西部低山丘陵地区，以鹤山区西部地区、山城区东部地区、淇滨区西部部分地区、淇县西部部分地区为主；鹤壁市东部、中部和南部地区是地质灾害低易发区，适宜城镇开发建设，主要集中在淇县东南部地区、淇滨区东部地区和浚县。

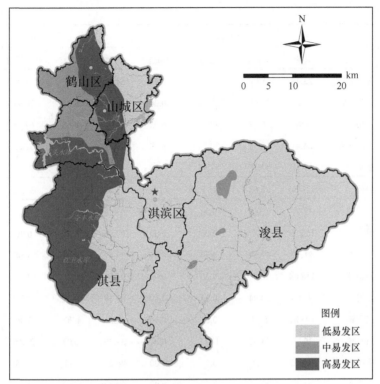

图 4-16　鹤壁市地质灾害风险分布图

综合评价结果：根据评价方法，鹤壁市将城镇空间适宜性划分为适宜、较适宜、一般适宜和不适宜四类。四类空间面积和乡镇分布如表 4-25 所示。

表 4-25　鹤壁市城镇空间适宜性评价分析表

区域		面积/km²				占比/%			
		适宜	较适宜	一般适宜	不适宜	适宜	较适宜	一般适宜	不适宜
鹤山区	鹤壁集镇	15.08	4.58	29.66	22.46	21.00	6.38	41.33	31.29
	姬家山乡	13.43	35.58	5.44	3.24	23.28	61.67	9.43	5.62
	合计	28.51	40.16	35.10	25.70	22.02	31.02	27.11	19.85
山城区	石林镇	61.44	7.07	1.40	12.39	74.65	8.59	1.70	15.06
	鹿楼乡	3.21	6.26	17.53	25.97	6.07	11.82	33.10	49.01
	合计	64.65	13.33	18.93	38.36	47.79	9.85	14.00	28.36

续表

区域		面积/km²				占比/%			
		适宜	较适宜	一般适宜	不适宜	适宜	较适宜	一般适宜	不适宜
淇滨区	金山办事处	23.43	0.88	4.67	7.44	64.34	2.40	12.82	20.44
	大赉店镇	45.56	26.08	18.94	0.00	50.29	28.80	20.91	0.00
	上峪乡	3.98	10.71	43.59	6.03	6.18	16.65	67.78	9.39
	大河涧乡	24.41	18.78	30.74	8.63	29.57	22.75	37.23	10.45
	钜桥镇	19.18	32.19	17.68	0.00	27.78	46.62	25.60	0.00
	合计	116.56	88.64	115.62	22.10	33.99	25.85	33.72	6.44
浚县	城关镇	12.71	0.93	0.00	0.00	93.17	6.81	0.02	0.00
	善堂镇	155.09	0.07	0.00	0.00	99.96	0.04	0.00	0.00
	屯子镇	81.12	47.69	7.56	0.00	59.49	34.97	5.54	0.00
	新镇镇	118.64	6.66	0.20	0.00	94.54	5.30	0.16	0.00
	小河镇	94.85	10.94	0.32	0.00	89.38	10.31	0.31	0.00
	黎阳镇	105.81	5.22	0.04	0.00	95.26	4.70	0.04	0.00
	卫贤镇	30.74	33.02	18.68	0.00	37.29	40.05	22.66	0.00
	王庄乡	101.22	6.01	0.17	0.00	94.25	5.60	0.15	0.00
	白寺乡	81.79	32.44	2.92	0.00	69.82	27.69	2.49	0.00
	合计	781.97	142.98	29.89	0.00	81.90	14.97	3.13	0.00
淇县	黄洞乡	0.91	0.16	93.68	21.13	0.79	0.14	80.83	18.24
	庙口乡	33.94	0.69	47.41	9.61	37.03	0.76	51.73	10.48
	高村镇	72.08	9.29	0.26	0.00	88.30	11.38	0.32	0.00
	桥盟乡	41.91	0.78	36.94	6.83	48.48	0.90	42.72	7.90
	朝歌镇	20.20	0.40	0.28	0.00	96.72	1.92	1.36	0.00
	西岗乡	15.97	32.02	16.86	0.00	24.63	49.37	26.00	0.00
	北阳镇	64.14	4.08	43.70	4.64	55.02	3.51	37.49	3.98
	合计	249.15	47.42	239.13	42.21	43.11	8.21	41.38	7.30
全市总计		1240.84	332.53	438.67	128.37	57.96	15.54	20.50	6.00

　　鹤壁市城镇适宜空间主要分布在鹤壁市东部华北平原地区，以浚县为主，淇滨区和淇县部分地区也适宜城镇开发建设；不适宜区域主要分布在鹤壁市北部和西部地区，以淇县西部和山城区为主。具体如图 4-17 所示。

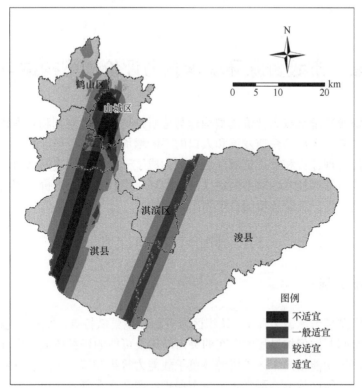

图 4-17　鹤壁市城镇空间适宜性分布图

第5章 市级资源环境承载力评价模型构建与分析

市级资源环境承载力评价模型构建与分析是资源环境规划和管理领域的重要研究内容。随着经济的快速发展和人口的不断增加，资源环境承载力的压力日益加大，如何合理评价和管理资源环境承载力成了一个亟待解决的问题。本章旨在通过科学的方法和技术，对不同地区的资源环境承载力进行评价，为决策者提供科学的依据，指导资源环境的合理利用和保护。

5.1 评价目标与原则

5.1.1 评价目标

通过资源环境承载力评价，认识区域资源环境禀赋特点，找出其优势与短板，发现国土空间开发保护过程中存在的突出问题及可能的资源环境风险,确定生态、农业、城镇等功能指向下区域资源环境承载能力等级和国土空间开发适宜程度，为完善主体功能区战略，科学划定生态保护红线、永久基本农田、城镇开发边界等空间管控边界，和统筹优化生态、农业、城镇等空间布局提供基础支撑，服务各级国土空间规划编制。

5.1.2 评价原则

5.1.2.1 科学性

资源环境承载力评价应当从实际出发，要素和指标选择需要尽量客观，坚持"精而全"的原则，在不遗漏重要信息的前提下，抓住主要的分析要素，以清晰的逻辑关系展现复杂的承载机制。指标的确定除了选取能反映资源环境承载力的共性指标外，还应参照区域的性质、功能定位与发展目标，充分考虑区域的特殊性、差异性，遵循因地制宜原则。

5.1.2.2 可比性

区域资源环境承载力研究的主要目的在于科学评判承载力地区差异、识别各地区发展的"短板"要素以及合理规划各地区的发展主导功能，所以在要素选择、指标体系构架以及评价方法等方面优先考虑地区的可比性,在统一衡量标准的情况下展现各地区的资源环境承载力情况,实现区域内部各空间评价单元的可比性。另外,资源环境承载力评价不追求极限承载人口的绝对数量,应该强调资源环境系统对社会经济可持续发展的相对支撑能力。

5.1.2.3　可操作性

资源环境承载力评价应选取能对系统状态做出准确和完整描述的指标,且避免定性描述型指标,提高指标的量化比例。同时尽量选取易于收集的高质量指标,尽可能利用现有的统计资料或直接从有关部门获得,以提高指标的可信度和可获取性。同时资源环境承载力评价环节应易于操作,并保证评价结果的可重复性。

5.1.2.4　尺度适宜性

尺度和评价单元具有匹配性,尺度适宜性会影响承载力评价过程以及评价结果的呈现方式和精度。同时尺度对数据的可得性具有限制性作用,许多基于大尺度的评价方法无法应用于中小尺度的主要原因在于所需的数据通常在小尺度上未进行统计和收集。所以要准确定位评价的空间尺度和时间尺度,综合考虑基础数据获取的可能性与国土空间规划决策需求,综合协调评价范围、评价单元与评价数据精度的关系,强调解决实际问题,以适用为基本原则,确定最适宜空间尺度和时间尺度。

5.1.2.5　单要素评价和集成评价相结合

资源环境承载力涵盖人口、社会、经济、资源、环境、生态等多方面,涉及土地资源、水资源、大气环境、水环境、地质环境和生态等要素,每一个单项要素均对资源环境承载力具有不同程度的影响作用,甚至起决定性作用,所以资源环境承载力评价需要关注单要素承载力评价。同时,资源环境承载力评价是一个高度复杂性的系统性评价,评价对象是一个包含目标层、系统层、要素层、指数层、指标层等层次的复合系统。随着研究尺度的缩小,特别是在市县尺度上,为使研究结果对区域资源环境管理具有更直接、有效的指导价值,需要强调多层次和多要素综合评价。

5.2　评价方法

5.2.1　确定评价要素

资源和环境系统是承载人口、产业等经济社会发展和城市开发、农业生产、生态保护等功能的主体,对资源环境要素进行界定和筛选是开展资源环境承载力研究的前提。资源环境承载力评价包含资源承载力评价和环境承载力评价两部分,其中资源特指自然资源范畴,主要包含土地资源、水资源、生物资源、森林资源等。环境特指自然环境范畴,主要包含大气环境、水环境、地质环境、生态环境等。遵循不重叠、差异化和主导性原则,按照资源、环境要素与人类经济社会发展关联的密切程度,筛选了土地资源、水资源、大气环境、水环境、地质环境、生态环境六类要素作为区域资源环境承载力评价的核心要素。

1)土地资源承载力

土地承载着人类的一切开发活动,与人类的生存和经济社会发展息息相关。首先,土地为城乡等建设用地提供了空间载体,使其规模能够进一步扩大、结构进一步完善。其次,土地为农业的发展提供了空间,为人们提供了生存所需的食物,且种植业、养殖业所需要的土壤、森林、草原等都不可能脱离土地而存在。土地资源开发利用受到水文、气候、地质、生态等要素的影响,同时土地资源的大规模开发利用对这些要素具有强烈影响,在资源环境承载力影响要素中占有重要的地位。

2)水资源承载力

水资源是人类赖以生存和发展的物质基础,无论是农业社会、工业社会或是后工业化阶段,水资源均是种植业、畜牧业、工业、服务业等人类发展的主导产业最为依赖的自然资源。水资源承载着人类自身生存和经济社会发展的方方面面,其丰富程度、利用程度直接关系到地区经济社会发展的质量功能与繁荣程度,影响城市开发、农业生产和生态保护等城市功能,是资源环境承载力重要的组成部分。

3)水环境承载力

水环境问题随着人类经济社会发展规模扩大而日益突出,水环境成为影响区域可持续发展的重要因素之一。水体的纳污能力以及自净能力较高的地区,能够为人类社会的进一步集聚以及经济产业的进一步发展创造有利条件。水体纳污能力以及自净能力较低的地区,水资源质量容易受到外界的影响,不利于人类生存以及经济社会的可持续发展。作为社会、经济系统存在和发展的基本因素,水环境承载力状况对地区发展愈发重要。

4)大气环境承载力

大气环境对人类的基本生存、人口增长以及农业、工业和其他产业发展有至关重要的影响,随着大规模雾霾事件的频繁发生,大气环境成为城市资源环境研究的重要因素。大气环境的影响主要体现在大气对人类社会经济活动在开发利用资源的过程中所排放污染气体的吸纳和净化能力，是影响区域经济社会可持续发展的重要因素之一。

5）地质环境承载力

地质环境对于人类活动分布、区域产业布局和经济发展都有着极其重要的影响，最显著的负面影响即表现在地质灾害对人类生命和财产造成的损失。地质环境承载力可理解为地质环境对人类经济社会活动的安全性承载力，其在一定程度上是由地球物理化学因素决定的，同时与人类干预破坏活动的强度有关。人类开发、利用和改造地质环境的目的，很大程度上是为了提高地质环境承载力，但同时人类对于自然界的过度开发和干扰又可能提高地质灾害发生概率，从而降低地质环境承载力。

6）生态环境承载力

生态环境提供生物多样性保护、水源涵养、土壤保持、气候调节等各种类型服务功能，进而对区域人类生存和社会经济发展产生重要影响。生态环境对人类经济社会活动具有一定容纳能力，当人类活动对生态环境产生过度干扰，将引发水土流失、土地退化、物种灭绝等生态问题，进而危及人类生存和社会经济发展。人类的可持续发展必须建立在生态环境的承受阈值范围内，即资源持续供给和环境长期有容纳量的基础之上，生态是资源环境承载力研究不可或缺的重要因素。

5.2.2　确定各评价单元的主导功能

将评价单元主要土地类型和国土空间开发利用现状作为基本背景，结合区域经济社会发展目标定位和生态文明建设要求以及主体功能定位，将各评价单元划分为生态、农业、城镇三种不同功能类型为主导的地区，采用综合评价与集成方法，因地制宜构建差别化的评价体系，综合集成自然资源禀赋和环境条件等单要素评价结果，科学地揭示不同地区资源环境承载力的综合水平。

5.3　鹤壁市资源环境承载力单要素评价

5.3.1　土地资源评价

鹤壁市土地总面积 2140.43km²，地势基本呈现西高东低态势，平原地区占比超过全市土地总面积 50%，土地资源丰富。根据 2017 年土地利用变更调查成果，耕地面积 1254.69km²，多为水浇地和旱地，占全市土地总面积的比例为 58.62%；

建设用地面积 381.19km²，占全市土地总面积的比例为 17.81%。

近年来鹤壁市建设用地扩张趋势明显，其中城镇用地、采矿用地和交通用地的规模增加明显。城镇和村庄超标侵占优质耕地，工业"三废"和农业生产资料投入不合理污染耕地，土地荒漠化和水土流失等加剧了耕地生态环境恶化，耕地质量也随之下降，因此有必要摸清鹤壁市土地资源本底状况，从而有效指导土地资源的合理利用。

土地资源评价主要表征区域土地资源对农业生产、城镇建设的可利用程度。针对农业功能和城镇功能指向，分别采用农业耕作土地条件、城镇建设土地条件作为评价指标，通过坡度、土壤质地等综合反映土地资源状况。

5.3.1.1　评价方法

1）农业功能指向的土地资源评价

$$[农业耕作土地条件]=f（[坡度]，[土壤质地]）\qquad(5-1)$$

式中，[农业耕作土地条件]为农业生产的土地资源可利用程度，需具备一定的坡度、土壤质地等条件。对于地形条件复杂的地区，还可考虑坡向、坡形、地形部位等因素。

2）城镇功能指向的土地资源评价

$$[城镇建设土地条件]=f（[坡度]，[地形起伏度]）\qquad(5-2)$$

式中，[城镇建设土地条件]为城镇建设的土地资源可利用程度，需具备一定的坡度条件。对于地形起伏剧烈的地区（如西南地区），还应考虑地形起伏度指标。

5.3.1.2　评价步骤

1）图件制备与叠加处理

将数字地形图和土壤类型图以土地利用现状图为参照进行投影转换，对每幅图进行修边处理，供数据提取和空间分析使用。

2）要素空间分析

基于数字地形图，计算栅格单元的坡度，按≤3°、3°～8°（含）、8°～15°（含）、15°～25°（含）、>25°分别对应坡度小、较小、中等、较大、大，并依次生成坡度分级图。以表层 30cm 的平均质地为标准，将土壤质地按照黏质土（重壤、黏土）、壤土（轻壤、中壤）、砂壤土、沙土和砾质土生成土壤质地分类图。

3）土地资源评价与分级

以坡度分级结果为基础，将土壤质地为沙土和砾质土的区域，再分别降 1 级或降 2 级作为农业土地资源的最终结果，将最终结果归并为好、一般、差 3 个等级。基于栅格精度为 50m×50m 的格网，通过栅格与邻域栅格的高程差计算地形起伏度。邻域范围采用 9×9 邻域，对于地形起伏度＞200m 的区域，将评价结果降 2 级作为城镇土地资源等级，地形起伏度在 100m～200m 的，将评价结果降 1级作为城镇土地资源等级，将最终结果归并为好、一般、差三个等级。

5.3.1.3　评价结果

鹤壁市农业耕作土地条件评价如图 5-1 所示，鹤壁市城镇建设土地条件评价如图 5-2 所示，鹤壁市土地条件等级分布如表 5-1 所示。

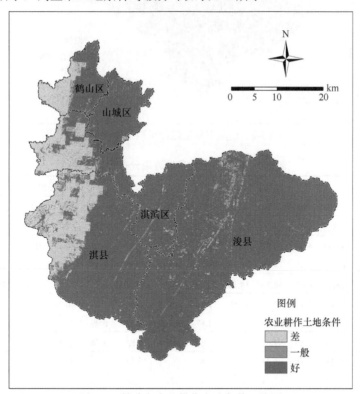

图 5-1　鹤壁市农业耕作土地条件评价图

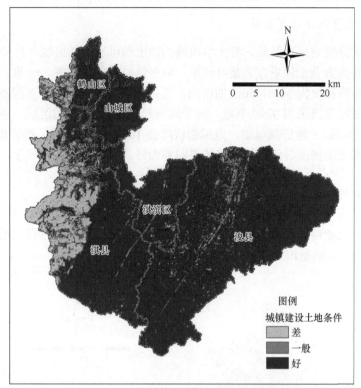

图 5-2　鹤壁市城镇建设土地条件评价图

表 5-1　鹤壁市土地条件等级分布网格统计

区域		网格占比/%						网格面积/km²					
		农业耕作土地条件			城镇建设土地条件			农业耕作土地条件			城镇建设土地条件		
		差	一般	好	差	一般	好	差	一般	好	差	一般	好
鹤山区	鹤壁集镇	10.44	6.04	83.52	2.12	6.18	91.70	7.57	4.38	60.55	1.54	4.48	66.48
	姬家山乡	67.46	7.66	24.88	26.16	26.92	46.92	38.92	4.42	14.35	15.09	15.54	27.07
	合计	38.95	6.85	54.20	14.14	16.55	69.31	46.49	8.80	74.90	16.63	20.02	93.55
山城区	石林镇	0.73	2.12	97.15	0.02	1.40	98.58	0.61	1.77	80.94	0.02	1.17	82.14
	鹿楼乡	0.04	1.87	98.09	0.04	1.87	98.09	0.02	0.99	51.97	0.02	0.99	51.97
	合计	0.39	2.00	97.61	0.04	1.63	98.33	0.63	2.76	132.91	0.04	2.16	134.11
淇滨区	金山办事处	0.41	3.18	96.41	0.41	3.18	96.41	0.15	1.16	35.10	0.15	1.16	35.10
	大赉店镇	0.64	2.15	97.21	0.64	2.15	97.21	0.58	1.95	88.06	0.58	1.95	88.06
	上峪乡	48.76	12.76	38.48	12.90	23.53	63.57	31.35	8.21	24.75	8.30	15.13	40.88
	大河涧乡	58.85	13.10	28.05	35.62	17.26	47.12	48.60	10.82	23.16	29.42	14.26	38.91
	钜桥镇	1.56	6.60	91.84	1.60	6.61	91.79	1.08	4.56	63.41	1.11	4.56	63.37
	合计	22.04	7.56	70.40	10.24	10.54	79.22	81.76	26.70	234.48	39.56	37.06	266.32

续表

区域		网格占比/%					网格面积/km²				
		农业耕作土地条件			城镇建设土地条件			农业耕作土地条件			城镇建设土地条件	
		差	一般	好	差	一般	好	差	一般	好	差	一般	好
浚县	城关镇	0.00	1.76	98.24	0.00	1.76	98.24	0.00	0.24	13.40	0.00	0.24	13.40
	善堂镇	0.00	0.92	99.08	0.00	0.01	99.99	0.00	1.43	153.75	0.00	0.01	155.17
	屯子镇	2.62	10.83	86.55	2.63	10.83	86.55	3.59	14.77	118.10	3.59	14.77	118.10
	新镇镇	0.08	1.47	98.45	0.08	1.47	98.45	0.10	1.85	123.58	0.10	1.85	123.58
	小河镇	0.37	3.18	96.45	0.37	3.18	96.45	0.40	3.37	102.37	0.40	3.37	102.37
	黎阳镇	0.08	2.27	97.65	0.08	2.17	97.75	0.09	2.52	108.47	0.08	2.41	108.58
	卫贤镇	0.25	2.46	97.29	0.25	2.46	97.29	0.20	2.03	80.21	0.20	2.03	80.21
	王庄乡	0.60	3.75	95.65	0.60	3.75	95.65	0.64	4.03	102.73	0.64	4.03	102.73
	白寺乡	1.57	8.44	89.99	1.57	8.43	90.00	1.84	9.88	105.42	1.84	9.88	105.42
	合计	0.62	3.90	95.48	0.62	3.78	95.60	6.86	40.12	908.03	6.85	38.59	909.56
淇县	黄洞乡	70.39	16.82	12.79	58.34	20.42	21.24	80.18	19.16	14.58	66.47	23.26	24.20
	庙口乡	30.16	6.14	63.70	13.77	11.25	74.98	27.64	5.63	58.39	12.62	10.31	68.72
	高村镇	0.24	3.15	96.61	0.24	3.15	96.61	0.20	2.57	78.87	0.20	2.57	78.87
	桥盟乡	30.20	7.42	62.38	22.81	11.25	65.94	26.11	6.41	53.92	19.72	9.73	57.00
	朝歌镇	0.11	0.76	99.13	0.11	0.76	99.13	0.02	0.16	20.70	0.02	0.16	20.70
	西岗乡	0.28	1.84	97.88	0.28	1.84	97.88	0.18	1.19	63.49	0.18	1.19	63.49
	北阳镇	12.75	6.09	81.16	10.96	6.77	82.27	14.87	7.10	94.64	12.78	7.89	95.93
	合计	20.59	6.03	73.38	15.21	7.93	76.86	149.20	42.22	384.59	111.99	55.11	408.91
全市总计		13.31	5.64	81.05	8.18	7.14	84.68	284.94	120.60	1734.91	175.07	152.94	1812.45

鹤壁市农业耕作土地条件好的土地面积为 1734.91km²，占鹤壁市土地总面积的 81.05%；农业耕作土地条件差的土地面积为 284.94km²，占鹤壁市土地总面积的 13.31%；城镇建设土地条件好的土地面积为 1812.45km²，占鹤壁市土地总面积的 84.68%；城镇建设土地条件差的土地面积为 175.07km²，占鹤壁市土地总面积的 8.18%。农业耕作土地条件和城镇建设土地条件在空间分布上具有高度拟合性，土地条件较好的地区主要分布在鹤壁市中部和东部；土地条件较差的地区主要分布在鹤壁市西部。黄洞乡、大河涧乡、上峪乡、姬家山乡大部分区域属太行山向华北平原过渡的浅山区，地势较高，坡度较大，农业耕作条件较差。

5.3.2　水资源评价

鹤壁市内三条主要河流为卫河、淇河、汤河，流域面积分别为 961.4km²、499.8km²、184.4km²。岩溶山区地下水资源量主要受岩溶发育程度的影响，鹤壁市岩溶发育程度高，地下水资源量相对较丰富。鹤壁市以地下水供水为主，供水量超出了总供水量的70%，超量开采地下水，形成地下水位下降漏斗区，在一些以井灌为主的地区，由于开采量超过了补给量，形成了大面积的浅层地下水位下降漏斗区。

2017年，全市共消耗水量为3.0859亿m³，其中农田灌溉耗水量为2.2653亿m³，占73.41%；工业耗水量为0.2494亿m³，占8.08%；城镇公共耗水量为0.0268亿m³，占0.87%；林牧渔畜耗水量为0.1050亿m³，占3.40%；居民生活耗水量为0.3025亿m³，占9.80%；生态环境耗水量为0.1369亿m³，占4.44%。随着社会经济发展，鹤壁市供水压力日渐加大，有必要对全市水资源开展评价。

水资源评价主要表征区域水资源对农业生产、城镇建设的保障能力。针对农业功能和城镇功能指向，通过区域水资源的丰富程度来反映水资源状况。

5.3.2.1　评价方法

$$[城镇供水条件]=f（[水资源总量]，[水资源利用率]）\tag{5-3}$$

$$[农业供水条件]=f（[水资源总量]，[取水优势度]，[降水量]）\tag{5-4}$$

式中，[城镇供水条件]为区域水资源对城镇建设的供给能力，通过水资源总量和水资源利用率来综合反映。[农业供水条件]为区域水资源对农业耕作的供给能力，通过水资源总量、取水优势度、降水量来综合反映。[水资源总量]为流域或区域内地表水资源量、地下水资源量扣除两者重复计算量后剩余量的代数和。其中，地表水资源量是指河流、湖泊、冰川等地表水体逐年更新的动态水量，即天然河川径流量；地下水资源量是指地下饱和含水层逐年更新的动态水量，即降水和地表水入渗对地下水的补给量。[取水优势度]为评价区内取水优势，以水资源调蓄工程库容总量和河网密度综合评价确定。[水资源利用率]可以通过实际用水量与可利用水资源量的比值来确定。[降水量]对于降水量难以全面反映区域农业供水条件的，可采用干旱指数或用水总量控制指标模数反映。

5.3.2.2　评价步骤

1）水资源总量评价

开展水资源总量评价主要以县级行政区为评价单元，以本地水资源总量为评价指标，按照水资源总量模数相对大小划分为好、一般、差三个等级。计算公式为

$$f1=Q_{总}/S_{县}\tag{5-5}$$

式中，$Q_{总}$为水资源总量；$S_{县}$为县区面积。

2）水资源利用率评价

开展水资源利用率评价主要以县级行政区为评价单元，按照水资源利用率相对大小划分为高、中、低三个等级。计算公式为

$$f2=Q_用/Q_总 \tag{5-6}$$

式中，$Q_用$为水资源用量；$Q_总$为水资源总量。

3）取水优势度评价

开展取水优势度评价主要以最小行政单元为评价单元，按照取水优势度相对大小划分为好、一般、差三个等级。计算公式为

$$f3=S_水/S_村 \tag{5-7}$$

式中，$S_水$为该最小行政单元范围内水域面积；$S_村$为村级及其他最小行政单元面积。

4）降水量评价

根据年均降水量相对大小按等间隔距离法自定义分级，将降水量分为高、较高、中、较低、低五个等级。

考虑城镇开发对水资源总量、水资源利用率的依赖程度（表 5-2），农业耕作对水资源总量、取水优势度、降水量的依赖程度（表 5-3 和表 5-4），分别确定城镇供水条件和农业供水条件，并划分为好、一般、差 3 个等级。

表 5-2　城镇供水条件评价矩阵

水资源利用率	水资源总量		
	好	一般	差
低	好	好	一般
中	好	一般	差
高	一般	差	差

表 5-3　农业指向的综合取水优势度评价矩阵

取水优势度	水资源总量		
	好	一般	差
好	好	好	一般
一般	好	一般	差
差	一般	差	差

表 5-4　农业供水条件评价矩阵

降水量	综合取水优势度		
	好	一般	差
高	好	好	好
较高	好	好	一般
中	好	一般	一般
较低	一般	一般	差
低	一般	差	差

5.3.2.3　评价结果

　　分析区域水资源总量、水资源利用率、取水优势度等对农业生产、城镇建设的影响；编制水资源丰度空间分布图、统计表，并刻画其空间分异特征。鹤壁市城镇供水条件评价如图 5-3 所示，鹤壁市农业供水条件评价如图 5-4 所示，鹤壁市供水条件等级分布如表 5-5 所示。

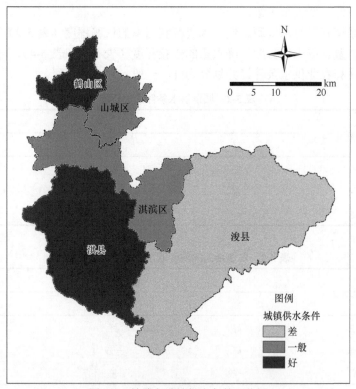

图 5-3　鹤壁市城镇供水条件评价图

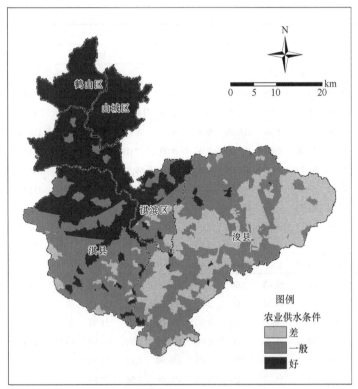

图 5-4　鹤壁市农业供水条件评价图

表 5-5　鹤壁市供水条件等级分布网格统计

区域		网格占比/%						网格面积/km²					
		农业供水条件			城镇供水条件			农业供水条件			城镇供水条件		
		差	一般	好	差	一般	好	差	一般	好	差	一般	好
鹤山区	鹤壁集镇	0.00	0.00	100.00	0.00	0.00	100.00	0.00	0.00	72.49	0.00	0.00	72.49
	姬家山乡	0.00	0.00	100.00	0.00	0.00	100.00	0.00	0.00	57.70	0.00	0.00	57.70
	合计	0.00	0.00	100.00	0.00	0.00	100.00	0.00	0.00	130.19	0.00	0.00	130.19
山城区	石林镇	0.00	0.00	100.00	0.00	100.00	0.00	0.00	0.00	83.32	0.00	83.32	0.00
	鹿楼乡	0.00	0.00	100.00	0.00	100.00	0.00	0.00	0.00	52.98	0.00	52.98	0.00
	合计	0.00	0.00	100.00	0.00	100.00	0.00	0.00	0.00	136.30	0.00	136.30	0.00
淇滨区	金山办事处	0.00	0.00	100.00	0.00	100.00	0.00	0.00	0.00	36.41	0.00	36.41	0.00
	大赉店镇	0.02	35.39	64.59	0.00	100.00	0.00	0.02	32.06	58.51	0.00	90.59	0.00
	上峪乡	0.00	7.12	92.88	0.00	100.00	0.00	0.00	4.58	59.73	0.00	64.31	0.00
	大河涧乡	0.00	5.92	94.08	0.00	100.00	0.00	0.00	4.89	77.69	0.00	82.58	0.00
	钜桥镇	18.97	65.39	15.64	0.00	100.00	0.00	13.10	45.14	10.79	0.00	69.04	0.00
	合计	3.80	22.76	73.44	0.00	100.00	0.00	13.12	86.67	243.13	0.00	342.93	0.00

续表

区域		网格占比/%						网格面积/km²					
		农业供水条件			城镇供水条件			农业供水条件			城镇供水条件		
		差	一般	好	差	一般	好	差	一般	好	差	一般	好
浚县	城关镇	57.18	42.82	0.00	100.00	0.00	0.00	7.80	5.84	0.00	13.64	0.00	0.00
	善堂镇	92.24	7.76	0.00	100.00	0.00	0.00	143.14	12.04	0.00	155.19	0.00	0.00
	屯子镇	4.55	90.71	4.74	100.00	0.00	0.00	6.21	123.79	6.46	136.46	0.00	0.00
	新镇镇	29.50	70.50	0.00	100.00	0.00	0.00	37.03	88.50	0.00	125.53	0.00	0.00
	小河镇	37.23	61.75	1.02	100.00	0.00	0.00	39.52	65.54	1.09	106.14	0.00	0.00
	黎阳镇	43.41	56.59	0.00	100.00	0.00	0.00	48.22	62.86	0.00	111.08	0.00	0.00
	卫贤镇	57.32	41.72	0.96	100.00	0.00	0.00	47.25	34.39	0.79	82.44	0.00	0.00
	王庄乡	29.15	70.63	0.22	100.00	0.00	0.00	31.31	75.86	0.24	107.40	0.00	0.00
	白寺乡	66.89	32.43	0.68	100.00	0.00	0.00	78.36	37.99	0.80	117.15	0.00	0.00
	合计	46.38	52.77	0.85	100.00	0.00	0.00	438.84	506.81	9.38	955.03	0.00	0.00
淇县	黄洞乡	0.34	41.03	58.63	0.00	0.00	100.00	0.39	46.74	66.80	0.00	0.00	113.93
	庙口乡	0.00	25.26	74.74	0.00	0.00	100.00	0.00	23.16	68.50	0.00	0.00	91.66
	高村镇	1.52	38.48	60.00	0.00	0.00	100.00	1.24	31.41	48.99	0.00	0.00	81.64
	桥盟乡	1.04	80.62	18.34	0.00	0.00	100.00	0.90	69.69	15.85	0.00	0.00	86.45
	朝歌镇	27.44	71.53	1.03	0.00	0.00	100.00	5.73	14.94	0.21	0.00	0.00	20.89
	西岗乡	5.48	78.05	16.47	0.00	0.00	100.00	3.56	50.63	10.68	0.00	0.00	64.87
	北阳镇	12.17	81.00	6.83	0.00	0.00	100.00	14.20	94.45	7.96	0.00	0.00	116.61
	合计	6.86	59.42	33.72	0.00	0.00	100.00	26.02	331.02	218.99	0.00	0.00	576.05
全市总计		22.33	43.19	34.48	44.62	22.39	32.99	477.98	924.50	737.99	955.03	479.23	706.24

鹤壁市农业供水条件好的土地面积为 737.99km²，占全市土地总面积的 34.48%；农业供水条件差的土地面积为 477.98km²，占全市土地总面积的 22.33%；城镇供水条件好的土地面积为 706.24km²，占全市土地总面积的 33.00%；城镇供水条件差的土地面积为 955.03km²，占全市土地总面积的 44.62%。农业供水条件好的地区主要分布在鹤壁市北部；农业供水条件差的地区主要分布在鹤壁市东南部；城镇供水条件好的地区主要分布在鹤壁市西北部和西南部；城镇供水条件差的地区主要分布在鹤壁市东南部。其中鹤壁集镇、姬家山乡供水条件表现最好，供水条件好的区域占比达到 100%；善堂镇供水条件表现最差，供水条件差的区域占比超过 90%。浚县地区的供水条件总体表现较差，主要与降水量偏少和可供使用的地表水较少有关。

5.3.3 水环境评价

鹤壁市多数河流入河污染物远远超出了河流自身的水环境承载力,其水质持续恶化。但是,随着政府与社会对水环境的重视,水环境恶化的趋势有所遏制。

2017 年,鹤壁市地表水主要超标因子为氨氮和化学需氧量,氨氮超标率为 57.2%,化学需氧量超标率为 14.3%。鹤壁市淇河水质为Ⅱ类水质,定性评价为优,卫河和汤河断面均为劣Ⅴ类水质,定性评价为重度污染。鹤壁市部分河流水环境污染较为严重,已对全市经济社会可持续发展和饮用水安全构成了严重威胁。

水环境评价主要表征区域水环境系统对经济社会活动产生的各类污染物的承载能力,以及对城镇建设、农业发展的支撑能力。

5.3.3.1 评价方法

根据鹤壁市饮用水源保护区现状,按高、一般、低划分水环境容量等级,具体等级如表 5-6 所示。

表 5-6 水环境容量分级表

区域类型	一级保护区	二级保护区	准保护区	其他区域
水环境容量	低	低	中	高

其中准保护区范围包括二级保护区外的所有淇河流域水体范围、所有陆域汇水区范围和盘石头水库大坝下游的淇河汇水区范围。

5.3.3.2 评价成果

根据水环境容量评价结果,编制水环境容量空间分布图、统计表,并刻画其空间分异特征。鹤壁市水环境容量评价如图 5-5 所示,鹤壁市水环境容量等级分布如表 5-7 所示。

鹤壁市水环境容量高的土地面积为 1351.46km^2,占全市土地总面积的 63.14%;水环境容量低的土地面积为 76.43km^2,占全市土地总面积的 3.57%。水环境容量高的地区主要分布在鹤壁市东部和北部;水环境容量低的地区主要分布在鹤壁市西部。大河涧乡水环境容量低的地区占比最高,达到 34.20%,主要与盘石头水库有关。金山办事处、黄洞乡水环境容量低的地区占比较高,分别为 15.54%、16.99%,与淇河中段、夺丰水库主要分布在此有关。由于水源保护区要求水质相对较高,对于水体污染物排放有较高限制,该区域内的水环境容量较低。

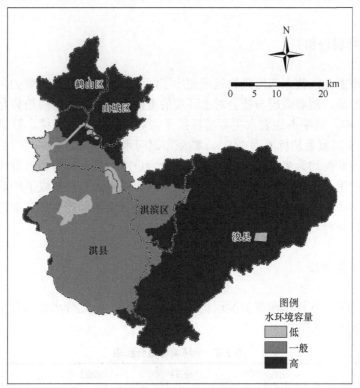

图 5-5　鹤壁市水环境容量评价图

表 5-7　鹤壁市水环境容量等级分布网格统计

区域		网格占比/%			网格面积/km²		
		低	一般	高	低	一般	高
鹤山区	鹤壁集镇	0.28	0.00	99.72	0.20	0.00	72.29
	姬家山乡	0.00	0.00	100.00	0.00	0.00	57.70
	合计	0.14	0.00	99.86	0.20	0.00	129.99
山城区	石林镇	0.00	0.00	100.00	0.00	0.00	83.32
	鹿楼乡	3.24	0.48	96.28	1.72	0.25	51.01
	合计	1.62	0.24	98.14	1.72	0.25	134.33
淇滨区	金山办事处	15.54	52.84	31.62	5.66	19.24	11.51
	大赉店镇	0.00	46.96	53.04	0.00	42.54	48.05
	上峪乡	2.85	76.89	20.26	1.83	49.45	13.03
	大河涧乡	34.20	24.26	41.54	28.24	20.03	34.31
	钜桥镇	0.00	60.05	39.95	0.00	41.46	27.58
	合计	10.52	52.20	37.28	35.73	172.72	134.48

续表

区域		网格占比/%			网格面积/km²		
		低	一般	高	低	一般	高
浚县	城关镇	12.42	0.00	87.58	1.69	0.00	11.95
	善堂镇	0.00	0.00	100.00	0.00	0.00	155.19
	屯子镇	0.00	1.29	98.71	0.00	1.76	134.70
	新镇镇	0.00	0.00	100.00	0.00	0.00	125.53
	小河镇	0.00	0.00	100.00	0.00	0.00	106.14
	黎阳镇	2.63	0.00	97.37	2.93	0.00	108.16
	卫贤镇	0.00	19.34	80.66	0.00	15.95	66.49
	王庄乡	0.00	0.00	100.00	0.00	0.00	107.40
	白寺乡	0.00	1.50	98.50	0.00	1.76	115.39
	合计	1.67	2.46	95.87	4.62	19.47	930.95
淇县	黄洞乡	16.99	77.69	5.32	19.35	88.52	6.06
	庙口乡	14.11	85.89	0.00	12.93	78.73	0.00
	高村镇	1.19	98.81	0.00	0.97	80.67	0.00
	桥盟乡	1.05	98.94	0.01	0.91	85.53	0.01
	朝歌镇	0.00	100.00	0.00	0.00	20.89	0.00
	西岗乡	0.00	79.99	20.01	0.00	51.89	12.98
	北阳镇	0.00	97.72	2.28	0.00	113.95	2.66
	合计	4.76	91.29	3.95	34.16	520.18	21.71
全市总计		3.57	33.29	63.14	76.43	712.62	1351.46

5.3.4　大气环境评价

按照《环境空气质量标准》（GB 3095—2012）评价，2016 年鹤壁市环境空气质量的首要污染因子依然为细颗粒物（PM$_{2.5}$），其次是可吸入颗粒物（PM$_{10}$）。2016年全市二氧化硫年均值为 43μg/m³；二氧化氮年均值为 52μg/m³；可吸入颗粒物年均值为 128μg/m³；细颗粒物年均值为 73μg/m³。

2016 年以来，鹤壁市全域发力，抓住关键，按照全省大气污染防治攻坚战统一部署，在持续推进蓝天工程行动计划的同时，全面打响治理扬尘污染攻坚战、治理工业大气污染攻坚战、治理燃煤污染攻坚战、治理重点行业挥发性有机物污染攻坚战等，成效明显。

大气环境评价主要表征区域大气环境对经济社会活动产生的各类污染物的承载能力，以及对城镇建设发展的支撑能力。

5.3.4.1　评价方法

参考《环境空气质量标准》（GB 3095—2012）设定标准，进行环境空气功能区划分：Ⅰ类区为自然保护区、风景名胜区和其他需要特殊保护的区域；Ⅱ类区为农村地区；Ⅲ类区为居住区、商业交通居民混住区、文化区、工业区。按高、中、低划分大气环境容量等级，具体分级如表 5-8 所示。

表 5-8　大气环境容量分级表

区域类型	Ⅰ类区	Ⅱ类区	Ⅲ类区
大气环境容量	低	中	高

5.3.4.2　评价结果

根据大气环境容量评价结果，编制大气环境容量空间分布图、统计表，并刻画其空间分异特征。鹤壁市大气环境容量评价如图 5-6 所示，鹤壁市大气环境容量等级分布如表 5-9 所示。

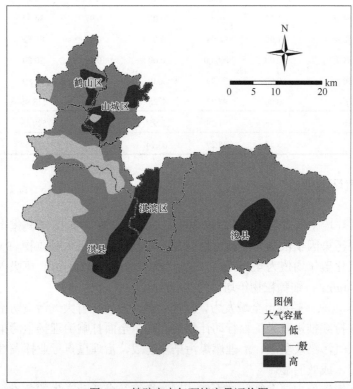

图 5-6　鹤壁市大气环境容量评价图

表 5-9　鹤壁市大气环境容量等级分布网格统计

区域		网格占比/%			网格面积/km^2		
		低	一般	高	低	一般	高
鹤山区	鹤壁集镇	6.91	71.18	21.91	5.01	51.60	15.89
	姬家山乡	18.10	81.83	0.07	10.44	47.22	0.04
	合计	12.50	76.51	10.99	15.45	98.82	15.93
山城区	石林镇	0.00	75.79	24.21	0.00	63.15	20.17
	鹿楼乡	5.96	42.48	51.56	3.16	22.51	27.31
	合计	2.98	59.14	37.88	3.16	85.66	47.48
淇滨区	金山办事处	36.77	62.60	0.63	13.39	22.79	0.23
	大赉店镇	0.00	60.84	39.16	0.00	55.11	35.47
	上峪乡	55.91	39.12	4.97	35.96	25.16	3.20
	大河涧乡	36.26	63.19	0.55	29.95	52.18	0.45
	钜桥镇	0.00	73.00	27.00	0.00	50.40	18.64
	合计	25.79	59.75	14.46	79.30	205.64	57.99
浚县	城关镇	0.00	13.05	86.95	0.00	1.78	11.86
	善堂镇	0.00	99.10	0.90	0.00	153.78	1.40
	屯子镇	0.00	100.00	0.00	0.00	136.46	0.00
	新镇镇	0.00	100.00	0.00	0.00	125.53	0.00
	小河镇	0.00	100.00	0.00	0.00	106.14	0.00
	黎阳镇	0.00	61.77	38.23	0.00	68.62	42.46
	卫贤镇	0.00	100.00	0.00	0.00	82.44	0.00
	王庄乡	0.00	92.97	7.03	0.00	99.85	7.55
	白寺乡	0.00	100.00	0.00	0.00	117.15	0.00
	合计	0.00	85.21	14.79	0.00	891.75	63.27
淇县	黄洞乡	63.40	36.60	0.00	72.23	41.70	0.00
	庙口乡	22.26	77.74	0.00	20.40	71.25	0.00
	高村镇	2.64	57.47	39.89	2.15	46.92	32.57
	桥盟乡	44.59	29.34	26.07	38.54	25.36	22.54
	朝歌镇	0.00	31.06	68.94	0.00	6.49	14.40
	西岗乡	0.00	98.59	1.41	0.00	63.95	0.91
	北阳镇	31.35	68.25	0.40	36.56	79.59	0.46
	合计	23.46	57.01	19.53	169.88	335.26	70.88
全市总计		12.51	75.55	11.94	267.79	1617.13	255.55

　　鹤壁市大气环境容量高的土地面积为 255.55km^2，占全市土地总面积的 11.94%；大气环境容量低的土地面积为 267.79km^2，占全市土地总面积的 12.51%。大气环境容量高的地区主要分布在鹤壁市中部和北部；大气环境容量低的地区主

要分布在鹤壁市西部。黄洞乡大气环境容量低的地区占比最高，达到 63.40%，其次为上峪乡、桥盟乡、金山办事处、大河涧乡，主要与自然保护区、森林公园、风景名胜区有关，由于该类型区域要求空气质量相对较高，对于大气污染物排放有较高限制，该区域内的大气环境容量较低。

5.3.5　地质环境评价

鹤壁市自然地质条件复杂，生态环境脆弱，孕育地质灾害的自然地质环境条件复杂多变，并且人类工程经济活动较强烈，存在由人类活动引起的诸多环境地质问题。鹤壁市存在地质灾害类型为滑坡、崩塌、泥石流等突发性地质灾害，以及地面塌陷、地裂缝、地面沉降等渐变性地质灾害，地质灾害具有地域性强、分布集中、一灾为主、多灾并发的特征。

据 2008 年统计，采煤地面塌陷地质灾害已形成 5 个大的采煤沉陷区，累计毁坏耕地约 16612 亩，铁路 11.45km，公路 28.01km，自来水、排水管道及供电、供热、通信线路等约 47.5km。受灾居民 29973 户（城镇居民 21483 户）、受灾人口 104053 人（城镇人口 71391 人）、受损住宅建筑面积为 335.09 万 m^2，其中，受损严重的建筑面积为 158.59 万 m^2。自然引发的崩塌、滑坡、泥石流地质灾害也是时常发生，崩塌、滑坡、泥石流灾害已造成人员伤亡 21 人、毁坏房屋 4035 间，毁坏公路 2.696km、毁坏渠道 1.31km。地质灾害已经成为影响本地区社会稳定和经济持续发展的重要制约因素之一。

地质环境评价主要表征区域地质环境系统对经济社会活动的承受能力，以及对城镇建设、农业发展的支撑能力。

5.3.5.1　评价方法

$$[地质环境危险性]=f（[地质灾害易发性]，[地壳稳定性]） \qquad (5-8)$$

式中，[地质环境危险性]为区域地质环境对人类各种活动承受能力的大小，通过地质灾害易发性和地壳稳定性综合反映；[地质灾害易发性]为地区地质灾害发生的可能性，如崩塌、滑坡、泥石流、地面塌陷等灾害；[地壳稳定性]为地震、火山活动、断层错动以及显著的地壳升降运动等给工程建设带来的安全隐患。

5.3.5.2　评价步骤

1）进行地质灾害易发性评价

分别确定各类滑坡、崩塌、泥石流、地面塌陷等地质灾害发生的位置，利用突变点法确定的突变点作为地质灾害易发程度分界线值,将区域划分为高易发区、中易发区和低易发区三个不同等级的区域。

2）进行活动断层距离分析

根据活动断层分布图,按照活动断层或地裂缝安全距离将风险等级划分为高、较高、一般、较低和低 5 个等级,具体如表 5-10 所示。

表 5-10　活动断层或地裂缝安全距离分级表

等级	稳定	次稳定	次不稳定	不稳定	极不稳定
距断裂距离	单侧 500m 以外	单侧 200～500m	单侧 100～200m	单侧 30～100m	单侧 30m 以内
风险等级	低	较低	一般	较高	高

3）进行地震动峰值加速度评价

依据《中国地震动参数区划图》(GB 18306—2015),确定地震动峰值加速度的具体数值,分为高、较高、一般、较低和低 5 个等级,具体见表 5-11。

表 5-11　地震动峰值加速度分级表

等级	Ⅰ（低）	Ⅱ（较低）	Ⅲ（一般）	Ⅳ（较高）	Ⅴ（高）
地震动峰值加速度/g	$a \leqslant 0.05$	$a = 0.10$	$a = 0.15$	$a = 0.20$	$a \geqslant 0.30$

4）进行地壳稳定性评价

取活动断层距离及地震动峰值加速度中的最高等级,作为地壳稳定性等级,划分地壳稳定性高、较高、一般、较低和低 5 个等级。

5）进行地质环境危险性评价

综合考虑地质灾害易发性、地壳稳定性两类指标分级结果,对两类评价结果图层充分叠加,按表 5-12 所示判别矩阵得出最终地质环境危险性等级。

表 5-12　地质环境判别矩阵

地质灾害易发性	地壳稳定性				
	低	较低	一般	较高	高
高易发	差	差	一般	好	好
中易发	差	一般	一般	好	好
低易发	一般	一般	好	好	好

5.3.5.3　评价成果

鹤壁市地质环境评价如图 5-7 所示,鹤壁市地质环境条件等级分布如表 5-13 所示。

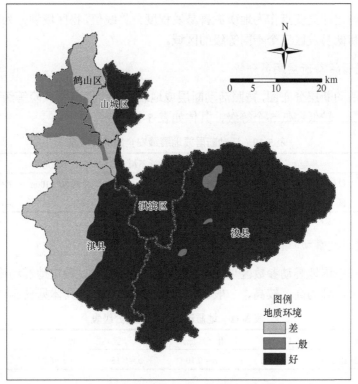

图 5-7　鹤壁市地质环境评价图

表 5-13　鹤壁市地质环境条件等级分布网格统计

区域		网格占比/%			网格面积/km²		
		低	一般	高	低	一般	高
鹤山区	鹤壁集镇	87.43	11.15	1.42	63.38	8.09	1.03
	姬家山乡	13.20	86.80	0.00	7.62	50.08	0.00
	合计	50.32	48.97	0.71	71.00	58.17	1.03
山城区	石林镇	6.04	0.00	93.96	5.04	0.00	78.29
	鹿楼乡	85.28	11.36	3.36	45.18	6.02	1.78
	合计	45.66	5.68	48.66	50.22	6.02	80.07
淇滨区	金山办事处	37.66	0.86	61.48	13.71	0.31	22.38
	大赉店镇	0.00	0.00	100.00	0.00	0.00	90.59
	上峪乡	71.39	28.61	0.00	45.91	18.40	0.00
	大河涧乡	44.49	55.51	0.00	36.74	45.84	0.00
	钜桥镇	0.00	0.00	100.00	0.00	0.00	69.04
	合计	30.70	17.00	52.30	96.36	64.55	182.01

续表

区域		网格占比/%			网格面积/km²		
		低	一般	高	低	一般	高
浚县	城关镇	0.00	0.00	100.00	0.00	0.00	13.64
	善堂镇	0.00	0.00	100.00	0.00	0.00	155.19
	屯子镇	0.00	9.15	90.85	0.00	12.48	123.98
	新镇镇	0.00	0.00	100.00	0.00	0.00	125.53
	小河镇	0.00	0.00	100.00	0.00	0.00	106.14
	黎阳镇	0.00	0.00	100.00	0.00	0.00	111.08
	卫贤镇	0.00	0.01	99.99	0.00	0.01	82.44
	王庄乡	0.00	0.00	100.00	0.00	0.00	107.40
	白寺乡	0.00	3.07	96.93	0.00	3.59	113.56
	合计	0.00	1.36	98.64	0.00	16.08	938.96
淇县	黄洞乡	100.00	0.00	0.00	113.93	0.00	0.00
	庙口乡	65.79	0.00	34.21	60.30	0.00	31.36
	高村镇	0.00	0.00	100.00	0.00	0.00	81.64
	桥盟乡	70.52	0.00	29.48	60.96	0.00	25.49
	朝歌镇	7.70	0.00	92.30	1.61	0.00	19.28
	西岗乡	0.00	0.00	100.00	0.00	0.00	64.87
	北阳镇	58.61	0.00	41.39	68.35	0.00	48.26
	合计	43.23	0.00	56.77	305.15	0.00	270.90
全市总计		24.42	6.77	68.81	522.73	144.82	1472.97

鹤壁市地质环境条件高的土地面积为 1472.97km²，占全市土地总面积的 68.82%；地质环境条件低的土地面积为 522.73km²，占全市土地总面积的 24.42%。地质环境条件高的地区主要分布在鹤壁市东部和北部；地质环境条件低的地区主要分布在鹤壁市鹤山区东部、山城区西部，该区域采矿活动密集，地面塌陷易发，以及淇滨区西南部、淇县西部，该区域多山地，易发滑坡、泥石流灾害。黄洞乡地质环境条件低的土地占比最高，达到 100%，与黄洞乡相邻的大河涧乡、上峪乡、庙口乡、桥盟乡、北阳镇地质环境条件低的土地占比也较高。

5.3.6　生态环境评价

生态环境评价的目的主要是识别区域生态系统服务功能相对重要、生态环境敏感性相对较高或脆弱程度相对较高的地区，通过生态系统服务功能重要性、生态环境敏感性来反映。

5.3.6.1 评价方法

[生态系统服务功能重要性]=Max（[生物多样性维护重要性]，[水源涵养重要性]）

$$(5-9)$$

式中，[生态系统服务功能重要性]为生态系统的生物多样性维护、水源涵养、水土保持、防风固沙等生态服务功能的重要性总称；[生物多样性维护重要性]为生态系统在维持物种、基因多样性中发挥的作用；[水源涵养重要性]为生态系统（如森林、草地等）通过其特有的结构与水相互作用，对降水进行截留、渗透、蓄积，并通过蒸散法实现对水流、水循环的调控能力的作用。

[生态环境敏感性]=Max（[水土流失敏感性]，[沙漠化敏感性]，[石漠化敏感性]）

$$(5-10)$$

式中，[生态环境敏感性]为一定区域发生生态问题的可能性和程度，用来反映人类活动可能造成的生态后果；[沙漠化敏感性]为受气候、植被、土壤、地形、水文等因素综合影响与制约，导致土地发生沙化的可能性大小；[石漠化敏感性]为容易产生石漠化的区域中石漠化对人类活动的敏感程度。

1）生态系统服务功能重要性

（1）生物多样性维护重要性，计算公式为

$$生物丰度指数（D）= \sqrt[3]{\prod_{i=1}^{3} D_i} \qquad (5-11)$$

$$生态斑块聚集度（EAI）= \left[\frac{G_{ji}}{\max \rightarrow G_{ji}} \right] (100) \qquad (5-12)$$

式中，D_i 为第 i 个评价因子的等级分值，赋值如表 5-14 所示；生态斑块聚集度以村级最小行政单元为评价单元，获取评价单元内生态用地斑块，生态用地类型如表 5-15 所示；G_{ji} 为斑块公共边个数；EAI 的计算借助 Fragstats 景观格局软件实现。

表 5-14　生物多样性维护重要性分级赋值

评价因子	极重要	重要	一般	较不重要	不重要
国家级物种资源保护区	是	—	—	—	非
地类	林地、重要水域类	草地类	耕地、园地类	裸地、特殊用地类	建设用地
生态斑块聚集度/%	80～100（含）	60～80（含）	40～60（含）	20～40（含）	0～20（含）
分级赋值	9	7	5	3	1

表 5-15　生态用地类型

一级地类		二级地类		一级地类		二级地类	
代码	地类	代码	地类	代码	地类	代码	地类
03	林地	031	有林地	11	水域及水利设施用地	111	河流水面
		032	灌木林地			112	湖泊水面
		033	其他林地			113	水库水面
04	草地	041	天然牧草地			114	坑塘水面
		042	人工牧草地			115	沿海滩涂
		043	其他草地			116	内陆滩涂
12	其他	124	盐碱地			117	沟渠
		125	沼泽地			119	冰川及永久积雪
		126	沙地				
		127	裸地				

（2）水源涵养重要性，计算公式为

$$水源涵养量（TQ）= \sqrt[3]{\prod_{i=1}^{3} TQ_i} \qquad (5\text{-}13)$$

式中，TQ_i 为第 i 个水源涵养重要性影响因子等级值，赋值如表 5-16 所示。

表 5-16　水源涵养重要性分级赋值

评价因子	极重要	重要	一般	较不重要	不重要
距主要河流距离/km	0~1（含）	1~2（含）	2~3（含）	3~5（含）	>5
地类	林地、重要水域类	草地类	耕地、园地类	裸地、特殊用地类	建设用地
水源保护区	是	—	—	—	非
分级赋值	9	7	5	3	1

2）生态环境敏感性

（1）水土流失敏感性，计算公式为

$$[水土流失敏感性] = \sqrt[4]{R \times K \times LS \times C} \qquad (5\text{-}14)$$

式中，R 为降雨侵蚀力因子；K 为土壤可蚀性因子；LS 为地形起伏度因子；C 为植被覆盖因子。各因子的赋值方法如表 5-17 所示。

表 5-17　水土流失敏感性评价因子分级赋值

评价因子	极敏感	高度敏感	中度敏感	轻度敏感	不敏感
降雨侵蚀力（R）	≥600	400（含）~600	100（含）~400	25（含）~100	<25
土壤可蚀性（K）	砂粉土/粉土	砂壤/粉质黏土/壤土黏土	面砂土/壤土	粗砂土/细砂土/黏土	石砾/砂
地形起伏度（LS）	≥300	100（含）~300	50（含）~100	20（含）~50	0~20
植被覆盖（C）	≤0.2	0.2~0.4（含）	0.4~0.6（含）	0.6~0.8（含）	>0.8
分级赋值	9	7	5	3	1

（2）沙漠化敏感性，计算公式为

$$[沙漠化敏感性] = \sqrt[3]{I \times K \times C} \qquad (5\text{-}15)$$

式中，I、K、C 分别为降水量、土壤质地和植被覆盖度因子。各因子的赋值如表 5-18 所示。

表 5-18 沙漠化敏感性评价因子分级赋值

评价因子	极敏感	高度敏感	中度敏感	轻度敏感	不敏感
降水量/mm	≤25	25～100（含）	100～400（含）	400～600（含）	>600
土壤质地	砂质	壤质	砾质	黏质	基岩
植被覆盖度/%	≤0.2	0.2～0.4（含）	0.4～0.6（含）	0.6～0.8（含）	>0.8
分级赋值	9	7	5	3	1

（3）石漠化敏感性，计算公式为

$$[石漠化敏感性] = \sqrt[3]{D \times P \times C} \qquad (5\text{-}16)$$

式中，D、P、C 分别为碳酸盐出露面积比例、地形坡度和植被覆盖度因子，各因子的赋值如表 5-19 所示。

表 5-19 石漠化敏感性评价因子分级赋值

评价因子	极敏感	高度敏感	中度敏感	轻度敏感	不敏感
碳酸盐出露面积比例/%	≥70	50（含）～70	30（含）～50	10（含）～30	<10
地形坡度/(°)	≥25	15（含）～25	8（含）～15	5（含）～8	<5
植被覆盖度/%	≤0.2	0.2～0.4（含）	0.4～0.6（含）	0.6～0.8（含）	>0.8
分级赋值	9	7	5	3	1

5.3.6.2 评价步骤

1）生态系统服务功能重要性评价

根据鹤壁市实际情况，选取水源涵养重要性、生物多样性维护重要性最高的等级，作为生态系统服务功能重要性（生态重要性）等级。

2）生态环境敏感性评价

取水土流失敏感性、沙漠化敏感性、石漠化敏感性中敏感性最高的等级，作为生态环境敏感性等级。

5.3.6.3　评价成果

编制生态重要性、生态环境敏感性要素分级评价图、统计表，生态保护指向的承载力等级分级评价图、统计表。分析区域生态重要性、生态环境敏感性的空间分异特征，并编制分布图、统计表。鹤壁市生态环境敏感性评价如图 5-8 所示，鹤壁市生态重要性评价如图 5-9 所示，鹤壁市生态环境敏感性评价等级分布如表 5-20 所示，鹤壁市生态重要性评价等级分布如表 5-21 所示。

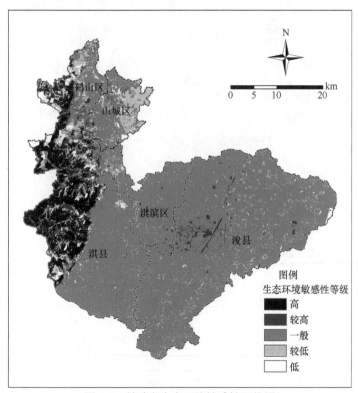

图 5-8　鹤壁市生态环境敏感性评价图

鹤壁市生态环境敏感性高与较高的土地面积为 300.38km²，占全市土地总面积的 14.03%；生态重要性高与较高的土地面积为 190.06km²，占全市土地总面积的 8.88%。生态环境敏感性高与较高的地区主要分布在鹤壁市西部；生态重要性高与较高的地区主要分布在鹤壁市西部。黄洞乡生态环境敏感性高与较高的地区占比最高，达到 80.58%；大河涧乡生态重要性高与较高的地区占比最高，达到 20.48%。鹤壁市西部地形条件较差，导致该区域人类活动较少，土地开发率较低。该区域内林木覆盖度较高，因此生态服务价值较高。

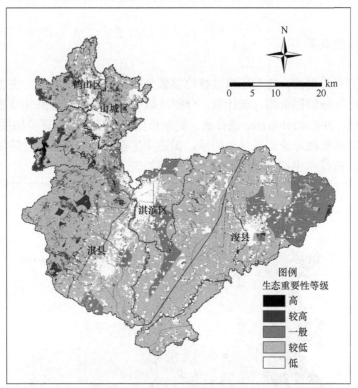

图 5-9　鹤壁市生态重要性评价图

表 5-20　鹤壁市生态环境敏感性评价等级分布网格统计

区域		网格占比/%					网格面积/km²				
		低	较低	一般	较高	高	低	较低	一般	较高	高
鹤山区	鹤壁集镇	8.48	17.16	65.51	5.62	3.23	6.15	12.44	47.49	4.07	2.35
	姬家山乡	15.87	19.42	17.08	12.36	35.27	9.15	11.21	9.86	7.13	20.35
	合计	12.17	18.29	41.30	8.98	19.26	15.30	23.65	57.35	11.20	22.70
山城区	石林镇	8.81	40.23	47.99	2.49	0.48	7.34	33.52	39.98	2.08	0.40
	鹿楼乡	8.35	5.06	83.39	2.53	0.67	4.42	2.68	44.18	1.34	0.35
	合计	8.59	22.64	65.69	2.51	0.57	11.76	36.20	84.16	3.42	0.75
淇滨区	金山办事处	7.26	6.81	84.70	1.07	0.16	2.64	2.48	30.84	0.39	0.06
	大赉店镇	1.20	0.11	97.76	0.92	0.01	1.09	0.10	88.56	0.83	0.01
	上峪乡	10.29	13.71	29.69	15.06	31.25	6.62	8.82	19.10	9.68	20.10
	大河涧乡	11.21	15.71	20.38	11.37	41.33	9.26	12.97	16.83	9.39	34.13
	钜桥镇	2.00	0.06	95.60	2.27	0.07	1.38	0.04	66.01	1.57	0.05
	合计	6.39	7.28	65.63	6.14	14.56	20.99	24.41	221.34	21.86	54.35

续表

区域		网格占比/%					网格面积/km²				
		低	较低	一般	较高	高	低	较低	一般	较高	高
浚县	城关镇	3.10	0.02	96.88	0.00	0.00	0.42	0.00	13.21	0.00	0.00
	善堂镇	4.51	0.01	94.54	0.94	0.00	6.99	0.01	146.71	1.46	0.00
	屯子镇	1.08	0.36	96.48	1.97	0.11	1.47	0.49	131.66	2.69	0.15
	新镇镇	2.97	0.03	97.00	0.00	0.00	3.72	0.04	121.76	0.00	0.00
	小河镇	3.01	0.05	96.62	0.28	0.04	3.20	0.06	102.55	0.30	0.04
	黎阳镇	4.07	0.06	95.54	0.26	0.07	4.52	0.07	106.13	0.29	0.08
	卫贤镇	1.59	0.01	98.33	0.07	0.00	1.32	0.01	81.06	0.05	0.00
	王庄乡	3.63	0.16	95.75	0.46	0.00	3.90	0.17	102.83	0.49	0.00
	白寺乡	0.82	0.04	89.17	7.20	2.77	0.96	0.04	104.46	8.44	3.24
	合计	2.75	0.09	95.59	1.24	0.33	26.50	0.89	910.37	13.72	3.51
淇县	黄洞乡	4.26	8.72	6.44	13.22	67.36	4.85	9.94	7.33	15.07	76.74
	庙口乡	5.17	4.35	57.44	7.61	25.43	4.74	3.98	52.65	6.97	23.31
	高村镇	4.03	0.18	95.63	0.16	0.00	3.29	0.15	78.07	0.13	0.00
	桥盟乡	3.05	5.10	58.22	4.59	29.04	2.63	4.42	50.33	3.97	25.10
	朝歌镇	0.99	0.03	98.98	0.00	0.00	0.21	0.00	20.67	0.00	0.00
	西岗乡	1.26	0.00	98.70	0.04	0.00	0.82	0.00	64.02	0.03	0.00
	北阳镇	3.85	6.15	74.95	3.14	11.91	4.49	7.17	87.39	3.66	13.89
	合计	3.23	3.50	70.05	4.11	19.11	21.03	25.66	360.46	29.83	139.04
全市总计		4.47	5.18	76.32	3.74	10.29	95.58	110.81	1633.68	80.03	220.35

表 5-21　鹤壁市生态重要性评价等级分布网格统计

区域		网格占比/%					网格面积/km²				
		低	较低	一般	较高	高	低	较低	一般	较高	高
鹤山区	鹤壁集镇	31.35	55.29	1.20	12.16	0.00	22.72	40.08	0.87	8.82	0.00
	姬家山乡	6.32	67.42	7.43	18.83	0.00	3.65	38.90	4.29	10.86	0.00
	合计	18.83	61.35	4.32	15.50	0.00	26.37	78.98	5.16	19.68	0.00
山城区	石林镇	15.45	70.58	0.38	13.59	0.00	12.87	58.81	0.32	11.32	0.00
	鹿楼乡	43.10	39.86	4.13	12.51	0.40	22.83	21.12	2.19	6.63	0.21
	合计	29.28	55.22	2.25	13.05	0.20	35.70	79.93	2.51	17.95	0.21

续表

区域		网格占比/%					网格面积/km²				
		低	较低	一般	较高	高	低	较低	一般	较高	高
淇滨区	金山办事处	23.78	37.60	25.38	12.04	1.20	8.66	13.69	9.24	4.38	0.44
	大赉店镇	36.62	43.17	16.76	3.20	0.25	33.18	39.11	15.18	2.90	0.23
	上峪乡	7.47	75.07	4.25	11.01	2.20	4.81	48.28	2.73	7.08	1.42
	大河涧乡	6.16	63.49	5.56	19.69	5.10	5.09	52.43	4.59	16.26	4.22
	钜桥镇	29.58	34.15	32.88	2.55	0.84	20.42	23.58	22.70	1.76	0.58
	合计	20.72	50.70	16.96	9.70	1.92	72.16	177.09	54.44	32.38	6.89
浚县	城关镇	56.89	34.22	2.07	6.82	0.00	7.76	4.67	0.28	0.93	0.00
	善堂镇	5.79	23.84	65.79	4.58	0.00	8.99	36.98	102.10	7.11	0.00
	屯子镇	15.36	76.73	0.71	7.20	0.00	20.95	104.71	0.98	9.82	0.00
	新镇镇	12.12	79.23	1.41	7.24	0.00	15.22	99.45	1.77	9.09	0.00
	小河镇	13.28	78.97	0.15	7.60	0.00	14.10	83.82	0.15	8.07	0.00
	黎阳镇	26.01	55.54	11.35	7.10	0.00	28.90	61.69	12.61	7.88	0.00
	卫贤镇	14.18	65.78	15.99	3.26	0.79	11.69	54.23	13.18	2.69	0.65
	王庄乡	15.56	67.89	11.17	5.38	0.00	16.71	72.91	12.00	5.77	0.00
	白寺乡	10.24	80.40	5.18	4.18	0.00	12.00	94.18	6.07	4.90	0.00
	合计	18.82	62.51	12.65	5.93	0.09	136.32	612.64	149.14	56.26	0.65
淇县	黄洞乡	1.20	76.57	12.19	10.04	0.00	1.37	87.24	13.88	11.44	0.00
	庙口乡	7.80	71.07	8.01	11.82	1.30	7.15	65.14	7.34	10.83	1.20
	高村镇	26.73	60.74	2.38	8.18	1.97	21.83	49.58	1.95	6.68	1.61
	桥盟乡	17.94	67.59	6.32	8.15	0.00	15.50	58.43	5.46	7.05	0.00
	朝歌镇	56.54	40.67	0.04	2.75	0.00	11.81	8.50	0.01	0.57	0.00
	西岗乡	15.34	72.61	5.16	5.70	1.19	9.95	47.10	3.35	3.70	0.77
	北阳镇	11.60	63.17	14.77	10.46	0.00	13.53	73.66	17.22	12.19	0.00
	合计	19.59	64.63	6.98	8.16	0.64	81.14	389.65	49.21	52.46	3.58
全市总计		16.43	62.52	12.17	8.35	0.53	351.69	1338.29	260.46	178.73	11.33

5.4 鹤壁市资源环境承载力集成评价

5.4.1 评价原则

基于资源环境要素单项评价的分级结果，根据生态保护、农业生产、城镇建设三方面的差异化要求，综合划分生态指向的生态保护指向的承载力等级以及农业、城镇指向的承载力等级，表征国土空间的自然本底条件对人类生活生产活动的综合支撑能力。

集成评价应遵循的基本准则如下：

（1）生态保护指向的承载力等级高值区应具备重要的水源涵养、生物多样性维护等生态功能，或属于水土流失、石漠化、土地沙化等生态问题的敏感区域。

（2）农业承载力高值区应具备较好的水土资源基础，即同时要求土地资源、水资源均对农业生产具有较好的支撑力。

（3）城镇承载力高值区除应具备良好的水土资源基础外，还应具备相应的环境本底特点，即同时要求环境容量高、生态系统服务功能重要性较低。

5.4.2 集成方法与步骤

5.4.2.1 生态保护指向的承载力等级

生态保护指向的承载力等级按如下公式进行综合集成。

$$[生态保护指向的承载力等级]=Max（[生态系统服务功能重要性],$$
$$[生态环境敏感性]） \qquad (5-17)$$

取生态系统服务功能重要性及生态环境敏感性评价结果的最大值，初步确定生态保护指向的承载力等级，基于生态优先的理念，将生态保护指向的承载力等级中的Ⅴ级和Ⅵ级归并为最高等级Ⅵ级，其他等级不变。

5.4.2.2 农业功能指向的承载力等级

农业功能指向的承载力等级按如下公式进行综合集成。

$$[承载力等级]=f（[农业耕作土地条件], [农业供水条件]） \qquad (5-18)$$

基于农业耕作土地条件和农业供水条件两项指标，确定农业功能指向的承载力等级，参考判别矩阵如表 5-22 所示。

表 5-22 农业承载力等级参考判别矩阵

农业供水条件	农业耕作土地条件		
	好	一般	差
好	高	高	一般
一般	高	一般	较差
差	一般	较差	差

5.4.2.3　城镇功能指向的承载力等级

城镇功能指向的承载力等级按如下公式进行综合集成。

[承载力等级]=f（[城镇建设土地条件]，[城镇供水条件]，[水环境容量]，

[大气环境容量]，[地质环境危险性]）　　　　（5-19）

（1）基于城镇建设土地条件和城镇供水条件两项指标，确定城镇功能指向的水土资源基础参考判别矩阵，如表 5-23 所示。

表 5-23　城镇功能指向的水土资源基础参考判别矩阵

城镇供水条件	城镇建设土地条件		
	好	一般	差
好	好	好	一般
一般	好	一般	差
差	一般	差	差

（2）基于水环境容量和大气环境容量，对于水环境容量和大气环境容量低值区域，将上述评价结果下降一个等级并初步确定城镇功能指向的承载力等级如表 5-24 所示。

表 5-24　城镇功能指向的水气环境容量基础参考判别矩阵

水环境容量	大气环境容量		
	高	中	低
高	高	高	中
中	高	中	低
低	中	低	低

（3）初步确定城镇功能指向的承载力等级，根据城镇功能指向的水土资源基础和水气环境容量初步确定承载力等级，参考以下判别矩阵，如表 5-25 所示。

表 5-25　城镇功能指向的承载力等级初步确定

城镇水气环境容量	城镇水土资源基础		
	好	一般	差
高	高	高	一般
中	高	一般	较低
低	一般	较低	低

（4）根据地质环境危险性，对初步确定的城镇功能指向的承载力等级进行修正。修正准则包括：对于城镇承载力初步评价结果为高，但地质环境危险性高的国土空间，将其降两级处理；对于初步评价结果为高，但地质环境危险性中等的国土空间，将其降一级处理。

5.4.3　集成结果

鹤壁市城镇功能指向资源环境承载力等级评价如图 5-10，鹤壁市城镇功能指向承载力等级分布如表 5-26 所示；鹤壁市农业功能指向资源环境承载力等级评价如图 5-11 所示，鹤壁市农业功能指向承载力等级分布如表 5-27 所示；鹤壁市生态保护指向资源环境承载力等级评价如图 5-12 所示，鹤壁市生态保护指向承载力等级分布如表 5-28 所示。

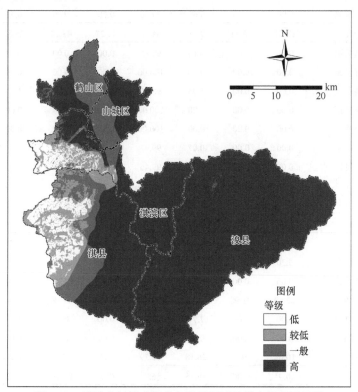

图 5-10　鹤壁市城镇功能指向资源环境承载力等级评价图

表 5-26　鹤壁市城镇功能指向承载力等级分布网格统计

区域		网格占比/%				网格面积/km²			
		低	较低	一般	较高	低	较低	一般	较高
鹤山区	鹤壁集镇	0.00	0.01	87.42	12.57	0.00	0.01	63.37	9.11
	姬家山乡	0.00	0.00	19.04	80.96	0.00	0.00	10.99	46.72
	合计	0.00	0.01	53.23	46.76	0.00	0.01	74.36	55.83
山城区	石林镇	0.00	0.00	6.04	93.96	0.00	0.00	5.04	78.29
	鹿楼乡	0.04	0.29	85.53	14.14	0.02	0.15	45.31	7.49
	合计	0.02	0.14	45.79	54.05	0.02	0.15	50.35	85.78
淇滨区	金山办事处	2.29	13.63	22.86	61.22	0.84	4.96	8.33	22.29
	大赉店镇	0.00	0.00	0.07	99.93	0.00	0.00	0.06	90.52
	上峪乡	27.04	35.93	13.20	23.83	17.39	23.11	8.49	15.33
	大河涧乡	32.75	18.98	10.33	37.94	27.04	15.68	8.53	31.33
	钜桥镇	0.00	0.00	0.60	99.40	0.00	0.00	0.41	68.63
	合计	12.42	13.71	9.41	64.46	45.27	43.75	25.82	228.10
浚县	城关镇	0.00	0.00	0.15	99.85	0.00	0.00	0.02	13.62
	善堂镇	0.00	0.00	0.00	100.00	0.00	0.00	0.00	155.19
	屯子镇	0.00	0.00	1.05	98.95	0.00	0.00	1.43	135.03
	新镇镇	0.00	0.00	0.00	100.00	0.00	0.00	0.00	125.53
	小河镇	0.00	0.00	0.00	100.00	0.00	0.00	0.00	106.14
	黎阳镇	0.00	0.00	0.07	99.93	0.00	0.00	0.07	111.01
	卫贤镇	0.00	0.00	0.54	99.46	0.00	0.00	0.45	82.00
	王庄乡	0.00	0.00	0.00	100.00	0.00	0.00	0.00	107.40
	白寺乡	0.00	0.00	0.19	99.81	0.00	0.00	0.22	116.93
	合计	0.00	0.00	0.22	99.78	0.00	0.00	2.19	952.85
淇县	黄洞乡	36.90	42.68	20.42	0.00	42.04	48.62	23.27	0.00
	庙口乡	6.20	26.68	32.91	34.21	5.68	24.46	30.17	31.36
	高村镇	0.00	0.00	0.00	100.00	0.00	0.00	0.00	81.64
	桥盟乡	22.60	21.98	25.94	29.48	19.54	19.00	22.42	25.49
	朝歌镇	0.00	0.00	7.70	92.30	0.00	0.00	1.61	19.28
	西岗乡	0.00	0.00	0.00	100.00	0.00	0.00	0.00	64.87
	北阳镇	10.68	19.75	28.18	41.39	12.46	23.03	32.86	48.26
	合计	10.91	15.87	16.45	56.77	79.72	115.11	110.33	270.90
全市总计		5.84	7.43	12.29	74.44	125.01	159.02	263.05	1593.46

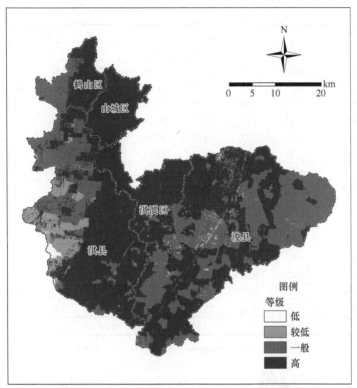

图 5-11　鹤壁市农业功能指向资源环境承载力等级评价图

表 5-27　鹤壁市农业功能指向承载力等级分布网格统计

区域		网格占比/%				网格面积/km²			
		低	较低	一般	高	低	较低	一般	高
鹤山区	鹤壁集镇	0.00	0.00	10.44	89.56	0.00	0.00	7.57	64.93
	姬家山乡	0.00	0.00	67.46	32.54	0.00	0.00	38.92	18.78
	合计	0.00	0.00	38.95	61.05	0.00	0.00	46.49	83.71
山城区	石林镇	0.00	0.00	0.73	99.27	0.00	0.00	0.61	82.71
	鹿楼乡	0.00	0.00	0.04	99.96	0.00	0.00	0.02	52.96
	合计	0.00	0.00	0.39	99.61	0.00	0.00	0.63	135.67
淇滨区	金山办事处	0.00	0.00	0.41	99.59	0.00	0.00	0.15	36.26
	大赉店镇	0.00	0.12	1.14	98.74	0.00	0.11	1.03	89.45
	上峪乡	0.00	0.00	49.34	50.66	0.00	0.00	31.73	32.58
	大河涧乡	0.00	1.82	58.08	40.10	0.00	1.50	47.96	33.11
	钜桥镇	0.23	2.56	22.28	74.93	0.16	1.77	15.38	51.73
	合计	0.05	0.90	26.25	72.80	0.16	3.38	96.25	243.13
浚县	城关镇	0.00	1.12	56.71	42.17	0.00	0.15	7.73	5.75
	善堂镇	0.00	0.88	91.40	7.72	0.00	1.37	141.83	11.98
	屯子镇	0.19	2.79	13.83	83.19	0.25	3.81	18.88	113.52

续表

区域		网格占比/%				网格面积/km²			
		低	较低	一般	高	低	较低	一般	高
浚县	新镇镇	0.06	0.45	30.05	69.44	0.07	0.57	37.72	87.17
	小河镇	0.15	1.37	37.94	60.54	0.16	1.45	40.27	64.26
	黎阳镇	0.03	0.89	43.98	55.10	0.03	0.98	48.86	61.21
	卫贤镇	0.14	1.34	57.17	41.35	0.11	1.11	47.13	34.09
	王庄乡	0.07	1.43	31.04	67.46	0.07	1.53	33.34	72.46
	白寺乡	1.28	6.53	61.56	30.63	1.50	7.65	72.12	35.88
	合计	0.20	1.87	47.08	50.85	2.19	18.62	447.88	486.32
淇县	黄洞乡	0.26	30.05	47.15	22.54	0.30	34.23	53.72	25.68
	庙口乡	0.00	5.83	24.95	69.22	0.00	5.34	22.87	63.44
	高村镇	0.00	0.09	2.66	97.25	0.00	0.08	2.17	79.39
	桥盟乡	0.00	27.04	10.33	62.63	0.00	23.37	8.93	54.15
	朝歌镇	0.08	0.43	27.31	72.18	0.02	0.09	5.70	15.08
	西岗乡	0.02	0.39	6.73	92.86	0.01	0.25	4.37	60.23
	北阳镇	5.12	8.59	11.23	75.06	5.96	10.02	13.10	87.53
	合计	0.78	10.35	18.62	70.25	6.29	73.38	110.86	385.50
全市总计		0.40	4.46	32.80	62.34	8.64	95.38	702.11	1334.33

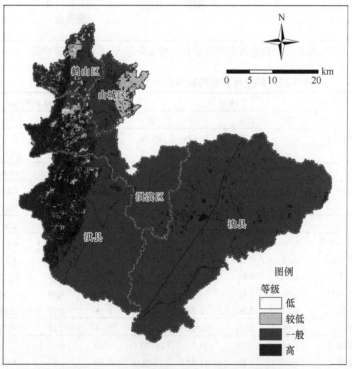

图 5-12　鹤壁市生态保护指向资源环境承载力等级评价图

表 5-28　鹤壁市生态保护指向承载力等级分布网格统计

区域		网格占比/%				网格面积/km²			
		低	较低	一般	高	低	较低	一般	高
鹤山区	鹤壁集镇	0.39	14.18	65.01	20.42	0.29	10.28	47.13	14.81
	姬家山乡	0.00	11.99	21.86	66.15	0.00	6.92	12.61	38.17
	合计	0.20	13.08	43.43	43.29	0.29	17.20	59.74	52.98
山城区	石林镇	0.02	40.02	44.00	15.96	0.01	33.35	36.66	13.30
	鹿楼乡	0.00	2.93	81.14	15.93	0.00	1.55	42.99	8.44
	合计	0.01	21.47	62.57	15.95	0.01	34.90	79.65	21.74
淇滨区	金山办事处	0.02	0.11	85.75	14.12	0.01	0.04	31.22	5.14
	大赉店镇	0.02	0.07	95.58	4.33	0.02	0.07	86.58	3.92
	上峪乡	0.11	11.29	30.17	58.43	0.07	7.26	19.41	37.58
	大河涧乡	0.68	10.12	18.12	71.08	0.56	8.36	14.97	58.70
	钜桥镇	0.00	0.00	94.34	5.66	0.00	0.00	65.13	3.91
	合计	0.16	4.33	64.79	30.72	0.66	15.73	217.31	109.25
浚县	城关镇	0.00	0.00	93.18	6.82	0.00	0.00	12.71	0.93
	善堂镇	0.00	0.04	94.44	5.52	0.00	0.06	146.55	8.57
	屯子镇	0.00	0.07	91.42	8.51	0.00	0.10	124.75	11.61
	新镇镇	0.02	0.18	92.56	7.24	0.03	0.21	116.19	9.09
	小河镇	0.02	0.15	92.01	7.82	0.02	0.16	97.67	8.30
	黎阳镇	0.01	0.11	92.57	7.31	0.01	0.12	102.83	8.12
	卫贤镇	0.00	0.00	95.88	4.12	0.00	0.00	79.04	3.40
	王庄乡	0.01	0.06	94.18	5.75	0.01	0.06	101.16	6.18
	白寺乡	0.00	0.00	88.08	11.92	0.00	0.00	103.19	13.96
	合计	0.01	0.07	92.70	7.22	0.07	0.71	884.09	70.16
淇县	黄洞乡	0.00	4.20	9.22	86.58	0.00	4.78	10.50	98.64
	庙口乡	0.00	4.42	54.59	40.99	0.00	4.04	50.04	37.57
	高村镇	0.00	0.00	89.82	10.18	0.00	0.00	73.32	8.31
	桥盟乡	0.00	1.99	57.51	40.50	0.00	1.72	49.71	35.01
	朝歌镇	0.00	0.00	97.25	2.75	0.00	0.00	20.31	0.57
	西岗乡	0.00	0.06	93.05	6.89	0.00	0.04	60.36	4.47
	北阳镇	0.01	0.48	74.16	25.35	0.01	0.56	86.47	29.56
	合计	0.00	1.59	67.95	30.46	0.01	11.14	350.71	214.13
全市总计		0.05	3.72	74.35	21.88	1.04	79.68	1591.50	468.26

　　鹤壁市城镇功能指向承载力等级高的土地面积为 1593.46km²，占全市土地总面积的 74.45%；城镇功能指向承载力等级低与较低的土地面积为 284.03km²，占

全市土地总面积的 13.27%。城镇功能指向承载力等级高的地区主要分布在鹤壁市中部和东部；城镇功能指向承载力等级低与较低的地区主要分布在鹤壁市西部。从短板分析视角来看，黄洞乡城镇功能指向承载力等级低与较低的地区占比最高，达到 79.58%，其次为上峪乡和大河涧乡，达到 62.97% 和 51.73%。上峪乡和大河涧乡处在太行山脉向东部平原过渡地区，山地较多，地形条件差，导致本身地质环境较差易引发滑坡、泥石流等地质灾害，因此不适宜于城镇建设。

鹤壁市农业功能指向承载力等级高的土地面积为 1334.33km^2，占全市土地总面积的 62.34%；农业功能指向承载力等级低与较低的土地面积为 104.02km^2，占全市土地总面积的 4.86%。农业功能指向承载力等级高的地区主要分布在鹤壁市中部地区；农业功能指向承载力等级低与较低的地区主要分布在鹤壁市西部。从短板分析视角来看，黄洞乡农业功能指向承载力等级低的地区占比最高，达到 30.31%，其次为桥盟乡，达到 27.04%。上述两乡镇处在太行山脉向东部平原过渡地区，山地较多，地形条件差，土壤以砾质土为主，裸露岩石面积较大，因此不适宜于农业耕作。

鹤壁市生态保护指向承载力等级高的土地面积为 468.26km^2，占全市土地总面积的 21.88%；生态保护指向承载力等级低与较低的土地面积为 80.72km^2，占全市土地总面积的 3.77%。生态保护指向承载力等级高的地区主要分布在鹤壁市西部。从优势分析视角来看，黄洞乡生态保护指向承载力等级高的地区占比最高，达到 86.58%，其次为大河涧乡，达到 71.08%。上述两乡镇虽然地形条件较差，但植被覆盖度高，人类活动痕迹少，分布有较多的森林公园、自然保护区，因此适宜于生态保护。

第6章 自然生态空间保护重要性评价研究

在了解市县尺度下自然生态空间类型及分布，快速准确识别自然生态空间范围的基础上，基于生态系统发挥生态功能的特征和生态系统受到胁迫的过程与效应，开展自然生态空间保护重要性评价，识别区域自然生态空间生态系统服务功能重要性区域和生态环境敏感性区域，是开展分区管控的前提。本章将从生态系统服务功能重要性和生态环境敏感性两方面开展评价，对于细化、落实上级关于自然生态空间保护的宏观战略部署，引导下级自然资源管理部门调控、保护所辖县区自然生态空间具有重要意义。

6.1 多源数据的自然生态空间识别方法

6.1.1 自然生态空间分类体系构建

国外土地分类体系并没有单独对自然生态空间进行分类，但在相应的地类中体现出了对自然生态空间保护的思想。国内对自然生态空间分类进行了大量的研究，但目前尚处于研究探索阶段。总结起来，关于自然生态空间分类方法主要有三种：根据土地利用/覆被类型划分、根据人类活动的影响程度划分、将以上两种方式相互结合划分。不同的分类方法具有不同的优缺点，为了改善我国现有分类体系对土地生态功能重视不足的现状，突出强调土地的生态功能，同时便于识别、管理及保护区域自然生态空间，基于现有自然生态空间分类体系研究成果，根据土地利用/覆被类型和人类活动影响程度，构建了市县级自然生态空间分类体系，主要包括基础生态空间、人工生态空间 2 个一级类，林地、草地等 11 个二级类，乔木林等 28 个三级类，详情如表 6-1 所示。

表 6-1 自然生态空间分类体系

一级类名称	二级类名称	三级类名称	含义
基础生态空间	林地	乔木林	指天然形成的具有明显主干的非攀缘性多年生木本植物，包括竹林、红树林
		灌木林	指天然形成的生长低矮的多年生灌木型木本植物
		其他林地	指除乔木林、灌木林以外的其他以林业为主的土地，包括未成林地、无立木林地、迹地、苗圃等

续表

一级类名称	二级类名称	三级类名称	含义
基础生态空间	草地	天然草地	指以天然生长或半人工培育的以草本植物为主覆盖的，用于放牧或割草的土地
		人工草地	指人工种植的以草本植物为主的土地，不包括城市内部的用于绿化的草地
		其他草地	指以草本植物为主的不用于畜牧业和绿化的天然草地
	水域	河流水面	指天然形成或人工开挖河流常水位岸线之间的带状或线状水面
		湖泊水面	指天然形成的积水区常水位岸线所围成的面状水面
	特殊生态用地	冰川及永久积雪	指表层常年被冰雪覆盖的土地
	湿地	滩涂	指沿海、河流、湖泊、水库、坑塘、海岛常水位至高水位之间的滩地
		沼泽	指地表及地表下层土壤经常过度湿润，导致地表生长着湿生植物和沼泽植物的土地
	荒漠地	盐碱地	指表层裸露物以盐碱为主或生长有天然耐盐植物的土地
		沙地	指表层为沙覆盖，基本无植被的土地
		裸地	指表层以泥质、裸土、砾石、基岩为主，基本无植被覆盖的土地；不包括城市内部的空闲地
人工生态空间	耕地	水田	指用于种植水产作物的耕地，如水稻、莲藕等
		水浇地	指有灌溉设施和水源保障，能够满足正常灌溉要求，种植旱生作物的耕地
		旱地	指无灌溉措施，靠天然降水种植旱生作物的耕地
	园地	果园	指人工种植果树的连片土地
		茶园	指人工种植茶树的连片土地
		橡胶园	指人工种植橡胶树的连片土地
		其他园地	指人工种植桑树、可可、咖啡等其他多年生作物的连片土地
	人工水面	水库水面	指人工开挖河流常水位岸线之间的水面及人工拦截汇集而成的总库容≥10万 m^3 的水库正常蓄水位岸线所围成的水面
		坑塘水面	指人工开挖或天然形成的常水位岸线所围成的面积较小的水面
		沟渠	指人工修建用于引、排、灌的渠道，包括渠槽、渠堤、取土坑
	城市绿色空间	公园	指供公众游览、观赏、休憩、开展科学文化及锻炼身体等活动，有较完善的设施和良好的绿化环境的游园及附属绿地
		绿地	指城市内专门用于改善生态，保护环境，美化景观的绿化用地，不包括公园内绿地
	生态基础设施空间	废弃物处理地	指雨水、污水、固体废弃物堆放和处理、环境保护等公用设施及其附属用地
		水工设施用地	指人工修建的闸、坝、堤路林等常水位岸线以上的公用设施及其附属用地

　　基础生态空间是指以发挥土地的生态功能为主，具有很高生态系统服务价值或者易受到人类活动影响而使环境恶化的空间，这类空间对于维护区域生态系统稳定性或者保障区域生态安全格局具有重大意义。对于该类土地应该采取科学全面的保护和修复措施，维护其原始状态，避免人类活动对其造成不利影响。人工

生态空间是指经过人类活动改造，以发挥生态功能为主体，同时兼具一定的生产、生活功能，具有一定生态系统服务价值的空间，这类空间在改善人类生存环境，提供生态休闲场所等方面具有重要作用。此类空间应该在建立用途管制规则的基础上，有限制地进行建设用地开发活动，以减少对生态环境的破坏。

耕地作为农业空间主体，其主导功能为生产功能，但由于其地类的特殊性，耕地还具有涵养水源、保护土壤、调节气候、净化环境、提供生物栖息地等多种生态功能。不同区域的耕地，所体现的功能也不尽相同，如山区低丘缓坡耕地在水土保持、水源涵养、防风固沙方面发挥着重要的生态作用；平原耕地在提供物质生产功能的前提下，还可为人类提供耕地景观，发挥自然和人文综合的景观美学功能。谭永忠等（2016）认为，应将耕地等以发挥生产功能为主，同时兼具重要生态服务功能的土地纳入自然生态空间。管青春等（2018）依据"生态干扰度"理论，将耕地纳入全干扰型生态空间。王静等（2017）将耕地纳入多功能生态空间，认为耕地在满足人类生产和休闲娱乐的同时，在生态调节方面也发挥着重要作用。同时，《自然生态空间用途管制办法（试行）》（国土资发〔2017〕33 号）中明确指出，要处理好自然生态空间与耕地保护的关系，允许将耕地作为生态用地类型纳入自然生态空间保护。鹤壁市耕地面积占行政区总面积的 58.62%，主要分布在东部广袤的华北平原地带，在保障鹤壁市粮食安全的前提下，耕地发挥着重要的生态功能。因此，根据鹤壁市实际地域情况，本研究将耕地纳入市县级自然生态空间予以保护。

6.1.2　多源分类体系转换衔接准则构建

现行各种土地分类体系在实际国土资源管理中得到了广泛的应用，自然生态空间分类体系是以识别自然生态空间为目的而构建的分类体系。为了准确识别多源数据下自然生态空间，需要构建自然生态空间分类体系与现行各种土地分类体系的转换衔接准则。建立相互转换衔接的自然生态空间分类体系既是对现有土地分类体系的延伸和扩展，又在现有土地分类体系的基础上，凸显了自然生态空间的重要作用，使自然生态空间分类体系能与实际国土管理工作进行有效转换衔接，推进自然生态空间分类体系在国土资源管理和生态建设中的实际应用。本研究将通过以下转换衔接准则实现其与土地利用现状分类体系、地理国情普查分类体系、城乡规划用地分类体系和林地分类体系的有效转换衔接。

6.1.2.1　与土地利用现状分类体系转换衔接准则

现行土地利用现状分类体系主要依据土地用途、利用方式、经营特点和地表覆盖特征等因素对土地进行分类，在目前国土资源管理中应用最为广泛，在国家制定国民经济计划，进行土地宏观调控、合理利用、管理及保护土地资源中发挥着重要的作用。现行土地利用现状分类体系执行国家标准《土地利用现状分类》（GB/T 21010—2017），是由原国土资源部提出，代替《土地利用现状分类》（GB/T 21010—2007）。相比之前的国家标准，本次修改突出了生态文明建设的内容，对耕地、林地等一些一级类和二级类的含义进行了完善，并将城市内部用地进一步进行了细化。目前，国家正在实施的第三次全国国土调查将沿用《土地利用现状分类》（GB/T 21010—2017）标准。但由于第二次全国土地调查以后，原国土资源部在日常管理和数据库建设中使用的是《土地利用现状分类》（GB/T 21010—2007）国家标准，因此，本研究继续沿用《土地利用现状分类》（GB/T 21010—2007）国家标准，依据土地利用现状分类依据及地类含义，实现自然生态空间分类体系与土地利用现状分类体系的衔接，具体转换衔接准则如表 6-2 所示。

表 6-2　自然生态空间分类体系与土地利用现状分类体系转换衔接准则

自然生态空间分类体系			土地利用现状分类体系
一级类名称	二级类名称	三级类名称	二级类名称
基础生态空间	林地	乔木林	有林地
		灌木林地	灌木林地
		其他林地	其他林地
	草地	天然草地	天然牧草地、其他草地
		人工草地	人工牧草地、其他草地
	水域	河流水面	河流水面
		湖泊水面	湖泊水面
	特殊生态用地	冰川及永久积雪	冰川及永久积雪
	湿地	滩涂	沿海滩涂、内陆滩涂
		沼泽	沼泽地
	荒漠地	盐碱地	盐碱地
		沙地	沙地
		裸地	裸地
人工生态空间	耕地	水田	水田
		水浇地	水浇地
		旱地	旱地
	园地	果园	果园
		茶园	茶园
		其他园地	其他园地
	人工水面	水库水面	水库水面
		坑塘水面	坑塘水面
		沟渠	沟渠
	城市绿色空间	公园	城市、建制镇
		绿地	
	生态基础设施空间	废弃物处理地	水工建筑用地
		水工设施用地	

6.1.2.2　与地理国情普查分类体系转换衔接准则

地理国情普查是对我国地理国情的详细调查，主要调查我国国土空间范围内地表自然资源环境及人文地理要素的空间分布状况、分布特征及其之间相互关系，是了解我国基本地理国情的重要手段，是掌握自然环境特征、生态发展过程、人类社会经济活动的基础性工作。开展地理国情普查工作，科学、客观、精确地掌握地理国情信息，对于制定和实施国家宏观发展战略、合理配置各类资源、保护生态安全格局、优化国土空间开发格局具有重要意义。地理国情普查分类体系包含 12 个一级类、58 个二级类、133 个三级类，主要依据土地地表形态、地表覆盖、重要地理国情监测要素三个方面进行分类，其中地表形态是指土地的地形地势特征，也间接反映其地貌形态；地表覆盖是指地表覆盖的自然营造物和人工建筑物的自然属性或状况，侧重于土地的自然属性；重要地理国情监测要素是指与社会经济密切相关的、有较为稳定的范围或边界，有监测和分析意义的重要地物及其属性，如城市、铁路、河流、湖泊等实体要素。依据地理国情普查分类体系、分类依据和地类含义，实现自然生态空间分类体系与地理国情普查分类体系的转换衔接，具体转换衔接准则如表 6-3 所示。

表 6-3　自然生态空间分类体系与地理国情普查分类体系转换衔接准则

自然生态空间分类体系			地理国情普查分类体系
一级类名称	二级类名称	三级类名称	二级类（三级类）名称
基础生态空间	林地	乔木林	乔木林、竹林地、疏林地
		灌木林地	灌木林、稀疏灌丛
		其他林地	乔灌混合林、人工幼林
	草地	天然草地	天然草地
		人工草地	人工草地（固沙灌草、护坡灌草、其他人工草地、牧草地）
	水域	河流水面	河渠（河流）
		湖泊水面	湖泊
	特殊生态用地	冰川及永久积雪	冰川与常年积雪
	湿地	滩涂	沿海滩涂、内陆滩涂
		沼泽	沼泽区
	荒漠地	盐碱地	盐碱地表
		沙地	沙质地表
		裸地	泥土、砾石、岩石地表

续表

自然生态空间分类体系			地理国情普查分类体系
一级类名称	二级类名称	三级类名称	二级类（三级类）名称
人工生态空间	耕地	水田	水田
		水浇地	旱地
		旱地	旱地
	园地	果园	果园
		茶园	茶园
		其他园地	桑园、橡胶园、苗圃、花圃、其他园地
	人工水面	水库水面	库塘（水库）
		坑塘水面	库塘（坑塘）
		沟渠	河流（水渠）
	城市绿色空间	公园	城镇综合功能单元（休闲娱乐、景区）
		绿地	绿化林地、人工草地（绿化草地）
	生态基础设施空间	废弃物处理地	污水处理池、堆放物
		水工设施用地	水工设施

6.1.2.3　与城乡规划用地分类体系转换衔接准则

本研究依据城乡规划用地分类体系分类依据和地类含义，采用大类、中类、小类3级分类体系，对城乡用地分类中建设用地进一步细分，从而实现自然生态空间分类体系与城乡规划用地分类体系的转换衔接，具体转换衔接准则如表6-4所示。

表6-4　自然生态空间分类体系与城乡规划用地分类体系转换衔接准则

自然生态空间分类体系			城乡规划用地分类体系
一级类名称	二级类名称	三级类名称	中类（小类）名称
基础生态空间	林地	乔木林	农林用地
		灌木林地	
		其他林地	
	草地	天然草地	
		人工草地	
	水域	河流水面	
		湖泊水面	水域（自然水域）
	特殊生态用地	冰川及永久积雪	

自然生态空间分类体系			城乡规划用地分类体系
一级类名称	二级类名称	三级类名称	中类（小类）名称
基础生态空间	湿地	滩涂	农林用地、水域（自然水域）、其他非建设用地
		沼泽	
	荒漠地	盐碱地	其他非建设用地
		沙地	
		裸地	
人工生态空间	耕地	水田	农林用地
		水浇地	
		旱地	
	园地	果园	
		茶园	
		其他园地	
	人工水面	水库水面	水域（水库）
		坑塘水面	水域（坑塘沟渠）
		沟渠	
	城市绿色空间	公园	公园绿地
		绿地	公园绿地、防护绿地
	生态基础设施空间	废弃物处理地	环境设施用地
		水工设施用地	公园设施用地

6.1.2.4　与林地分类体系转换衔接准则

本研究在已有分类研究基础上，面向国家自然资源管理需要，依据《林地分类》（LY-T 1812—2021）中林地分类和地类含义，实现国土空间规划用地分类体系与林地分类体系地类的相互转换衔接。具体转换衔接准则如表 6-5 所示。

表 6-5　自然生态空间分类体系与林地分类体系转换衔接准则

自然生态空间分类体系			林地分类体系
一级类名称	二级类名称	三级类名称	二级类名称
基础生态空间	林地	乔木林	有林地、疏林地
		灌木林地	灌木林地
		其他林地	未成林地、无立木林地
	草地	天然草地	草地
		人工草地	

续表

自然生态空间分类体系			林地分类体系
一级类名称	二级类名称	三级类名称	二级类名称
基础生态空间	水域	河流水面	水域
		湖泊水面	
	特殊生态用地	冰川及永久积雪	
	湿地	滩涂	水域、未利用地
		沼泽	
	荒漠地	盐碱地	未利用地、宜林地
		沙地	
		裸地	
人工生态空间	耕地	水田	耕地
		水浇地	
		旱地	
	园地	果园	
		茶园	
		其他园地	
	人工水面	水库水面	水域
		坑塘水面	
		沟渠	
	城市绿色空间	公园	建设用地
		绿地	
	生态基础设施空间	废弃物处理地	
		水工设施用地	

6.1.3　自然生态空间识别方法

　　由于各个部门搜集的多源数据标准和形式不同,需要对其进行融合叠加处理,然后以多源分类体系转换衔接准则为基础,构建一种基于多源数据融合转换的自然生态空间判别方法,从而最大限度地判别辖区内自然生态空间地类。具体融合判别方法技术路线如图 6-1 所示。

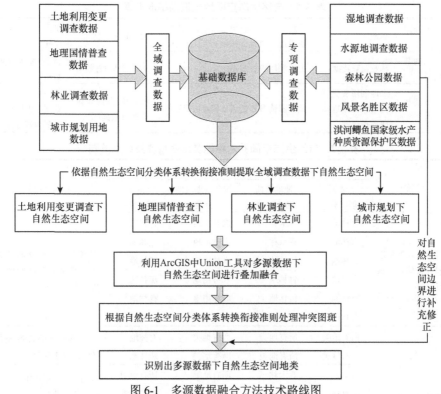

图 6-1　多源数据融合方法技术路线图

（1）建立自然生态空间基础数据库。首先需确定数据库统一的坐标系统和属性结构，然后对全域调查数据和专项调查数据进行投影转换，按照统一的属性结构导入基础数据库中。

（2）对于全域调查数据，需要构建自然生态空间识别准则，解决多源数据图斑转换冲突问题，首先通过 GIS 空间分析法对全域数据进行叠加融合，建立多源数据下自然生态空间地类识别基准单元，使每个图斑单元具有多源数据属性结构，然后构建多分类体系组合的自然生态空间地类识别准则：①对于符合自然生态空间分类体系转换衔接准则的图斑单元直接转换到自然生态空间分类体系；②对于部分符合自然生态空间分类体系转换衔接准则的图斑单元，由于各类调查数据分类标准和调查精度不同，依据自然生态空间分类定义，构建不同自然生态空间地类下单一识别基准数据和组合识别基准数据，在符合单一识别基准数据源情况下依据其识别自然生态空间地类；在不符合单一识别基准数据源情况下依据组合识别基准数据识别自然生态空间地类（表 6-6）；③对于仅符合组合识别基准数据中的一种，则通过遥感影像分类解译进行判读。以乔木林为例，依据自然生态空间地类识别准则，可以识别转换为乔木林的地类组合有以下情况（表 6-7）。

表 6-6　自然生态空间地类识别基准数据

自然生态空间地类	林地	草地、水域、特殊生态用地、湿地、荒漠地、耕地、园地、人工水面	城市绿色空间	生态基础设施空间
单一识别基准数据	林业调查数据	土地利用调查数据	地理国情普查数据	城乡规划用地数据
组合识别基准数据	土地利用变更调查数据、地理国情普查数据	地理国情普查数据、林业调查数据	城乡规划数据、林业调查数据	地理国情普查数据、土地利用变更调查数据

表 6-7　自然生态空间乔木林地类组合情况及识别准则

分类	地类组合情况				识别准则
	土地利用现状分类	地理国情普查分类	城乡规划用地分类	林业调查分类	
全部符合自然生态空间分类体系转换衔接准则	有林地	乔木林	农林用地	有林地	依据自然生态空间分类体系转换衔接准则转换到乔木林空间
	有林地	乔木林	农林用地	疏林地	
	有林地	竹林地	农林用地	有林地	
	有林地	竹林地	农林用地	疏林地	
	有林地	疏林地	农林用地	有林地	
	有林地	疏林地	农林用地	疏林地	
部分符合自然生态空间分类体系转换衔接准则	所有地类	所有地类	所有地类	有林地	依据林地分类转换关系转换到乔木林空间
	所有地类	所有地类	所有地类	疏林地	
	有林地	乔木林	所有地类	所有地类	依据土地利用现状分类、地理国情普查分类组合地类关系转换到乔木林空间
	有林地	竹林地	所有地类	所有地类	
	有林地	疏林地	所有地类	所有地类	
	有林地	其他地类	所有地类	其他地类	依据遥感影像分类结果识别乔木林空间
	其他地类	乔木林	所有地类	其他地类	
	其他地类	竹林	所有地类	其他地类	
	其他地类	疏林地	所有地类	其他地类	
不符合自然生态空间转换衔接准则	其他地类	其他地类	所有地类	其他地类	不划入乔木林空间

　　注：所有地类指的是该分类体系下的所有分类地类，其他地类指的是该分类体系下除转换到乔木林空间的地类外，剩余的其他分类地类。

　　（3）专项调查数据可以对识别后的自然生态空间地类进行校核修正，修正步骤如下：①对专项调查数据和识别后自然生态空间进行叠加分析，确保专项调查数据范围内的自然生态空间保留原地类；②对专项调查数据内非自然生态空间和土地利用变更调查数据进行叠加分析，按照土地利用现状分类体系到自然生态空间分类体系的转换衔接准则转换到自然生态空间。

　　（4）由于识别后自然生态空间破碎程度较高，相同地类间需要进行合并，对于面积小于 1000m² 的斑块采取就近融合处理方法，不能融合的独立斑块则不予保留。

6.1.4　鹤壁市自然生态空间识别结果分析

　　按照上述自然生态空间判别方法，判别出鹤壁市自然生态空间，其自然生态空间地域分布和各个地类面积及占比如图 6-2 和表 6-8 所示。从自然生态空间地域空间分布来看，呈现西部多基础生态空间，中东部多人工生态空间的特点。基础生态空间主要分布在鹤壁市西部，集中连片程度较高且自然生态空间类型丰富，受人类活动干扰程度较小，主要地类为林地和荒漠地。中部和东部多为人工生态空间，也有部分基础生态空间，人类活动影响程度较强，主要地类为耕地、城市绿色空间、园地、林地和水域等。结合鹤壁市地形地貌分析不难得出其原因，鹤壁市西部为太行山东麓与华北平原交错地带，多为山地丘陵，地势复杂，不宜作为农业和城镇用地，中部和东部属于华北平原地带，地势平坦，土壤肥沃，且交通便利，适宜农业生产和城镇建设。

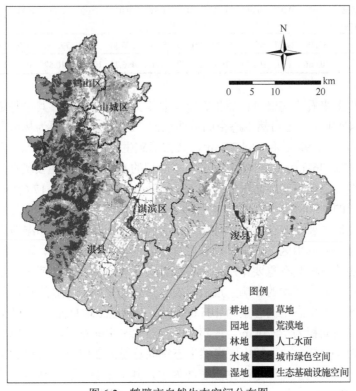

图 6-2　鹤壁市自然生态空间分布图

表6-8 鹤壁市自然生态空间面积及占比

一级类	二级类	鹤山区		山城区		淇滨区		淇县		浚县		总计	
		面积/km²	比例/%	面积/km²	比例/%	面积/km²	比例/%	面积/km²	比例/%	面积/km²	比例/%	面积/km²	比例/%
基础生态空间	林地	47.49	44.95	31.75	31.36	53.79	19.66	135.34	27.25	62.72	7.74	331.09	18.52
	草地	2.18	2.06	0.45	0.44	3.76	1.37	2.56	0.52	0.20	0.02	9.15	0.51
	水域	0.65	0.62	0.91	0.90	2.64	0.97	4.20	0.85	2.87	0.35	11.27	0.63
	湿地	0.11	0.11	0.17	0.17	3.35	1.23	3.08	0.62	7.44	0.93	14.16	0.79
	荒漠地	23.77	22.50	2.83	2.80	59.32	21.68	101.17	20.37	1.65	0.20	188.75	10.56
	合计	74.20	70.23	36.11	35.67	122.86	44.91	246.35	49.61	74.88	9.24	554.42	31.01
人工生态空间	耕地	30.70	29.05	62.41	61.64	138.42	50.59	239.87	48.29	710.28	87.63	1181.69	66.10
	园地	0.13	0.12	0.08	0.08	0.85	0.31	1.80	0.36	5.19	0.64	8.04	0.45
	人工水面	0.47	0.44	1.72	1.70	6.33	2.31	4.78	0.96	9.39	1.16	22.70	1.27
	城市绿色空间	0.14	0.13	0.86	0.85	4.69	1.72	3.91	0.79	8.05	0.99	17.65	0.99
	生态基础设施空间	0.02	0.02	0.06	0.06	0.44	0.16	0.02	0.00	2.73	0.34	3.28	0.18
	合计	31.46	29.77	65.13	64.33	150.73	55.89	250.38	50.40	735.64	90.76	1233.36	68.99
总计		105.66	100	101.24	100	273.59	100	496.73	100.01	810.52	100	1787.78	100

从面积上来看,鹤壁市自然生态空间总量为1787.78km²。其中基础生态空间面积为554.42km²,占自然生态空间总面积的31.01%,其主要为林地和荒漠地,面积分别为331.09km²和188.75km²,共占基础生态空间的93.76%。人工生态空间面积为1233.36km²,占自然生态空间总面积的68.99%,其主要类型为耕地、人工水面和城市绿色空间,面积分别为1181.69km²、22.70km²和17.65km²,共占人工生态空间的99.08%。可以看出,除耕地外林地和荒漠地为鹤壁市的主要自然生态空间,林地主要分布在西部山地区,部分分布在中东部河流和湿地周围,荒漠地主要分布在西部山区。其中林地在发挥水源涵养、水土保持、防风固沙等生态系统服务功能方面具有重要作用,而荒漠地具有较高的生态环境敏感性,容易受到自然因素和人类活动的影响,进而引发自然生态空间退化等问题。

鹤山区自然生态空间总量为105.66km²,占辖区土地总面积的81.16%,其中基础生态空间面积为74.20km²,占鹤山区自然生态空间总量的70.23%;人工生态空间面积为31.46km²,占鹤山区自然生态空间总量的29.77%,可以看出鹤山区内自然生态空间类型主要以基础生态空间为主,其中主要类型为林地和荒漠地,面积分别为47.49km²和23.77km²;而人工生态空间主要以耕地为主,其面积为30.70km²。

山城区自然生态空间总量为101.24km²,占辖区土地总面积的74.28%,其中基础生态空间面积为 36.11km²，占山城区自然生态空间总量的 35.67%；人工生态空间面积为 65.13km²，占山城区自然生态空间总量的 64.33%，可以看出山城区内自然生态空间类型主要以人工生态空间为主，其中主要类型为耕地，面积为 62.41km²；而基础生态空间主要以林地为主，其面积为 31.75km²。

淇滨区自然生态空间总量为 273.59km²，占辖区土地总面积的 79.78%，其中基础生态空间面积为 122.86km²，占淇滨区自然生态空间总量的 44.91%；人工生态空间面积为 150.73km²，占淇滨区自然生态空间总量的 55.89%，可以看出淇滨区内自然生态空间类型主要以人工生态空间为主，其中主要类型为耕地，面积为 138.42km²；而基础生态空间主要以林地和荒漠地为主，其面积分别为 53.79km² 和 59.32km²。

淇县自然生态空间总量为 496.73km²，占辖区土地总面积的 86.23%，其中基础生态空间面积为 246.35km²，占淇县自然生态空间总量的 49.61%；人工生态空间面积为 250.38km²，占淇县自然生态空间总量的 50.40%，可以看出淇县内基础生态空间和人工生态空间基本持平，其中基础生态空间主要类型为林地和荒漠地，面积分别为 135.34km² 和 101.17km²，人工生态空间主要以耕地为主，其面积为 239.87km²。

浚县自然生态空间总量为 810.52km²，占辖区土地总面积的 84.87%，其中基础生态空间面积为 74.88km²，占浚县自然生态空间总量的 9.24%；人工生态空间面积为 735.64km²，占浚县自然生态空间总量的 90.76%，可以看出浚县内自然生态空间类型主要以人工生态空间为主，其中主要类型为耕地，面积为 710.28km²，而基础生态空间主要以林地为主，其面积为 62.72km²。

总体上来说，各个行政区内自然生态空间比例分布较为均衡，但由于鹤壁市地形地貌的影响，位于西部的鹤山区内分布有较多的基础生态空间类型，而淇滨区、山城区和浚县则主要为人工生态空间类型。

6.2 自然生态空间保护重要性评价指标体系

6.2.1 指标选取原则

正确地选择自然生态空间保护重要性评价指标是准确开展评价工作的前提，根据自然生态空间概念，以评价目的为导向，指标选取应遵循以下原则。

1）科学性原则

自然生态空间保护重要性指标体系的选取和构建必须遵循客观事实，具有科学性。既要基于现有研究成果，又要符合研究区实际客观情况，充分考虑到自然生态空间的刚性与弹性特征，能够真实反映自然生态空间内部区域差异特点，表征出生态系统功能服务区和生态环境敏感区。

2）系统性原则

自然生态空间是一个系统，构建指标体系时要全面、系统地考虑自然生态空间系统所具有的生态系统服务功能和其可能受到的生态胁迫以及其影响因素，所构建的指标因子之间能够相互独立，但又能构成一个有机整体，全面反映自然生态空间系统的特征和状态。

3）代表性原则

自然生态空间系统是一个复杂的系统，受各个因素的影响，自然生态空间保护重要性指标体系的选取要具有代表性，需要尽可能准确地反映出其内部功能和结构，体现出其内部差异性，反映出其内部组成要素和外界影响因素的相互作用过程。

4）可比性、可操作原则

自然生态空间保护重要性指标体系构建的最终目的是实现对自然生态空间的保护，因此，在指标体系构建时，要遵循研究区已有研究成果，考虑数据获取的难易程度，以及是否具有可比性，从而构建合适的指标体系，以便于后续的数据处理和分析。

6.2.2　评价指标体系构建

评价指标体系的构建应该采用层次分析法，并遵循目标导向原则。首先确定评估目标层，实现鹤壁市自然生态空间保护的目标。然后确定准则层，分析影响自然生态空间保护的制约因素，包括生态系统服务功能重要性因素和生态环境敏感性因素。最后基于现有研究成果，结合鹤壁市实际自然环境条件及产生的生态环境问题，选取水源涵养、土壤保持、生物多样性保护指标层表征鹤壁市自然生态空间生态系统服务功能重要性因素；选取土壤侵蚀敏感性、地质灾害敏感性、人为干扰敏感性指标层表征鹤壁市自然生态空间生态环境敏感性因素；根据各个指标层的影响因素，又选取基础指标来表征其特征和状态，具体指标体系如表6-9所示。

表6-9　鹤壁市自然生态空间保护重要性评价指标体系

目标层	准则层	指标层	基础指标
自然生态空间保护重要性评价	生态系统服务功能重要性评价	水源涵养	距主要河流距离 降水量 地形地貌 覆盖因子 水源保护区

续表

目标层	准则层	指标层	基础指标
自然生态空间保护重要性评价	生态系统服务功能重要性评价	土壤保持	土壤可蚀性因子
			降雨侵蚀力
			地形因子
			植被覆盖度
		生物多样性保护	国家级物种资源保护区
			生物丰度指数
	生态环境敏感性评价	土壤侵蚀敏感性	土壤可蚀性因子
			降雨侵蚀力
			地形因子
			植被覆盖度
		地质灾害敏感性	坡度
			多年最大降雨强度
			采煤沉陷区
			距地震断裂带距离
			地质灾害易发程度
		人为干扰敏感性	土地利用强度综合指数
			距城镇、村庄距离
			距交通道路距离

6.3 鹤壁市自然生态空间生态系统服务功能重要性评价

生态系统服务功能是指人类从生态系统中所获得的各种产品、服务或收益。例如供给功能，提供人类生存发展所需的物质基础；调节功能，调节气候、土地、洪涝灾害等；支持功能，土壤的形成和营养物质的循环等。开展生态系统服务功能重要性评价，可以对生态系统的结构及功能进行分析，识别区域具有重要生态系统服务价值的区域，是进行区域生态分区的基础。目前，学术界针对生态系统服务功能展开了大量研究，主要研究集中在自然生态系统的水源涵养、水土保持、生物多样性保护、防风固沙等功能。参照相关研究成果，立足于鹤壁市实际生态环境特点和功能，选取水源涵养、水土保持、生物多样性保护三个重要性因子进行鹤壁市生态系统服务功能重要性评价。

6.3.1 水源涵养重要性评价

生态系统的水源涵养功能是指生态系统通过其特有的功能和结构与水相互影

响和作用，通过对地表降水进行截留、加强土壤渗透、抑制降水蒸发、散发等实现对水循环的调控，主要体现为缓和地表径流、对地下水进行补充、稳定河流流量、调蓄洪水、保障水源质量等方面。一般来说，区域水源涵养能力的大小取决于降水量和涵水量的大小，分别表征为生态系统外部影响因素和内部影响因素，降水量主要受当地地形地貌以及气候因素的影响；涵水量则取决于地表覆盖层涵水能力和土壤涵水能力，受地表植被结构、表层覆盖因子以及土壤理化性质等因素的影响，同时与区域流域所处的位置及其对整个流域水资源的贡献也直接相关。因此，参考现有研究成果，本研究选取距主要河流距离、降水量、地形地貌和覆盖因子四个影响因子来表征鹤壁市自然生态空间水源涵养能力大小。同时考虑到水源保护区具有极重要的水源涵养能力，因此，对于水源保护区内自然生态空间直接划为水源涵养极重要区。

6.3.1.1　评价模型

水源涵养评价模型为

$$I_j = \sqrt[4]{\prod_{i=1}^{4} D_i} \tag{6-1}$$

式中，I_j 为第 j 个评价单元水源涵养重要性指数；D_i 为第 i 个水源涵养影响因子重要性等级分值。

6.3.1.2　评价指标分级

根据研究影响因子实际取值情况，在 ArcGIS 中采用自然断点法，同时定性地结合鹤壁市实际情况，将影响因子分为4级，分别表示不重要、较重要、重要、极重要，并分别赋值为1、3、5、7。影响因子具体分级标准如表6-10所示。

表6-10　水源涵养重要性影响因子分级情况表

分级标准	不重要	较重要	重要	极重要
距主要河流距离/km	>3	(2, 3]	(1, 2]	[1, 0]
降水量/mm	[551, 571)	[571, 582)	[582, 587)	[587, 595]
地形地貌	平原	丘陵	低山	中山
覆盖因子	荒漠地、城市绿色空间、生态基础设施空间	耕地、园地	草地、人工水面	林地、水域、湿地
水源保护区	—	—	—	是
赋值标准	1	3	5	7

6.3.1.3　评价结果与分析

1）距主要河流距离

河流湖泊等水体在水源涵养中发挥着重要的作用，可以对区域降水进行有效地贮存，调节沿河地区的大气湿度和气温，影响区域气候。选取鹤壁市主要河流、湖泊、水库等水体，根据鹤壁市河流实际影响范围，确定缓冲距离为 1km，在 ArcGIS 中进行缓冲区分析，得到研究区河流湖泊等水体缓冲区分布情况如图 6-3 所示。

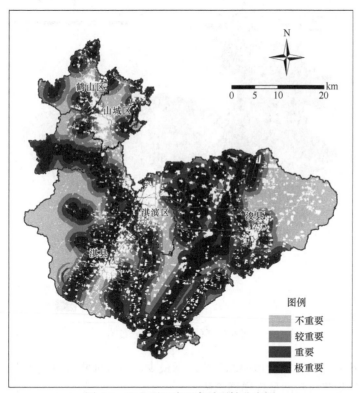

图 6-3　距主要河流距离重要性分布图

由图 6-3 可知，鹤壁市主要河流分布在淇滨区、淇县和浚县，主要为淇河、卫河流域和南水北调中线工程，河流对水源涵养的重要性影响从东向西呈现交叉式分布，为周围提供着充足的水资源。

2）降水量

降水是区域补充水源的主要途径，是水源涵养功能的直接影响因素。降水数据来源于中国气象科学数据共享服务网的中国地面气候标准值数据集（1981～2010 年），选取河南省 115 个气象站点数据，通过多年平均后利用 ArcGIS 软件进行克里格空间插值，形成河南省降水量空间分布栅格图，再通过裁剪形成鹤壁市降水量栅格图，如图 6-4 所示。

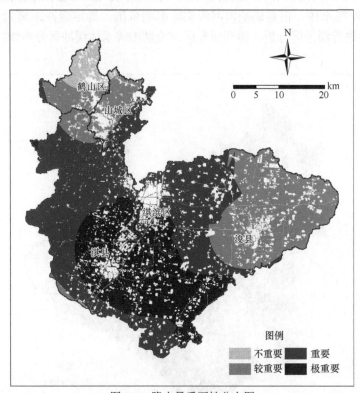

图 6-4　降水量重要性分布图

由图 6-4 可知，鹤壁市西北部降水量最少，中南部降水量较集中，且降水量从东部和西北部向南部呈现递增趋势。

3）地形地貌

地形地貌是指区域地表的形态，体现区域下垫面高低起伏的变化特征。其对水源涵养功能的影响是间接的，地形地貌通过影响区域气温、光照、降雨、河流分布等自然要素，进而间接影响水源涵养功能。一般来说，高山地区气温低，降水多，植物蒸散发能力相对较弱，涵养水源能力较强。地形地貌特征来源于鹤壁市 DEM，根据研究区实际情况，将其高程分为四级，按照平原高程（0～200m）、丘陵高程（200～400m）、低山高程（400～600m）、中山高程（600～800m）进行分类。地形地貌重要性分布图如图 6-5 所示。

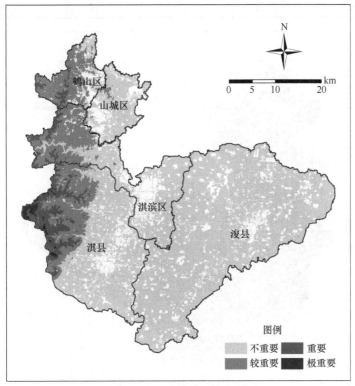

图 6-5　地形地貌重要性分布图

由图 6-5 可知，鹤壁市中东部地形地貌较为平坦，起伏度小，为广袤的平原地带，西部地形地貌较为复杂，起伏度大，丘陵、低山和高山相互交错，整体上呈现从东向西，逐步升高的特点。

4）覆盖因子

覆盖因子是指区域地表覆盖物，其对水源涵养能力的影响主要体现在对降水的截留以及对下渗作用的影响。已有研究表明，地表覆盖结构可以间接地影响下渗到地表层以下降水的可利用量，如森林具有巨大的水源涵养、调节径流的功能，其复杂的结构可对降水进行层层截留，将地表径流更多地转化为地下径流。因此，依据自然生态空间地表覆盖特征，将其对水源涵养功能的影响划分为四级，具体分类情况见表 6-11。覆盖因子重要性分布图见图 6-6。

表 6-11 水源涵养重要性分级标准

分级标准	不重要	较重要	重要	极重要
水源涵养重要性指数	[0，2)	[2，4)	[4，6)	[6，8]

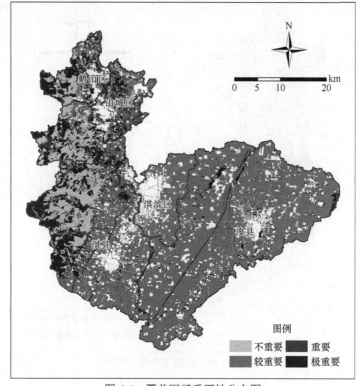

图 6-6 覆盖因子重要性分布图

由图 6-6 可知，鹤壁市中东部为广袤的平原，地表覆被多为耕地，其对水源的涵养能力较重要；西部为高低起伏的山区，地表覆被多为林地或无植被覆盖，其对水源涵养的能力呈现出重要与不重要相互交错的特点。

5）水源保护区

水源保护区是国家对某些具有重要作用的水体实行特殊保护而设立的区域，其对于维护区域水体质量、保障区域用水安全具有重要意义。因此，具有极重要的水源涵养功能，鹤壁市水源保护区主要分布见图 6-7。

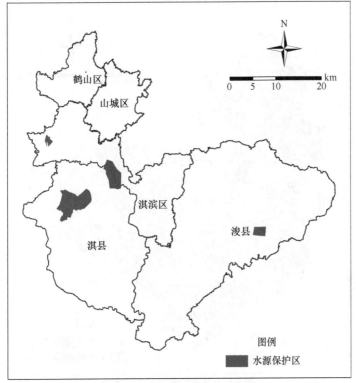

图 6-7　水源保护区分布图

6）水源涵养重要性评价

按照水源涵养评价模型，运用 GIS 空间叠加分析功能，将上述单因子影响图层在 ArcGIS 中进行叠加分析，得到水源涵养重要性指数，并将水源涵养重要性指数分为四级，具体分级标准见表 6-11，水源涵养重要性分布如图 6-8 所示。

由图 6-8 和表 6-12 可知，鹤壁市水源涵养重要性以不重要区和较重要区为主，面积分别为 489.67km^2 和 1092.87km^2，分别占鹤壁市自然生态空间总面积的 27.39%和 61.13%；其次是重要区，面积为 126.10km^2，占鹤壁市自然生态空间总面积的 7.05%；极重要区面积最小，为 79.14km^2，仅占鹤壁市自然生态空间总面积的 4.43%。从空间分布上来说，不重要区和较重要区主要集中分布在鹤壁市中部和东部；重要和极重要区主要分布在鹤壁市西部。

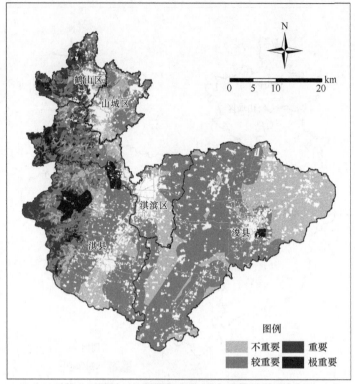

图 6-8　水源涵养重要性分布图

表 6-12　水源涵养重要性面积情况表

级别	重要性	面积/km²	比例/%
1	不重要	489.67	27.39
2	较重要	1092.87	61.13
3	重要	126.10	7.05
4	极重要	79.14	4.43

6.3.2　土壤保持重要性评价

　　土壤保持功能是指自然生态系统凭借其内部组成结构要素与功能来减缓由于水力侵蚀所导致的土壤侵蚀的作用。土壤保持能力大小主要受区域气候、土壤类型和质地、地形地势和植被覆盖等因素影响。其中气候主要影响区域降水量大小，进而影响到降雨侵蚀作用的强度，表征自然生态系统外界作用因素。土壤类型和质地、地形地势和植被覆盖因素影响地表对水力侵蚀作用的减缓程度，表征自然生态系统内部组成要素的特征。参考相关研究成果，选取通用土壤流失方程

（ULSE）来计算土壤保持量。

6.3.2.1　评价模型

土壤保持量计算公式为

$$A=A_n-A_m \tag{6-2}$$

式中，A 为实际土壤保持量；A_n 为潜在土壤侵蚀量，即土壤表面没有地表覆盖因子和任何土壤保持措施的情况下土壤遭受到外界的侵蚀量；A_m 为现实土壤侵蚀量，即在实际有地表因子覆盖和保护措施情况下的土壤侵蚀量。

潜在土壤侵蚀量计算公式为

$$A_n=K\times R\times LS \tag{6-3}$$

式中，A_n 同上；K 为土壤可蚀性因子；R 为降雨侵蚀力因子；LS 为地形起伏度因子，即坡度坡长因子乘积。

现实土壤侵蚀量计算公式为

$$A_m=K\times R\times LS\times C \tag{6-4}$$

式中，A_m、K、R、LS 同上文；C 为植被覆盖因子，通常用植被覆盖度近似代替。

6.3.2.2　评价指标分级

根据研究区土壤保持实际计算值，在 ArcGIS 中采用自然断点法，同时定性地结合鹤壁市实际情况，将影响因子分为四级，分别表示不重要、较重要、重要、极重要，并分别赋值为 1、3、5、7。影响因子具体分级标准见表 6-13。

表 6-13　土壤保持重要性分级标准

分级标准	不重要	较重要	重要	极重要
土壤保持量/[t/（hm²·a）]	[0，20)	[20，50)	[50，80)	≥80
赋值标准	1	3	5	7

6.3.2.3　评价结果与分析

1）土壤可蚀性因子

土壤可蚀性是指土壤遭受侵蚀的难易程度，土壤侵蚀的本质是土壤在外力作用下与主体土壤及其母质脱离。在一定程度上土壤类型反映着土壤的物理、化学性质，因此土壤类型从根本上影响着土壤的可蚀性。一般来说土壤结构越松散，有机质含量越低，越容易发生风蚀和水蚀作用；土壤表层透水性越差，越容易产生地表径流，导致水力作用对土壤的侵蚀越强。土壤可蚀性因子的测定一般通过实验进行测定，但由于研究区面积范围大，通过实验测定费时费力，可行性较差，鉴于数据获取难易程度，参考专家意见和岑奕等（2011）相关研究成果，通过土壤类型来表征土壤可蚀性因子，鹤壁市具体土壤可蚀性因子（K）及其空间分布如图 6-9 所示。

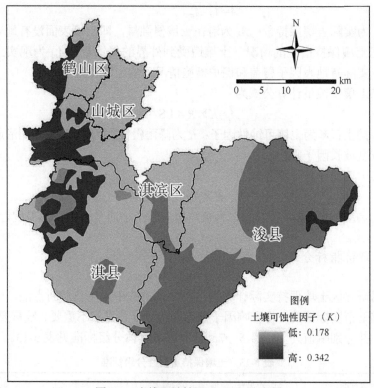

图 6-9　土壤可蚀性因子（K）分布图

2）降雨侵蚀力因子

降雨是发生土壤侵蚀的主要动力因素之一，降雨侵蚀力则表征降水对土壤侵蚀作用的影响程度，降雨侵蚀力越强，土壤侵蚀程度越强。降水数据来源于中国气象科学数据共享服务网的中国地面气候标准值数据集（1981～2010 年），选取河南省 115 个气象站点数据，采用 Wischmeier 和 Smith（1978）提出的降雨侵蚀力公式计算得出，然后利用 ArcGIS 软件进行克里格空间插值，形成河南省降雨侵蚀力空间分布栅格图，通过裁剪形成鹤壁市降雨侵蚀力因子分布图，见图 6-10。

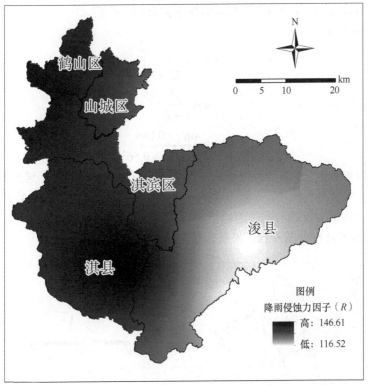

图 6-10　降雨侵蚀力因子（R）分布图

降雨侵蚀力计算公式为

$$R = \sum_{i=1}^{12} 1.735 \times 10^{\left[\left(1.5 \times \log_{10} \frac{Q_i^2}{Q}\right) - 0.8188\right]} \tag{6-5}$$

式中，Q_i 为多年平均月降水量（mm）；Q 为多年平均年降水量（mm）；i 为月份。

3）地形因子

地形因子是描述自然生态系统土壤保持能力强弱的重要环境因子，主要通过坡长和坡度来体现，坡长反映地表径流的长度，坡长越长，地表径流对土壤的侵蚀能力越强；坡度则能够反映土壤在重力、水力等外营力作用下被侵蚀的难易程度，坡度越大，在外营力作用下越容易发生侵蚀作用。

坡度因子计算公式为

$$S = \begin{cases} 10.8 \sin\theta + 0.03 & \theta < 5° \\ 16.8 \sin\theta - 0.5 & 5° \leqslant \theta < 10° \\ 21.9 \sin\theta - 0.96 & \theta \geqslant 10° \end{cases} \tag{6-6}$$

式中，S 为坡度因子；θ 为从 DEM 数据中提取的坡度值。

坡长因子计算公式为

$$L=\left(\frac{\lambda}{22.13}\right)^{\alpha} \tag{6-7}$$

$$\alpha=\frac{\beta}{1+\beta} \tag{6-8}$$

$$\beta=\frac{\sin\theta/0.089}{3\sin\theta^{0.8}+0.56} \tag{6-9}$$

式中，L 为坡长因子；λ 为径流坡长，这里用水流汇集量来代替，通过 DEM 数据在 ArcGIS 水文分析模块下分析得到；α 为坡长指数；θ 为从 DEM 数据中提取的坡度值；β 为细沟侵蚀与面蚀的比值。

坡度因子分布见图 6-11；坡长因子分布见图 6-12。

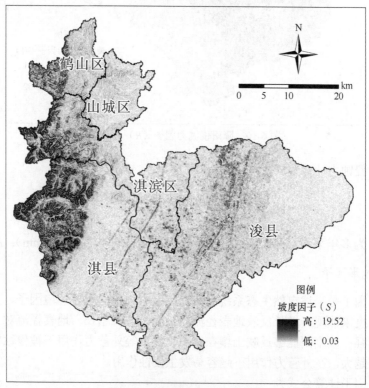

图 6-11　坡度因子（S）分布图

图 6-12　坡长因子（*L*）分布图

4）植被覆盖度

植被是区域自然生态系统的重要组成部分，植被覆盖区可以减缓土壤的风蚀和水蚀作用，同时还具有保持土壤、固水固肥等功能，植被覆盖密集区域可以减缓、拦截降水和地表径流对土壤的侵蚀作用，同时植被密集的根部能够改善土壤质地，吸收周围土壤中的水分，增加土壤透水性。因此，区域植被覆盖度越高，其土壤保持能力越强，越不易产生土壤侵蚀问题。植被覆盖度是指一定地域空间范围内植被垂直到地面的投影面积占统计区面积的比重，是描述区域自然生态系统环境变化的重要指标，在土壤保持评价中常作为重要评价指标。植被覆盖度计算方法参考李苗苗等（2004）建立的定量估算模型。通过近似估算归一化植被指数（NDVI）得到，其计算公式为

$$\text{NDVI} = \frac{B_5 - B_4}{B_5 + B_4} \tag{6-10}$$

式中，NDVI 为归一化植被指数；B_5 为近红外波段；B_4 为可见光红外波段。

$$\text{FC} = \frac{\text{NDVI} - \text{NDVI}_{\text{soil}}}{\text{NDVI}_{\text{vrg}} - \text{NDVI}_{\text{soil}}} \tag{6-11}$$

式中，FC 为植被覆盖度；$NDVI_{soil}$ 为完全没有植被覆盖或者裸土区域的 NDVI 值；$NDVI_{vrg}$ 为全部被植被覆盖区域的 NDVI 值，即 $NDVI_{soil}$、$NDVI_{vrg}$ 可以近似代表区域内 NDVI 的最小值和最大值。NDVI 数据来源于鹤壁市 2015 年 8 月 Landsat8 OLI 影像，在 ENVI 软件中依据公式计算得到鹤壁市植被覆盖度，其空间分布见图 6-13。

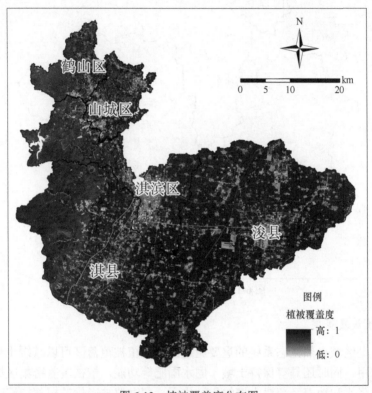

图 6-13　植被覆盖度分布图

5）土壤保持重要性评价

按照通用土壤流失方程（ULSE）计算模型，运用 GIS 空间叠加分析功能，将上述单因子影响图层在 ArcGIS 中进行栅格运算，得到土壤保持量栅格图，并根据土壤保持量分级标准，将土壤保持重要性指数分为四级，具体分级标准见表 6-13，土壤保持重要性分布见图 6-14。

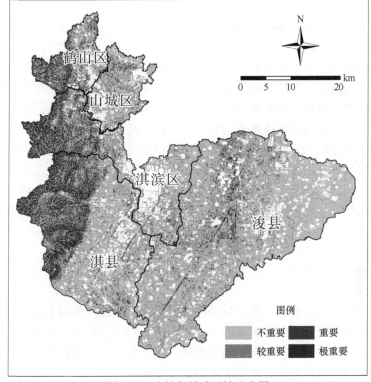

图 6-14　土壤保持重要性分布图

　　由图 6-14 和表 6-14 可知，鹤壁市土壤保持重要性以不重要区为主，面积为 1083.89km²，占鹤壁市自然生态空间总面积的 60.63%；其次是较重要区，面积为 296.80km²，占鹤壁市自然生态空间总面积的 16.60%；极重要区面积为 214.45km²，占鹤壁市自然生态空间总面积的 11.99%；重要区面积最小，仅占总面积的 10.78%。从空间分布上来说，重要区和极重要区主要分布在鹤山区西部、淇滨区西部和淇县西部，浚县中部有少量分布；不重要区和较重要区主要分布在鹤壁市中部和东部。

表 6-14　土壤保持重要性面积情况表

级别	重要性	面积/km²	比例/%
1	不重要	1083.89	60.63
2	较重要	296.80	16.60
3	重要	192.64	10.78
4	极重要	214.45	11.99

6.3.3　生物多样性保护重要性评价

生物多样性是指生物及其生存的环境所形成的生态综合体以及与此相关的各种生态进程的综合，包括各种生物及其基因与周围环境形成的复杂的生态系统。生物多样性是维持整个生态系统稳定的基础，也是生态系统提供的重要服务功能之一，对人类生存发展具有重要的直接和间接意义。生物多样性受物种生存环境的影响，主要体现为地表不同覆盖类型所表现出的结构和功能上的差异，进而影响物种的聚集和分散。目前，评价生物多样性主要从生物种类数量和其生存环境类型入手。因此，基于现有基础数据和相关研究成果，选取生物多样性保护区和生物丰度指数从生物种类分布和其栖息地环境两方面来表征研究区自然生态系统生物多样性保护功能。

6.3.3.1　评价指标分级

根据研究区实际情况，将生物多样性保护分为 4 级，分别表示不重要、较重要、重要、极重要，并分别赋值为 1、3、5、7。对于已获取的国家级物种资源保护区则直接划为生物多样性保护极重要区，对于生物丰度指数则采用自然断点法进行分级赋值，具体分级标准见表 6-15。

表 6-15　生物多样性保护重要性影响因子分级情况表

分级标准	不重要	较重要	重要	极重要
国家级物种资源保护区	—	—	—	是
生物丰度指数	[0，40)	[40，70)	[70，120)	[120，180]
赋值标准	1	3	5	7

6.3.3.2　评价模型

生物丰度指数计算方法借鉴《生态环境状况评价技术规范》（HJ 192—2015）中计算方法，同时结合研究区自然生态空间分类体系对生境类型进行归并。具体各生境类型权重见表 6-16。其计算公式为

$$D = A\sum_{i=1}^{n}S_iW_i / S \tag{6-12}$$

式中，D 为生物丰度指数；A 为生物丰度指数的归一化系数，采用全国生物丰度

指数的归一化系数 A=511.26；S_i 为单一自然生境类型面积；n 为自然生境类型种类；W_i 为所对应的权重；S 为区域生境类型总面积。

表 6-16　生境类型权重表

自然生境类型	林地	草地	水域、湿地、人工水面	耕地、园地	城市绿色空间、生态基础设施	荒漠地、特殊生态用地
权重	0.35	0.21	0.28	0.11	0.04	0.01

6.3.3.3　评价结果与分析

1）国家级物种资源保护区

鹤壁市境内拥有淇河鲫鱼国家级水产种质资源保护区，该保护区是由原农业部批准划定的，具有重要的生物多样性价值。具体分布见图 6-15。

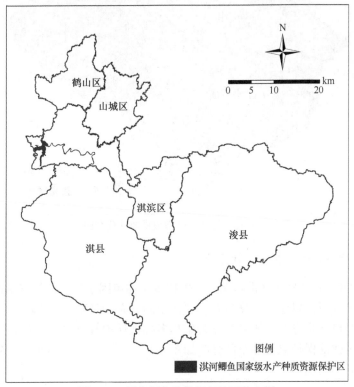

图 6-15　国家级物种资源保护区分布图

2）生物丰度指数

生物丰度指数可以间接反映不同生态系统单位面积上生物物种数量的差异，常用来表征区域内生物多样性的丰富程度，也可用来反映区域生境质量状况。以第 6 章划定的自然生态空间为本底，在 ArcGIS 中通过空间分析功能计算得到研究区内生物丰度指数重要性空间分布，见图 6-16。

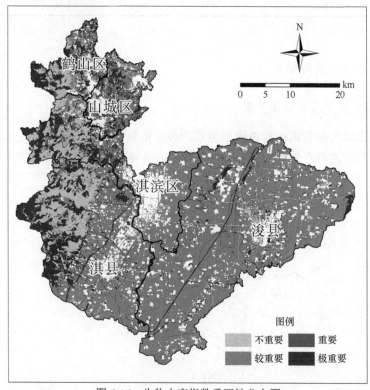

图 6-16　生物丰度指数重要性分布图

3）生物多样性保护重要性评价

采用 GIS 空间叠加分析功能，将生物多样性单因子影响图层在 ArcGIS 中进行空间叠加分析，以生物丰度指数重要性空间分布为基础，对于国家级物种资源保护区内的自然生态空间则直接划为生物多样性保护极重要区。叠加分析后，鹤壁市生物多样性保护重要性空间分布如图 6-17 所示。生物多样性保护重要性面积情况如表 6-17 所示。

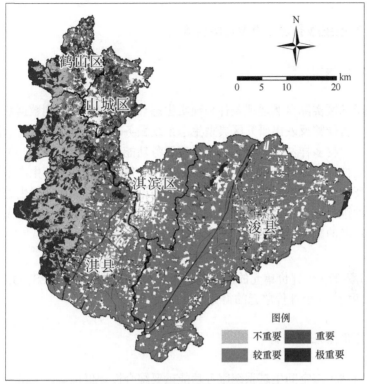

图 6-17　生物多样性保护重要性分布图

表 6-17　生物多样性保护重要性面积情况表

级别	重要性	面积/km^2	比例/%
1	不重要	209.67	11.73
2	较重要	1189.72	66.55
3	重要	9.15	0.51
4	极重要	379.24	21.21

由图 6-17 和表 6-17 可知,鹤壁市生物多样性保护重要性以较重要区和极重要区为主,面积分别为 1189.72km^2 和 379.24km^2,占鹤壁市自然生态空间总面积的 66.55% 和 21.21%;其次是不重要区,面积为 209.67km^2,占鹤壁市自然生态空间总面积的 11.73%;重要区面积最小,为 9.15km^2,仅占鹤壁市自然生态空间总面积的 0.51%。从空间分布上来说,不重要区、较重要区和极重要区主要集中分布在鹤壁市西部山区地带,呈现相互交错分布的特点;较重要区和少部分极重要区主要分布在鹤壁市中部和东部平原地带。

6.3.4　生态系统服务功能重要性综合评价

6.3.4.1　评价模型

基于研究区实际自然地理条件和现实生态环境状况，考虑到数据获取的难易程度以及是否能够反映出研究区典型生态系统服务功能，分别选取了水源涵养、水土保持、生物多样性保护三个生态系统服务功能进行分析。在单一生态系统服务功能重要性评价的基础上，为了能够充分反映每个地类图斑的生态系统服务功能综合重要性，将遵循底线思维。借鉴木桶理论，采用极大值法对生态系统服务功能重要性进行综合评价，每个地类图斑所体现的生态系统服务功能重要性不会因为其他功能的影响而叠加或抵消。具体公式为

$$\text{ESI}_j = \max(\text{ES}_{ij}) \tag{6-13}$$

式中，ESI_j 为第 j 个评价单元的生态系统服务功能重要性得分；ES_{ij} 为第 i 个生态系统服务功能第 j 个评价单元的得分。

6.3.4.2　评价结果与分析

按照自然生态空间生态系统服务功能重要综合性评价模型，采用 GIS 空间分析功能，将水源涵养重要性、土壤保持重要性、生物多样性保护重要性空间分布图进行叠加分析，得到生态系统服务功能重要性指数，并按照分级标准，将其分为四级，分别表示不重要、较重要、重要、极重要。具体空间分布和面积如图 6-18 和表 6-18 所示。

由表 6-18 可知，鹤壁市生态系统服务功能重要性主要以较重要区为主，其面积为 851.22km²，占鹤壁市自然生态空间总面积的 47.61%，主要分布在鹤壁市中部和东部，这些地区为鹤壁市平原地带，地表覆被主要为耕地，其次为林地和人工水面，生态系统服务功能主要以水源涵养和生物多样性保护为主。极重要区面积为 490.91km²，占鹤壁市自然生态空间总面积的 27.47%，仅次于较重要区。主要分布在鹤壁市西部山区，该地区为鹤壁市山地丘陵地带，地表覆被主要以林地、荒漠地和水域为主，并分布有水源一级、二级保护区、国家级森林公园和国家级物种资源保护区，生态系统服务功能主要以土壤保持、生物多样性保护和水源涵养为主。因此，该地区具有极高的生态系统服务价值。不重要区和重要区面积较小，分别为 140.42km² 和 305.23km²，占鹤壁市自然生态空间总面积的 7.85% 和 17.07%。不重要区主要分布在县区城镇周边，重要区主要分布在西部山区极重要区的外围，与极重要区和较重要区接壤，生态系统服务功能主要以土壤保持和水

源涵养为主，可作为极重要区的缓冲区。

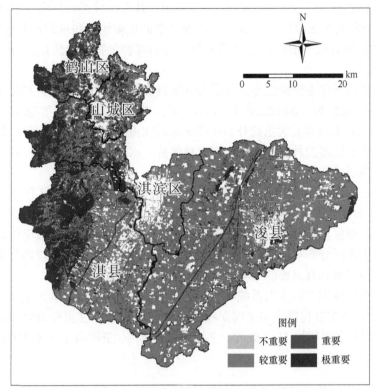

图 6-18 生态系统服务功能重要性分布图

表 6-18 生态系统服务功能重要性分级及面积情况表

分级标准	鹤山区		山城区		淇滨区		淇县		浚县		总计	
	面积/km²	比例/%	面积/km²	比例/%	面积/km²	比例/%	面积/km²	比例/%	面积/km²	比例/%	面积/km²	比例/%
不重要	11.37	10.76	11.59	11.45	26.38	9.64	31.21	6.28	59.87	7.39	140.42	7.85
较重要	15.40	14.57	38.99	38.51	104.16	38.07	224.51	45.20	468.16	57.76	851.22	47.61
重要	28.59	27.05	23.50	23.21	44.02	16.09	42.19	8.49	166.93	20.59	305.23	17.07
极重要	50.32	47.62	27.16	26.83	99.03	36.20	198.82	40.03	115.58	14.26	490.91	27.47
合计	105.68	100	101.24	100	273.59	100	496.73	100	810.54	100	1787.78	100

分县区来看，鹤山区自然生态空间生态系统服务功能重要性主要以极重要区和重要区为主，其面积分别为 50.32km² 和 28.59km²，共占鹤山区自然生态空间面积的 74.67%；空间上极重要区主要分布在鹤山区西北部山地丘陵区，该地区分布有黄庙沟省级森林公园和公益林，水源涵养和生物多样性对保护生态系统服务价值较高。

　　山城区自然生态空间生态系统服务功能重要性主要以较重要区和极重要区为主，其面积分别为 38.99km² 和 27.16km²，共占山城区自然生态空间面积的 65.34%；空间上极重要区主要分布在山城区中部丘陵地区和东部汤河水库周边，这些地区分布有较多的林地，主要发挥水源涵养和生物多样性保护的生态系统服务功能。

　　淇滨区自然生态空间生态系统服务功能重要性主要以较重要区和极重要区为主，其面积分别为 104.16km² 和 99.03km²，共占淇滨区自然生态空间面积的 74.27%；空间上极重要区主要分布在淇滨区西部山地丘陵区和淇河沿岸地区，这些地区分布有较多的林地和水域，在土壤保持、水源涵养和生物多样性保护方面都发挥着重要的作用。

　　淇县自然生态空间生态系统服务功能重要性主要以较重要区和极重要区为主，其面积分别为224.51km² 和198.82km²，共占淇县自然生态空间面积的 85.23%；空间上极重要区主要分布在淇县西部山地丘陵区和南水北调鹤壁段沿岸地区，其中，西部山地区分布有云梦山国际森林公园，南水北调鹤壁段沿岸则分布有防护林带，这些区域具有重要的土壤保持和生物多样性保护功能。

　　浚县自然生态空间生态系统服务功能重要性主要以较重要区为主，其面积为 468.16km²，占浚县自然生态空间面积的 57.76%，空间上主要平均分布在浚县辖区内；极重要区面积为 115.58km²，主要分布在淇河、卫河沿岸地区和浚县北部火龙岗地区。

6.4　鹤壁市自然生态空间生态环境敏感性评价

　　生态环境敏感性是指自然生态系统在其内部结构及其组合特征要素同外界自然环境和人类活动影响因素等相互作用的情况下发生区域生态环境问题的难易程度和概率大小。其实质是多重影响因素相互作用的结果，是多维敏感性因子在地域空间单元上的综合表征，其敏感性越强则表明该地域空间单元自然生态系统内部稳定性越差，越容易受到外界影响因素的干扰。依据生态环境敏感性定义，敏感性因子主要来源于自然环境变化因素和人类活动干扰因素。目前，学术界针对生态环境敏感性的研究主要研究集中在单一生态问题的敏感性评价，如土壤侵蚀敏感性评价、水土流失敏感性评价、地质灾害敏感性评价和生态环境敏感性综合评价等方面。参照现有相关研究成果，基于鹤壁市实际生态环境问题，选取土壤侵蚀敏感性和地质灾害敏感性表征自然环境变化对自然生态系统的影响，选取人为干扰敏感性表征人类活动对自然生态系统的影响。

6.4.1　土壤侵蚀敏感性

土壤侵蚀是指土壤本身及其母质在外营力如水力、风力、冻融或重力等影响下，被破坏、剥蚀、搬运和沉积的过程，土壤侵蚀敏感性评价则反映区域土壤发生侵蚀作用的可能性大小。土壤侵蚀是重要的生态环境问题之一，研究区域土壤侵蚀潜在发生过程及其可能性大小，对于明确土壤侵蚀空间分布特征，合理制定区域水土保持措施，改善区域生态环境状况具有重要意义。开展土壤侵蚀敏感性评价需要综合考虑土壤自身特征因素和外界影响因素，如降水量、土壤可蚀性、地表径流、地形地貌、坡度坡长等因子。依据土壤侵蚀定义，参考目前普遍运用的通用土壤流失方程，基于土壤保持重要性评价，选取降雨侵蚀力、土壤可蚀性因子、地形起伏度和植被覆盖度四个基础指标来综合表征区域发生土壤侵蚀的可能性。

6.4.1.1　评价指标分级

根据土壤侵蚀敏感性影响因子实际取值情况，在 ArcGIS 中采用自然断点法，同时定性地结合研究区实际情况，将影响因子划分为四个等级，分别表示不敏感、较敏感、敏感、极敏感，并分别赋值为 1、3、5、7。影响因子具体分级标准如表 6-19 所示。

表 6-19　土壤侵蚀敏感性分级标准

分级标准	不敏感	较敏感	敏感	极敏感
土壤侵蚀量/[t/（hm²·a）]	[0，20)	[20.50)	[50，80)	≥80
赋值标准	1	3	5	7

6.4.1.2　评价模型

土壤侵蚀评价模型参考目前普遍运用的通用土壤流失方程（ULSE），具体计算方法参照土壤保持重要性评价章节。

6.4.1.3　评价结果与分析

参照通用土壤流失方程计算模型，采用土壤保持重要性评价中处理得到的降雨侵蚀力、土壤可蚀性、地形起伏度因子和植被覆盖度空间分布图，运用 GIS 空间叠加分析功能，将土壤侵蚀影响因子图层在 ArcGIS 中进行栅格运算，得到实际土壤侵蚀量，并参照土壤侵蚀敏感性分级标准，将土壤侵蚀敏感性分为四级，具体分级标准见表 6-19，得到土壤侵蚀敏感性空间分布，见图 6-19，土壤侵蚀敏感性面积情况见表 6-20。

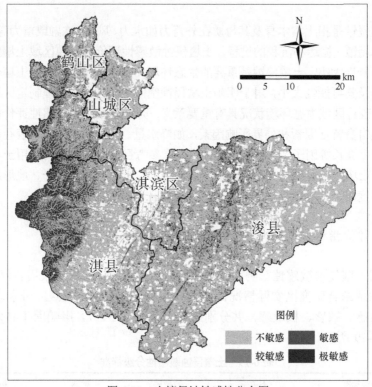

图 6-19　土壤侵蚀敏感性分布图

表 6-20　土壤侵蚀敏感性面积情况表

级别	敏感性	面积/km²	比例/%
1	不敏感	1298.10	72.62
2	较敏感	145.05	8.11
3	敏感	125.23	7.00
4	极敏感	219.40	12.27

由图 6-19 和表 6-20 可知，鹤壁市土壤侵蚀敏感性以不敏感区为主，面积为 1298.10km²，占鹤壁市自然生态空间总面积的 72.62%；其次是极敏感区，面积为 219.40km²，占鹤壁市自然生态空间总面积的 12.27%；较敏感区面积为 145.05km²，占鹤壁市自然生态空间总面积的 8.11%；敏感区面积最小，为 125.23km²，仅占鹤壁市自然生态空间总面积的 7.00%。从空间分布上来说，敏感区和极敏感区主要集中分布在鹤壁市西部，少量分布在浚县东部；不敏感区和较敏感区主要分布在

鹤壁市中部和东部。

6.4.2　地质灾害敏感性

地质灾害敏感性是指在区域自然环境发展演化过程中，由于自然生态系统内动力、外动力或在人为作用下发生滑坡、泥石流、崩塌、地面沉降等地质灾害的可能性。其发生是其系统内部因素同外界自然或人类影响因素相互作用的结果，系统内部影响因素主要包括地形地貌、坡度、高程、土壤类型等；外界影响因素主要包括降水量、降雨强度、采矿、工程建设等。地质灾害的发生会破坏区域生态系统环境稳定性，甚至诱发生态系统退化等严重问题，对区域进行地质灾害敏感性评价对于明确地质灾害易发区，制定地质灾害预防措施具有重要意义。鹤壁市为煤炭资源型城市，在历史发展过程中，因煤炭资源的开采对区域内资源环境造成了严重破坏。因此，参考既有研究成果，结合鹤壁市实际环境特征，选取坡度、多年最大降雨强度、采煤沉陷区、距地震断裂带距离、地质灾害易发分区五个基础指标来综合表征地质灾害发生的可能性。

6.4.2.1　评价指标分级

根据地质灾害敏感性影响因子实际取值情况，在 ArcGIS 中采用自然断点法，同时定性地结合研究区实际情况，将影响因子划分为四个等级，分别表示不敏感、较敏感、敏感、极敏感，并分别赋值为 1、3、5、7。影响因子具体分级标准如表 6-21 所示。

表 6-21　地质灾害敏感性影响因子分级标准

分级标准	不敏感	较敏感	敏感	极敏感
坡度/（°）	[0，8)	[8，15)	[15，25)	[25，69.27]
多年最大降雨强度/mm	[0，220.25)	[220.25，227.84)	[227.84，235.27)	[235.27，249]
采煤沉陷区	—	—	—	是
距地震断裂带距离/km	≥5	[3，5)	[1，3)	[0，1)
地质灾害易发分区	不易发区	低易发区	中易发区	高易发区
赋值标准	1	3	5	7

6.4.2.2　评价模型

地质灾害敏感性评价公式为

$$SS_j = \sqrt[n]{\prod_{i=1}^{n} S_{ji}}$$　　　　　　　　　　　　(6-14)

式中，SS_j 为第 j 个评价单元的地质灾害敏感性指数；n 为第 j 个评价单元所包含的敏感性基础指标个数；S_{ji} 为第 j 个评价单元第 i 个评价基础指标敏感性等级值。

6.4.2.3　评价结果与分析

1）坡度

坡度是诱发滑坡、泥石流等地质灾害的重要因素之一，坡度越大，植被相对较为稀少，对土壤的保持能力越弱，在降雨、强风等外力的作用下，越容易诱发水土流失，导致滑坡、泥石流等地质灾害。坡度计算采用地理空间数据云网站下载的研究区 DEM 数据，通过 ArcGIS 坡度空间分析模块，得到鹤壁市坡度敏感性空间分布，如图 6-20 所示。

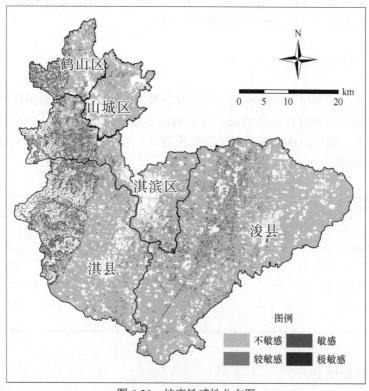

图 6-20　坡度敏感性分布图

由图 6-20 可知，鹤壁市中部、东部坡度较小，在河流周围有部分区域坡度较大；西部为山地丘陵区，坡度较陡、起伏较大，地形复杂，呈现出纵横交错的特点。

2）多年最大降雨强度

强降雨是诱发多种地质灾害的重要因素之一，短时内强降雨在陡坡、无植被覆盖区容易产生滑坡、泥石流等地质灾害，在平原地区如果排水设施较差，容易发生洪涝灾害。这里用累年月最大日降水量来表征多年最大降雨强度，以体现区域内降水对自然生态环境的最大影响程度。累年月最大日降水量数据来源于中国气象科学数据共享服务网的中国地面气候标准值数据集（1981～2010 年），选取河南省 115 个气象站点数据，河南省处于温带大陆性气候带，降雨多集中在 6～9 月，因此，选取 6～9 月最大降雨强度，通过多年平均后利用 ArcGIS 软件进行克里格空间插值，形成河南省多年最大降雨强度空间分布图，再通过裁剪形成鹤壁市多年最大降雨强度敏感性空间分布图，如图 6-21 所示。

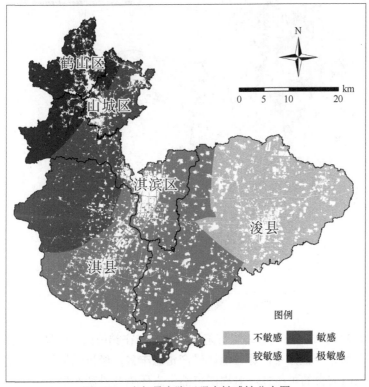

图 6-21　多年最大降雨强度敏感性分布图

由图 6-21 可知，鹤壁市 6～9 月多年最大降雨强度呈现从东向西北呈现递增的特点，在鹤山区、山城区、淇滨区的西北部最大降雨强度达到最大，淇县、浚县最大降雨强度较小。

3）采煤沉陷区

鹤壁市煤炭等矿产资源多储存在地下，鹤山区、山城区为煤炭等矿产资源开采集中区，在长期的开采过程中形成了许多采煤沉陷区。采煤沉陷区是诱发地面沉降、地表裂缝、崩塌等地质灾害的潜在动因，严重威胁着区域自然环境资源和人类社会财产安全。采煤沉陷区数据来源于鹤壁市地质灾害危险性综合分区评估图，在 ArcGIS 中通过空间校正、矢量化得到鹤壁市采煤沉陷区敏感性空间分布图，见图 6-22。

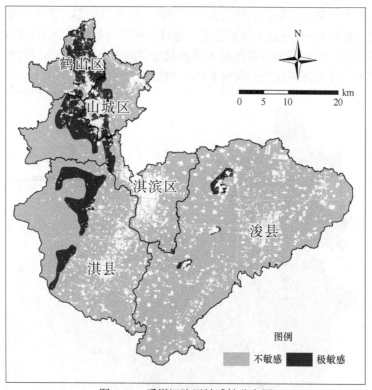

图 6-22　采煤沉陷区敏感性分布图

由图 6-22 可知，鹤壁市采煤沉陷区主要分布在鹤山区、山城区、淇滨区西北部，淇县西部有少量分布，这些地区矿产资源丰富，经过长期地表及地下开采，存在发生地质灾害的可能性，对周围自然生态环境及景观产生了巨大的威胁。

4）距地震断裂带距离

鹤壁市西部属于太行山东麓山前地带，西部处于华北平原地带，中部为山地与平原交会地带，整体处于华北平原地震带，该地震区地震频度和强度处于全国第二，仅次于青藏高原地震带。地震断裂带数据来源于鹤壁市断裂带分布图，在ArcGIS 中通过空间校正、矢量化，并通过缓冲区分析得到鹤壁市地震断裂带敏感性空间分布图，如图 6-23 所示。

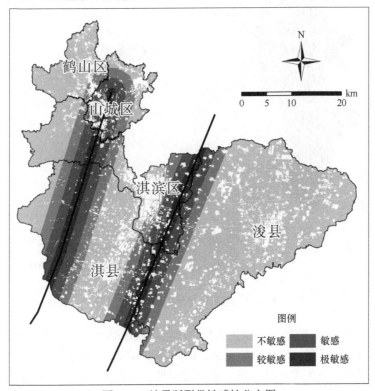

图 6-23　地震断裂带敏感性分布图

由图 6-23 可知，鹤壁市地震断裂带主要分布在鹤壁市西部和中部，西部地震断裂带贯穿山城区、淇滨区西北部和淇县西北部；中部断裂带贯穿淇滨区东部、浚县西部与淇县东部交汇处。

5）地质灾害易发分区

地质灾害易发分区在一定程度上表明区域内地质灾害的敏感性。地质灾害易发分区数据来源于鹤壁市地质灾害易发分区图，在 ArcGIS 中通过空间校正、矢量化得到鹤壁市地质灾害易发分区敏感性空间分布图，见图 6-24。

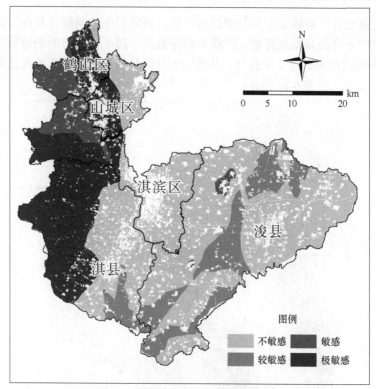

图 6-24　地质灾害分区敏感性分布图

由图 6-24 可知,鹤壁市地质灾害极敏感区和较敏感区主要分布在鹤壁市西部,该地区多为山地丘陵,地形地貌复杂,矿产资源丰富,历史上多为开采区,因此,特殊的地理环境及人类活动干扰,易引发滑坡、泥石流、地面塌陷等地质灾害。敏感区和不敏感区主要位于鹤壁市中部和东部,该地区多为平原,地势平坦,地理环境条件较好,人类活动影响较弱,不易诱发地质灾害。

6）地质灾害敏感性评价

按照地质灾害敏感性评价模型,运用 GIS 空间叠加分析功能,将上述单因子影响图层在 ArcGIS 中进行叠加运算,得到地质灾害敏感性指数,并将地质灾害敏感性指数分为四级,具体分级标准见表 6-22,地质灾害敏感性分布见图 6-25,地质灾害敏感性面积情况见表 6-23。

表 6-22　地质灾害敏感性分级标准

分级标准	不敏感	较敏	敏感	极敏感
地质灾害敏感性指数	[0, 2)	[2, 4)	[4, 6)	[6, 8]

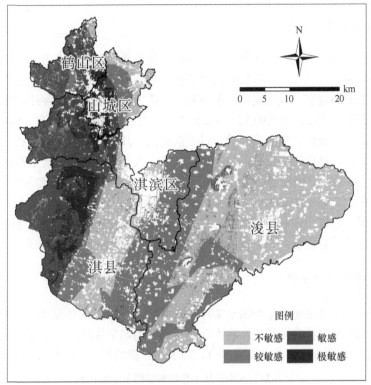

图 6-25　地质灾害敏感性分布图

表 6-23　地质灾害敏感性面积情况表

级别	敏感性	面积/km²	比例/%
1	不敏感	721.10	40.34
2	较敏感	568.37	31.79
3	敏感	379.37	21.22
4	极敏感	118.94	6.65

由图 6-25 和表 6-23 可知，鹤壁市地质灾害敏感性以不敏感区和较敏感区为主，面积分别为 721.10km² 和 568.37km²，分别占鹤壁市自然生态空间总面积的40.34%和31.79%；其次是敏感区，面积为 379.37km²，占鹤壁市自然生态空间总面积的 21.22%；极敏感区面积最小，为 118.94km²，仅占总面积的 6.65%。从空间分布上来说，不敏感区和较敏感区主要集中分布在鹤壁市中部和东部，呈现相互交叉分布的特点；敏感区和极敏感区主要分布在鹤壁市西部山区，其中极敏感区主要分布在淇县北部和山城区北部区域。

6.4.3 人为干扰敏感性

人为干扰敏感性是指在人类社会经济活动等外界因素影响作用下，自然生态系统遭受到破坏而产生生态环境问题的可能性。随着人类科技的进步和生产力的不断发展，人类利用自然、改造自然、影响自然的能力不断提升，这种外力的作用远远超过自然因素的干扰。人类的生产发展离不开自然资源的利用、开发，包括水资源、土地资源、矿产资源、生物资源等，过度的利用、开发将破坏区域自然生态系统的结构和稳定性，造成不可逆转的生态环境问题。人类干扰影响因素主要有社会经济发展因素、农业生产因素等。明确人类社会经济发展活动范围、资源开发利用方式，对于合理制定自然生态系统保护措施具有重要意义。因此，参考现有人为干扰敏感性评价成果，选取土地利用强度综合指数、距城镇、村庄距离、距交通道路距离三个基础指标来综合表征人为干扰因素对自然生态环境的影响。

6.4.3.1 评价指标分级

根据人为干扰敏感性影响因子实际取值情况，在 ArcGIS 中采用自然断点法，同时定性地结合研究区实际情况，将影响因子划分为四个等级，分别表示不敏感、较敏感、敏感、极敏感，并分别赋值为 1、3、5、7。影响因子具体分级标准见表 6-24。

表 6-24　人为干扰敏感性影响因子分级标准

分级标准	不敏感	较敏感	敏感	极敏感
土地利用强度综合指数	100	200	300	400
距城镇、村庄距离/m	≥1000	[500，1000)	[300，500)	[0，300)
距交通道路距离/m	≥500	[300，500)	[100，300)	[0，100)
赋值标准	1	3	5	7

6.4.3.2 评价模型

人为干扰敏感性评价公式为

$$\mathrm{FF}_j = \sqrt[n]{\prod_{i=1}^{n} F_{ji}} \qquad (6\text{-}15)$$

式中，FF_j 为第 j 个评价单元的人为干扰敏感性指数；n 为第 j 个评价单元所包含的敏感性基础指标个数；F_{ji} 为第 j 个评价单元第 i 个评价基础指标敏感性等级值。

6.4.3.3 评价结果与分析

1）土地利用强度综合指数

人类对土地资源的影响主要是通过对土地资源的利用方式体现。依据庄大方

和刘纪远（1997）提出的土地利用强度综合指数计算模型，可以很好地反映区域内人类活动对自然生态资源的影响。其计算公式为

$$L_m = 100 \times \sum_{i=1}^{n} A_i \times C_i \qquad (6\text{-}16)$$

式中，L_m 为研究区土地利用强度综合指数；A_i 为研究区第 i 级土地利用强度分级指数，这里依据自然生态空间类型确定其分级指数，具体分级情况见表 6-25；C_i 为第 i 级自然生态空间类型面积占总面积的比例；n 为分级数。

表 6-25 土地利用强度分级指数表

自然生态空间类型	荒漠地、特殊生态用地、湿地	林地、草地、水域	耕地、园地	人工水面、生态基础设施空间、城市绿色空间
分级指数	1	2	3	4

在 ArcGIS 中按照公式对已划定的自然生态空间进行计算得到鹤壁市土地利用强度综合指数敏感性空间分布图，如图 6-26 所示。

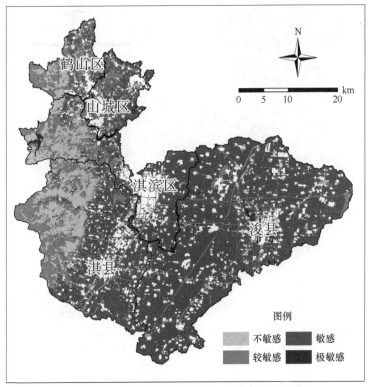

图 6-26 土地利用强度综合指数敏感性分布图

由图 6-26 可知，受人类活动干扰极为强烈的自然生态空间主要分布在县区城镇周边，这些区域多为城市绿色空间、生态基础设施空间和人工水面等；受人类活动干扰较为强烈的自然生态空间主要分布在鹤壁市中部和东部，这些地区主要为耕地和园地等；受人类活动干扰较少的区域主要分布在鹤壁市西部山区，这些地区主要为荒漠地和湿地等，距离城镇较远。

2）距城镇、村庄距离

城镇、村庄是人口密度较高的区域，承载着人类的生产、生活等各种活动，一定程度上距离城镇、村庄越近，人类活动越为频繁，对自然生态系统干扰越为强烈。城镇、村庄数据来源于 2015 年土地利用变更调查数据库，在 ArcGIS 软件中通过缓冲区分析和空间叠加分析，得到鹤壁市自然生态空间距城镇、村庄距离敏感性空间分布图，如图 6-27 所示。

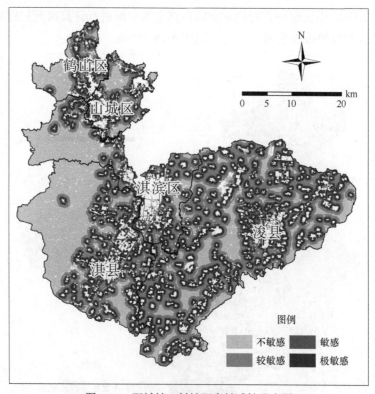

图 6-27　距城镇、村镇距离敏感性分布图

由图 6-27 可知，由于城镇社会、经济的发展，县区城镇周边自然生态空间受到人类活动干扰较为强烈，并呈现从县区城镇向四周逐渐减少的趋势，干扰较为强烈的区域主要分布在鹤壁市中部和东部，西部属于山区地带，社会经济活动较少，受人类活动干扰较弱。

3）距交通道路距离

交通道路是连接各个城镇、村庄之间的桥梁，对城市的布局结构、社会经济发展、人口分布和土地利用方式都有一定的影响，一定程度上交通道路的修建破坏了区域斑块的完整性，进而造成区域景观格局的破坏。同时，距交通道路越近，人类社会生产、生活等活动越密切，干扰越强烈。交通道路数据来源于鹤壁市综合交通规划图，通过空间校正、矢量化得到鹤壁市主要交通道路，在 ArcGIS 中通过缓冲区分析和空间叠加分析，得到鹤壁市自然生态空间距交通道路距离敏感性空间分布图，见图 6-28。

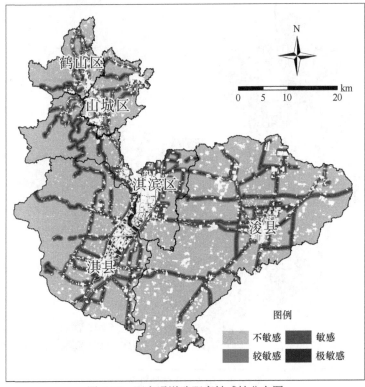

图 6-28　距交通道路距离敏感性分布图

由图 6-28 可知,鹤壁市交通道路主要分布在中部,连接淇滨区、淇县主城区,向西连接山城区、鹤山区,向东连接浚县,西部山区分布较少,呈现出一轴两翼、纵横交错的特点。

4)人为干扰敏感性评价

按照人为干扰敏感性评价模型,运用 GIS 空间叠加分析功能,将上述单因子影响图层在 ArcGIS 中进行叠加运算,得到人为干扰敏感性指数,并将人为干扰敏感性指数分为四级,具体分级标准如表 6-26 所示,人为干扰敏感性分布如图 6-29 所示。

表 6-26　人为干扰敏感性分级标准

分级标准	不敏感	较敏	敏感	极敏感
人为干扰敏感性指数	[0,2)	[2,4)	[4,6)	[6,8]

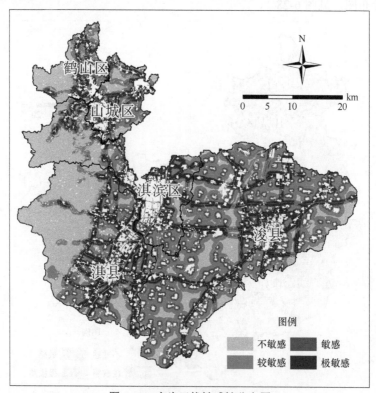

图 6-29　人为干扰敏感性分布图

由图 6-29 和表 6-27 可知，鹤壁市人为干扰敏感性以不敏感区和较敏感区为主，面积分别为 492.10km² 和 600.54km²，分别占鹤壁市自然生态空间总面积的 27.53% 和 33.59%；其次是极敏感区，面积为 375.78km²，占鹤壁市自然生态空间总面积的 21.02%；敏感区面积最小，为 319.36km²，占鹤壁市自然生态空间总面积的 17.86%。从空间分布上来说，不敏感区主要集中分布在西部山区地带，该地区受人类社会经济活动干扰较少。较敏感区主要集中分布在鹤壁市中部和东部；敏感区零星分布在村庄周边；极敏感区主要集中分布在县区城镇周边和交通主干道沿侧，这些地区受人类社会经济活动干扰较大。

表 6-27　人为干扰敏感性面积情况表

级别	敏感性	面积/km²	比例/%
1	不敏感	492.10	27.53
2	较敏感	600.54	33.59
3	敏感	319.36	17.86
4	极敏感	375.78	21.02

6.4.4　生态环境敏感性综合评价

6.4.4.1　评价模型

基于研究区实际自然地理条件和现实生态环境状况，考虑到数据获取难易程度以及是否能够反映出研究区典型生态环境敏感性，分别选取了土壤侵蚀敏感性、地质灾害敏感性、人为干扰敏感性进行分析。在单一生态环境敏感性评价的基础上，为了能够充分反映每个地类图斑的生态环境敏感性，将遵循底线思维，借鉴木桶理论，采用极大值法对生态环境敏感性进行综合评价，每个地类图斑所体现的生态环境敏感性不会因为其他生态环境敏感性的影响而叠加或抵消。具体公式为

$$EAI_j = \max(EA_{ij}) \tag{6-17}$$

式中，EAI_j 为第 j 个评价单元的生态环境敏感性得分；EA_{ij} 为第 i 个生态环境敏感性第 j 个评价单元的得分。

6.4.4.2　评价结果与分析

按照自然生态空间生态环境敏感性综合性评价模型，采用 GIS 空间分析功能，将土壤侵蚀敏感性、地质灾害敏感性、人为干扰敏感性空间分布图进行叠加分析，得到生态环境敏感性指数，并按照分级标准，将其分为四级，分别表示不敏感、较敏感、敏感、极敏感。具体空间分布和面积见图 6-30 和表 6-28，鹤壁市各县区

生态敏感性面积对比见图 6-30。

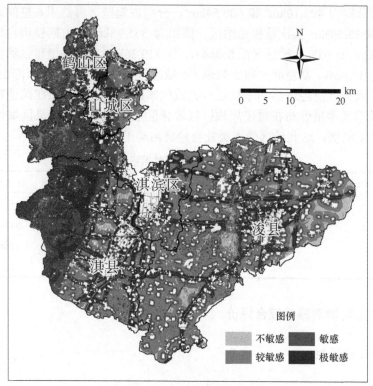

图 6-30　生态环境敏感性分布图

表 6-28　生态环境敏感性分级及面积情况表

分级标准	鹤山区		山城区		淇滨区		淇县		浚县		总计	
	面积 /km²	比例 /%	面积 /km²	比例 /%	面积 /km²	比例 /%	面积 /km²	比例 /%	面积 /km²	比例 /%	面积 /km²	比例 /%
不敏感	8.62	8.16	11.04	10.90	7.87	2.87	14.23	2.87	71.47	8.82	113.23	6.34
较敏感	17.30	16.37	32.48	32.08	53.01	19.38	92.96	18.71	360.49	44.48	556.24	31.11
敏感	36.49	34.54	21.99	21.72	106.89	39.07	165.73	33.36	192.20	23.71	523.30	29.27
极敏感	43.25	40.93	35.74	35.30	105.83	38.68	223.82	45.06	186.37	22.99	595.01	33.28
合计	105.66	100	101.25	100	273.60	100	496.74	100	810.53	100	1787.78	100

　　由表 6-28 可知，鹤壁市生态环境敏感性主要以极敏感区为主，其面积为595.01km²，占鹤壁市自然生态空间总面积的 33.28%。主要分布在鹤壁市县区城镇周边、交通主干道沿侧和西部山区地带。其中淇滨区、淇县和浚县城镇周边生态环境敏感性类型主要为人为干扰敏感性；山城区、鹤山区处于采煤沉陷区内和地质灾害高易发区，其城镇周边生态环境敏感性类型主要为地质灾害敏感性和人

为干扰敏感性；交通主干道沿侧主要为人为干扰敏感性；西部山区地形起伏度大、地势复杂、地表覆被中荒漠地占很大一部分，其生态环境敏感性主要以地质灾害敏感性、土壤侵蚀敏感性为主。因此，该地区为鹤壁市生态脆弱区，需要进行严格的保护，并进行综合整治，系统修复，维护生态系统稳定性。较敏感区面积为 556.23km²，占鹤壁市自然生态空间总面积的 31.11%，仅次于极敏感区。主要分布在鹤壁市中部和东部的乡村地带，该地区位于平原地带，覆被主要为耕地和林地。其生态环境敏感性类型主要为地质灾害敏感性和人为干扰敏感性。敏感区面积为 523.30km²，占鹤壁市自然生态空间总面积的 29.27%。主要分布在鹤壁市西部山区，其生态环境敏感性类型主要为地质灾害敏感性和土壤侵蚀敏感性，该地区位于生态极敏感区的外围地带，处于极敏感区和较敏感区接壤地带。因此，应该进一步有针对性地进行生态治理，避免生态环境问题进一步恶化。不敏感区面积较小，为 113.23km²，占鹤壁市自然生态空间总面积的 6.33%。不敏感区主要分布在浚县中部和东部距离城镇、村庄偏远的地带，该地区受人类活动干扰较少。

分县区来看，鹤山区自然生态空间生态环境敏感性主要以极敏感区和敏感区为主，其面积分别为 43.25km² 和 36.49km²，共占鹤山区自然生态空间面积的 75.47%；空间上极敏感区主要分布在鹤山区北部和东南部地区，这些地区主要位于鹤山区城区及其周边和主要交通干线沿侧，生态环境敏感性主要以人为干扰敏感性和地质灾害敏感性为主，主要是由于鹤山区分布有较多的煤矿开采区，在长期的煤炭开采过程中，地表景观环境和建筑遭受到了严重的破坏，较易诱发地质灾害。

山城区自然生态空间生态环境敏感性主要以较敏感区和极敏感区为主，其面积分别为 32.48km² 和 35.74km²，共占山城区自然生态空间面积的 67.38%；空间上极敏感区主要分布在山城区西部城区和东部石林镇周边，其生态环境敏感性主要以人为干扰敏感性和地质灾害敏感性为主，同鹤山区类似，山城区工业区和煤炭开采区分布较多，对生态环境造成了较为严重的影响。

淇滨区自然生态空间生态环境敏感性主要以敏感区和极敏感区为主，其面积分别为 106.89km² 和 105.83km²，共占淇滨区自然生态空间面积的 77.75%；空间上极敏感区主要分布在淇滨区同鹤山区和山城区接壤地带和淇滨区主城区周边，淇滨区北部同鹤山区和山城区一样，分布有较多煤矿开采区和工业区，地质灾害问题较为严重，淇滨区主城区为鹤壁市经济发展中心，人口众多，对周边生态环境干扰较为强烈，主要表现为人为干扰敏感性。

淇县自然生态空间生态敏感性主要以敏感区和极敏感区为主，其面积分别为 165.73km² 和 223.82km²，共占淇县自然生态空间面积的 78.42%；空间上极敏感区主要分布在淇县西部山区地带，主要表现为土壤侵蚀敏感性和地质灾害敏感性，主要是由于该地区海拔相对较高，多山地和丘陵，地形起伏度大，较易发生土壤流失和滑坡、泥石流等地质灾害。

浚县自然生态空间生态环境敏感性主要以较敏感区为主，其面积为360.49km²，占比达到淇县自然生态空间面积的 44.48%；敏感区和极敏感区面积合计为 378.57km²，占比达到 46.71%，主要表现为人为干扰敏感性，空间上主要分布在浚县城镇周边和主要交通干线沿侧。

6.5　鹤壁市自然生态空间保护重要性综合评价

对自然生态空间进行保护要保护具有重要生态系统服务功能的区域，保障其生态系统结构稳定性，维护其生态系统服务功能不被人类社会经济发展所破坏；同时还要保护易发生生态问题的生态环境敏感区，对其进行整体保护、综合整治、系统修复，维护区域生态安全。因此，基于生态系统服务功能重要性评价和生态环境敏感性评价结果，采用 GIS 空间分析法，在 ArcGIS 中进行叠加分析，继而根据极大值法评价模型，得到鹤壁市自然生态空间保护重要性指数，并按照分级标准，将其划分为不重要、较重要、重要、极重要四个等级，得到其空间分布图和面积情况表，见图 6-31 和表 6-29，鹤壁市各县区自然生态空间保护重要性面积对比见图 6-31。

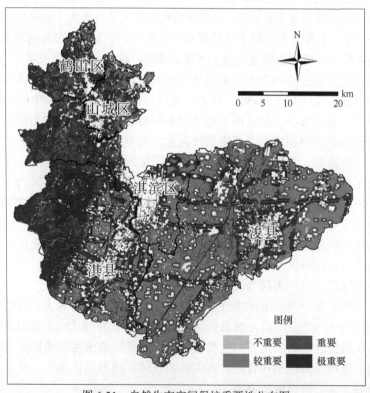

图 6-31　自然生态空间保护重要性分布图

表 6-29 自然生态空间保护重要性分级及面积情况表

分级标准	鹤山区		山城区		淇滨区		淇县		浚县		总计	
	面积/km²	比例/%	面积/km²	比例/%	面积/km²	比例/%	面积/km²	比例/%	面积/km²	比例/%	面积/km²	比例/%
不重要	3.76	3.56	4.92	4.86	7.00	2.56	4.67	0.94	21.10	2.60	41.45	2.32
较重要	6.14	5.81	21.65	21.38	40.81	14.92	74.71	15.04	354.99	43.80	498.30	27.87
重要	21.03	19.90	13.96	13.79	66.13	24.17	95.86	19.30	178.02	21.96	375.00	20.98
极重要	74.74	70.73	60.72	59.97	159.65	58.35	321.51	64.72	256.41	31.63	873.03	48.83
合计	105.67	100	101.25	100	273.59	100	496.75	100	810.52	100	1787.78	100

由表 6-29 可知，鹤壁市自然生态空间保护重要性属于极重要等级的最多，其面积为 873.03km²，占鹤壁市自然生态空间总面积的 48.83%；空间上主要分布在鹤壁市西部山区，该地区分布有极重要的生态资源，具有较高的生态系统服务价值；同时，该地区也是生态环境敏感区，容易受到外界干扰因素影响而诱发一系列生态问题。因此，对于该地区应该实行严格的生态管控措施，保障鹤壁市生态安全格局。鹤壁市自然生态空间保护重要性属于重要等级的自然生态空间面积为 375.00km²，占鹤壁市自然生态空间总面积的 20.98%；从空间分布上来说，主要位于西部山区极重要等级区的外围和鹤壁市中部、东部村镇周边地区，位于西部山区的主要体现为生态系统服务功能重要性和生态环境敏感性双重保护重要性，位于中部、东部村镇周边地区的主要体现为生态环境敏感性保护重要性。鹤壁市自然生态空间保护重要性属于较重要等级的自然生态空间面积为 498.30km²，仅次于极重要等级保护区，占鹤壁市自然生态空间总面积的 27.87%；从空间分布上来说，主要位于鹤壁市中部丘陵和东部平原地带。鹤壁市自然生态空间保护重要性属于不重要等级的自然生态空间面积最小，仅为 41.45km²，占鹤壁市自然生态空间总面积的 2.32%；空间分布上主要位于浚县中部和东部距离城镇、村庄较远的区域。

分县区来看，鹤山区自然生态空间保护重要性主要以极重要等级为主，其面积为 74.74km²，占比达到鹤山区自然生态空间总面积的 70.73%，远远高于其他四个县区的比例，空间上以鹤山区西部和东南部分布较为集中，鹤山区西部表现出较高的生态系统服务功能重要性，东南部则表现为较高的生态环境敏感性。

山城区自然生态空间保护重要性主要以极重要等级为主，其面积为 60.72km²，占比达到山城区自然生态空间总面积的 59.97%，仅次于鹤山区和淇县的比例，空间上主要分布在山城区东部地区，主要表现为较高的生态环境敏感性。

淇滨区自然生态空间保护重要性主要以极重要等级为主，其面积为 159.65km²，占比达到淇滨区自然生态空间总面积的 58.35%，空间上主要分布在淇滨区西部山区和东部城区周边，西部山区主要表现出较高的生态系统服务功能重要性，城区周边则体现为较高的生态环境敏感性。

淇县自然生态空间保护重要性主要以极重要等级为主，其面积为321.51km^2，占比达到淇县自然生态空间总面积的64.72%，仅次于鹤山区的比例，空间上主要集中分布在淇县西部山区和东部城镇周边，西部山区体现为较高的生态系统服务功能重要性和生态环境敏感性，东部城镇周边体现为较高的生态环境敏感性。

浚县自然生态空间保护重要性主要以较重要等级为主，其面积为354.99km^2，占比达到淇县自然生态空间总面积的43.80%，极重要等级面积为256.41km^2，极重要等级地区主要体现为较高的生态环境敏感性。

第7章　面向生态管控导向的自然生态空间优化研究

在自然生态空间保护重要性评价研究的基础上开展自然生态空间分区研究，制定符合研究区实际管控需要的分区方案，明确各个分区主导生态系统服务功能及存在的主要生态问题，合理制定生态保护和修复措施，对于维护区域生态系统稳定，保障区域生态安全格局，促进区域可持续发展具有重要意义。本章将在自然生态空间保护重要性评价研究结果的基础上，采用三维魔方和热点分析相结合的方法，开展自然生态空间分区研究，旨在为区域自然生态空间的宏观调控和精细化管理提供理论与实践的借鉴。

7.1　自然生态空间分区概述

自然生态空间分区是指在明晰区域自然生态系统特征与问题的基础上，依据其受胁迫的过程与效应，考虑生态系统服务功能重要性及生态环境敏感性在空间上的相似性和异质性，将区域自然生态空间划分为不同生态保护区的过程。

依据其内涵，在进行自然生态空间分区时，要充分考虑研究区自然生态系统的实际特点与存在的主要生态问题，同时也应考虑区域自然环境本底条件、社会经济发展状况和人与自然和谐发展的关系。在尊重自然、顺应自然、保护自然的同时，寻求生态保护和人类社会经济发展和谐共生的契合，为区域社会经济发展提供生态支撑力，实现区域可持续发展。

7.2　自然生态空间分区模型构建

当前，对自然生态空间进行分区的方法主要有三种，第一种是定性分析法，即研究者依据自身的专业和经验基础，在对研究区自然资源、社会经济发展等概况进行全面了解的基础上进行分区，该方法对基础资料及数据要求较少，但存在一定主观性，需要良好的经验和专业基础。第二种是定量分析法，主要包括 GIS 空间分析法、指标体系分区法、主成分分析法、SOFM 神经网络分区法、聚类分析法等方法。定量分析法需要完备的基础资料及数据予以支撑，分区结果较为客观。第三种是最为常见的方法，即定性与定量相结合的分区方法，该方法对于基础资料及数据要求较为详细，在参照定量分区的基础上，依据研究区实际情况及管理需要定性地对分区进行进一步调整，具有一定的灵活性。

因此，考虑到分区对象和分区的空间尺度，根据自然生态空间分区内涵及原

则，服务于市县级自然生态空间管控及保护的实际需要，以第 6 章自然生态空间
生态系统服务功能重要性评价、生态环境敏感性评价及自然生态空间保护重要性
评价为基础，采用 GIS 空间分析及三维魔方相结合的方法，确定自然生态空间分
区主导生态系统服务功能和主要生态环境问题，同时通过热点分析，进一步确定
生态重要区、生态环境敏感区聚集区域和分区边界，且自下而上地形成鹤壁市自
然生态空间保护分区。

7.2.1　三维魔方模型构建

　　三维魔方法是通过构建三维空间坐标系，将二维平面矩阵中的点相互组合，
扩展到三维空间内。其实质是对 GIS 叠加分析过程中某一属性值的空间展示，即
构建的 X、Y、Z 轴分别代表生态系统服务功能重要性评价中的水源涵养、土壤保
持和生物多样性保护功能评价得分，以及生态环境敏感性评价中的土壤侵蚀、地
质灾害和人为干扰敏感性评价得分。并根据重要性和敏感性评价得分结果，在 X、
Y、Z 轴上分别标出 1、3、5、7 四个点，并以这四个点形成 4×4×4 的三维魔方，
得到 64 种组合情况。再根据极大值法，确定每种组合情况下的主导生态系统服务
功能和主要生态环境问题。

7.2.2　热点分析模型构建

　　自然生态空间分区需体现各分区之间的空间异质性，而热点分析模型可以应
用于空间要素的分布差异研究。从根本上来说，热点分析模型基于地理学第一定
律的思想，即空间上任何要素与其他要素都存在一定关系，相近的要素联系可能
更为紧密。后来进一步体现为空间自相关的思想，即地理事物或属性在空间分布
上互为相关，存在集聚、随机、规则分布的特征。采用热点分析法，分析生态系
统服务功能重要性和生态环境敏感性属性值的"热点"和"冰点"，可以揭示自然
生态空间要素的聚集程度，从而定量判读生态系统服务功能重要性和生态环境敏
感性在空间上是否存在聚集特征和其聚集的空间分异规律。

　　热点分析可以通过 ArcGIS 中的热点分析（Getis-Ord Gi*）功能实现。通过该
功能可以得到空间要素属性值的 Z 值和 P 值，其中 Z 值表示标准差的倍数，Z 值
的绝对值越大，表明聚集越集中，相反 Z 值绝对值越接近于零，则表明不存在显
著的空间聚集特征，空间要素呈现随机分布的特点。如果 Z 值为正，表明存在空
间要素属性值的高值聚集类型，如果 Z 值为负，则表明存在空间要素属性值的低
值聚集类型。P 值表示概率，即空间要素的分布是由某一随机过程创建而成的概
率。通过对 Z 值和 P 值的判读可以确定具有统计学意义上的空间要素高值和低值

的空间聚类区域。

热点分析的具体计算公式为

$$Gi^* = \frac{\sum_{j=1}^{n} w_{i,j} x_j - \bar{X} \sum_{j=1}^{n} w_{i,j}}{S \sqrt{\dfrac{n \sum_{j=1}^{n} w_{i,j}^2 - \left(\sum_{j=1}^{n} w_{i,j} \right)^2}{n-1}}} \tag{7-1}$$

$$\bar{X} = \frac{\sum_{j=1}^{n} x_j}{n} \tag{7-2}$$

$$S = \sqrt{\frac{\sum_{j=1}^{n} x_j^2}{n} - (\bar{X})^2} \tag{7-3}$$

式中，i 为中心要素；j 为邻域内的所有要素；x_j 为邻域内第 j 个要素的属性值；$w_{i,j}$ 为要素 i 和 j 之间的空间距离；n 为邻域内的要素总数（相当于样本容量）；$\bar{X}$ 为平均值；S 为标准差。

7.3　鹤壁市自然生态空间分区

基于自然生态空间生态系统服务功能重要性评价结果和生态环境敏感性评价结果，采用三维魔方模型确定每个分区单元的主导生态系统服务功能和主要生态环境问题，通过热点分析模型确定自然生态空间要素的空间聚集区域，从而确定各分区的初步边界，采用自下而上逐级合并的程序将分区单元逐步合并形成自然生态空间分区和生态防护修复区，最后基于自然生态空间保护重要性热点分析将自然生态空间分区和生态防护修复区进一步合并，初步形成自然生态空间保护分区，确定分区名称，针对不同分区制定分区管制及修复措施。

7.3.1　生态系统服务功能分区主导功能及边界确定

将生态系统服务水源涵养、土壤保持、生物多样性保护功能重要性评价图层在 ArcGIS 中进行空间叠加分析，生成生态系统服务功能分区单元，采用三维魔方模型表示出每一个分区单元的功能组合类型，共计 64 种组合类型，分区单元主导功能采取极大值法确定，即分区单元某一功能评价分值最高即为该分区单元主导功能，具体见表 7-1，分区单元主导功能空间分布见图 7-1。将生态系统服务功能重要性综合评价图层在 ArcGIS 中进行热点分析，得到各种功能组合类型在空间上的高值聚集区和低值聚集区，具体空间分布见图 7-2。

表 7-1 生态系统服务功能组合类型及其主导功能表

魔方图类型	主导功能
(3，1，1)(5，1，1)(5，1，3)(5，3，1)(5，3，3)(7，1，1)(7，1，3)(7，1，5)(7，3，1)(7，3，3)(7，3，5)(7，5，1)(7，5，3)(7，5，5)	水源涵养
(1，3，1)(1，5，1)(1，5，3)(1，7，1)(1，7，3)(1，7，5)(3，5，1)(3，5，3)(3，7，1)(3，7，3)(3，7，5)(5，7，1)(5，7，3)(5，7，5)	土壤保持
(1，1，3)(1，1，5)(1，1，7)(1，3，5)(1，3，7)(1，5，7)(3，1，5)(3，1，7)(3，3，5)(3，3，7)(3，5，7)(5，1，7)(5，3，7)(5，5，7)	生物多样性保护
(3，3，1)(5，5，1)(5，5，3)(7，7，1)(7，7，3)(7，7，5)	水源涵养、土壤保持
(1，3，3)(1，5，5)(1，7，7)(3，5，5)(3，7，7)(5，7，7)	土壤保持、生物多样性保护
(3，1，3)(5，1，5)(5，3，5)(7，1，7)(7，3，7)(7，5，7)	水源涵养、生物多样性保护
(1，1，1)(3，3，3)(5，5，5)(7，7，7)	水源涵养、土壤保持、生物多样性保护

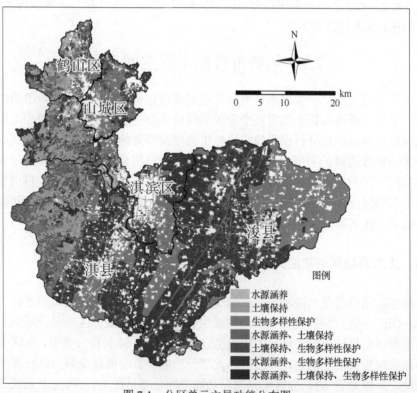

图 7-1 分区单元主导功能分布图

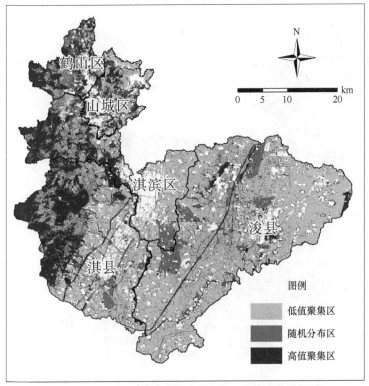

图7-2　分区单元生态系统服务功能重要性热点分析图

　　由图 7-1 和图 7-2 可知,鹤壁市西部山区生态系统服务功能组合种类较为多样化,基本上包括了所有的功能组合类型,主要有水源涵养单一功能区、土壤保持单一功能区、生物多样性保护单一功能区、水源涵养和土壤保持复合功能区、土壤保持和生物多样性保护复合功能区,该地区主要为生态系统服务功能重要性的高值聚集区,在高值聚集区外围分布有少量随机分布区。鹤壁市中部和西部地区主要分布有生物多样性保护单一功能区、水源涵养和生物多样性保护复合功能区,该地区主要为低值聚集区,在河流周围分布有少量高值聚集区。

　　依据图 7-1 和图 7-2,对分区单元主导功能进行进一步合并,得到鹤壁市生态系统服务功能重要性初步分区图,各个分区主导功能及其空间分布见图7-3。

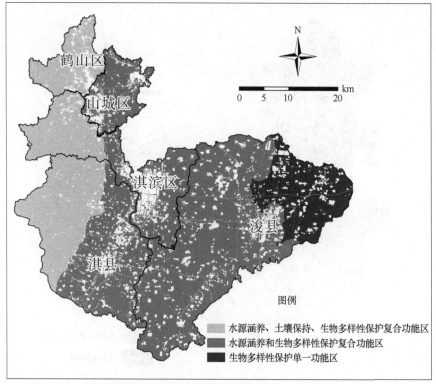

图 7-3　生态系统服务功能重要性初步分区图

7.3.2　生态环境敏感性分区主要生态问题及边界确定

　　将生态环境敏感性土壤侵蚀、地质灾害、人为干扰评价结果图层在 ArcGIS 中进行空间叠加分析，生成生态环境敏感性分区单元，采用三维魔方模型表示出每一个分区单元的敏感性组合类型，共计 64 种组合类型，分区单元主要敏感性采取极大值法确定，即分区单元某一敏感性评价分值最高即为该分区单元主要敏感性，具体如表 7-2 所示，分区单元主要敏感性空间分布如图 7-4 所示。将生态环境敏感性综合评价图层在 ArcGIS 中进行热点分析，得到各种敏感性组合类型在空间上的高值聚集区和低值聚集区，具体空间分布如图 7-5 所示。

表 7-2　生态环境敏感性组合类型及其主要敏感性表

魔方图类型	主要敏感性
（3，1，1）（5，1，1）（5，1，3）（5，3，1）（5，3，3）（7，1，1） （7，1，3）（7，1，5）（7，3，1）（7，3，3）（7，3，5）（7，5，1） （7，5，3）（7，5，5）	土壤侵蚀

续表

魔方图类型	主要敏感性
(1, 3, 1) (1, 5, 1) (1, 5, 3) (1, 7, 1) (1, 7, 3) (1, 7, 5) (3, 5, 1) (3, 5, 3) (3, 7, 1) (3, 7, 3) (3, 7, 5) (5, 7, 1) (5, 7, 3) (5, 7, 5)	地质灾害
(1, 1, 3) (1, 1, 5) (1, 1, 7) (1, 3, 5) (1, 3, 7) (1, 5, 7) (3, 1, 5) (3, 1, 7) (3, 3, 5) (3, 3, 7) (3, 5, 7) (5, 1, 7) (5, 3, 7) (5, 5, 7)	人为干扰
(3, 3, 1) (5, 5, 1) (5, 5, 3) (7, 7, 1) (7, 7, 3) (7, 7, 5)	土壤侵蚀、地质灾害
(1, 3, 3) (1, 5, 5) (1, 7, 7) (3, 7, 7) (5, 7, 7)	地质灾害、人为干扰
(3, 1, 3) (5, 1, 5) (5, 3, 5) (7, 1, 7) (7, 3, 7) (7, 5, 7)	土壤侵蚀、人为干扰
(1, 1, 1) (3, 3, 3) (5, 5, 5) (7, 7, 7)	土壤侵蚀、地质灾害、人为干扰

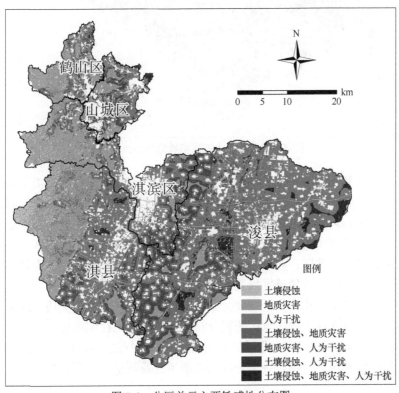

图 7-4　分区单元主要敏感性分布图

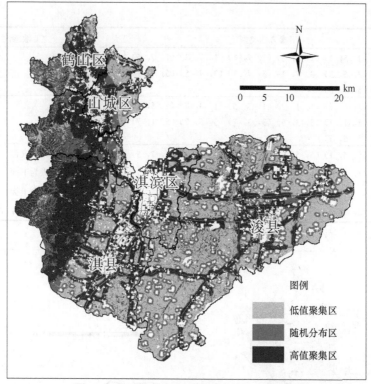

图 7-5　分区单元生态环境敏感性热点分析图

　　由图 7-4 和图 7-5 可知，鹤壁市西部山区生态环境敏感性组合类型主要有土壤侵蚀单一敏感区、地质灾害单一敏感区、土壤侵蚀和地质灾害复合敏感区，该地区主要为生态环境敏感性的高值聚集区，在高值聚集区外围分布有少量随机分布区。鹤壁市中部主要为人为干扰单一敏感区、地质灾害单一敏感区、人为干扰和地质灾害复合敏感区；鹤壁市东部主要为人为干扰单一敏感区，少量分布有地质灾害和人为干扰复合敏感区以及土壤侵蚀、地质灾害和人为干扰复合敏感区。中部和西部地区的高值聚集区主要分布在城镇周边区域和主要交通干线沿侧；低值聚集区主要分布在乡村区域；随机分布区主要分布在村镇周边。

　　依据图 7-4 和图 7-5，对分区单元主要敏感性进行进一步合并，得到鹤壁市生态环境敏感性初步分区图，各个分区主要敏感性及其空间分布如图 7-6 所示。

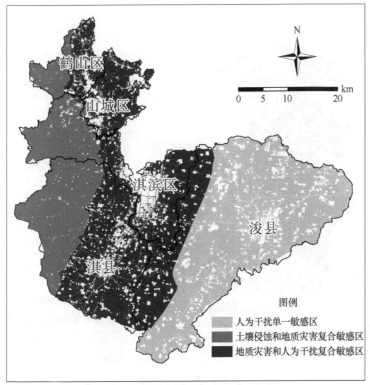

图 7-6　生态环境敏感性初步分区图

7.3.3　自然生态空间分区方案及边界确定

　　确定自然生态空间分区及边界是一个系统综合的过程，需要考虑多种影响因素。在生态系统服务功能初步分区和生态环境敏感性初步分区结果的基础上，我们考虑了鹤壁市地形、地貌、坡度、气候、植被等自然地理条件和《鹤壁市城市总体规划（2007—2020 年）》《鹤壁市土地利用总体规划（2010—2020 年）》以及鹤壁市空间发展格局等社会经济条件，同时突出鹤壁市为资源型城市这一特点，着力解决其历史发展中遗留下来的地表沉陷、裂缝、环境污染、缘矿建镇等问题。确定了鹤壁市自然生态空间分区方案，具体分区方案见图 7-7，鹤壁市自然生态空间保护分区面积情况见表 7-3。

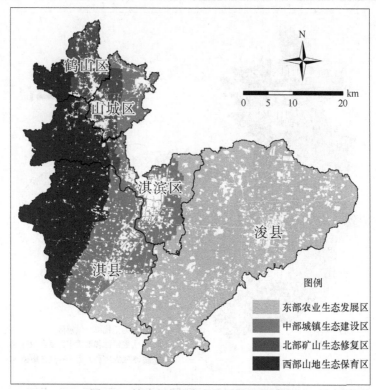

图 7-7　鹤壁市自然生态空间保护分区图

表 7-3　鹤壁市自然生态空间保护分区面积情况表

分区名称	面积/km²	比例/%
西部山地生态保育区	424.38	23.74
中部城镇生态建设区	322.45	18.03
东部农业生态发展区	923.56	51.66
北部矿山生态修复区	117.39	6.57

　　西部山地生态保育区：该区主要位于鹤壁市西部，分布在鹤山区西部、淇滨区西部和淇县西部，区域总面积为 424.38km²，占自然生态空间总面积的 23.74%。区内海拔主要在 400～959m，土壤类型以褐土和粗骨土为主，地形地貌主要以中高山和山地丘陵为主，地形起伏度较大，坡度较为陡峭，沟谷纵横交错。区内自然生态空间类型主要以林地和荒漠地为主，分布有少量河流和水库，鹤壁市主干河流淇河上游位于该区内。区内动植物资源丰富，森林覆盖度较高，分布有淇河鲫鱼国家级水产种质资源保护区、云梦山国家级森林公园、淇河国家级湿地公园和黄庙沟森林公园等五处省级森林公园，具有极其重要的生态价值。区内生态系统服务功能较为完备，水源涵养、土壤保持、生物多样性保护评价结果均为极重

要程度。但由于该处地形起伏度较大、坡度陡峭、降水量较为丰富、未利用的荒漠地较多、毁林开荒和乱砍滥伐问题严重，导致区内土壤侵蚀和山体滑坡、泥石流等地质灾害问题较为严重，同时该地区位于华北平原地震带，进一步增加了地质灾害的危险性。该区作为鹤壁市生态资源重要区和生态系统脆弱区，应该进行重点保护，从而保障鹤壁市生态安全格局。

中部城镇生态建设区：该区主要位于鹤壁市中部，分布在山城区东部、淇滨区东部和淇县东部，区域总面积为 322.45km²，占自然生态空间总面积的 18.03%。区内海拔主要在 400m 以下，土壤类型以褐土和潮土为主，地形地貌以平原和丘陵为主。区内地形较为平坦，适宜城镇开发建设，且位于鹤壁市城镇发展主轴上，淇滨区和淇县城区位于区内，并有 G107、京广铁路、京广澳高速公路穿过。区内自然生态空间类型除耕地外主要以城市绿色空间、沟渠和河流为主，南水北调鹤壁段和淇河中游位于该区内。区内南水北调沿岸和淇河中游段沿鹤壁市中心城区穿过，两侧人工建造的城市绿色空间较多，可提供休闲娱乐、景观欣赏等生态系统服务功能。区内生态系统服务功能主要以水源涵养和生物多样性保护为主。但由于区内人口众多，工业生产和建设开发等人类社会经济活动较为频繁，对区内自然生态空间干扰较为强烈，导致区内大气污染、水源污染等环境问题较为严重，同时该地区位于华北地震断裂带汤东断裂带周围，增加了地质灾害发生的可能性和危险性。

东部农业生态发展区：该区主要位于鹤壁市东部，分布在浚县、淇滨区东部和淇县东部，区域总面积 923.56km²，占自然生态空间总面积的 51.66%。区内海拔主要在 200m 以下，土壤类型以褐土和潮土为主，地形地貌以平原为主。区内地形平坦，土壤肥沃，气候适宜，雨水丰富，农田水利设施完备，适宜农业生产活动，分布有万亩夏玉米种植核心区等优质粮食生产基地。区内自然生态空间类型除耕地外以林地、沟渠和河流为主。区内广袤的平原耕地除发挥粮食生产的功能外，还可提供水源涵养和生物多样性保护生态系统服务功能。由于区内农村居民点分散，农业生活较为频繁，与淇滨区和淇县联系较为密切，生态环境敏感性主要以人为干扰敏感性为主，具体表现为农业化肥、农药的过度使用对土壤的污染和对河流造成的面源污染，使水体富营养化，畜禽养殖和农村生活垃圾造成的环境污染等问题。

北部矿山生态修复区：该区主要位于鹤壁市北部，分布在鹤山区东部、山城区西部和淇滨区西北部，区域总面积为 117.39km²，占自然生态空间总面积的 6.57%。区内海拔主要在 400m 以下，土壤类型以褐土为主，地形地貌以平原和丘陵为主。区内地形较为平坦、矿产资源较为丰富，适宜进行工业生产和资源开采活动，在早期缘矿建镇的发展模式下，逐步形成了鹤山区和山城区主城区。区内自然生态空间类型除耕地外以林地和城市绿色空间为主，生态系统服务功能主要以水源涵养和生物多样性保护为主。区内生态环境敏感性主要以人为干扰和地质灾害为主，具体是由于区内为老城区（鹤山区、山城区）所在地，周围分布有大大小小的采矿区，在长期的矿产资源开采中，对周围生态环境造成了严重的破坏，导致地表下沉、裂缝等地质灾害发生，并且区内分布有煤化工等产业聚集区，在工业生产中废气废水的排放对河流和大气造成了严重的污染。

7.4　鹤壁市自然生态空间分区管控指引

对自然生态空间进行分区的主要目的是基于各分区的特点，对各分区制定不同的管制措施，从而达到对自然生态空间的精细化管控。因此，本研究基于各分区生态系统服务功能和面临的具体生态环境问题的不同，制定了以下发展方向和管控措施。

1）西部山地生态保育区

该区应定位为鹤壁市重要生态资源区，区内具有极高的生态系统服务价值和较为完备的生态系统服务功能，同时由于自然地理环境因素，部分区域具有脆弱性。因此，对于该区应该实行严格的生态保护制度，适度发展旅游业，保障现有生态系统的稳定性，同时实施生态修复工程，改善生态脆弱性。

管控措施：区内应重点保护地表植被，增强地表植被水源涵养和土壤保持能力，在淇河沿岸营造水源涵养林和护岸固坡林，恢复淇河沿岸天然植被。做好农业结构调整，大力开展农田林网建设，并适当增加林下草本植物种植。区内应严格控制开发强度，除国家级重大基础设施项目，不再进行开发，并引导现有建设用地和不适宜进行农业活动的农用地逐步退出。对于存在退化的生态环境敏感区和脆弱区，应积极实施生态修复工程，不断改善生态系统服务功能。同时应加强区内森林公园的管理，充分考虑物种生物特性，合理选配植物种类，对山区实行封山育林，加强天然植被保护，减少人类活动的干扰。

2）中部城镇生态建设区

该区应定位为鹤壁市城市自然生态空间建设区，区内有淇河中游段、南水北调鹤壁段穿过。因此，对于该区应该积极构建南水北调和淇河生态廊道，充分利用淇河独特的自然和人文资源，重点发展休闲度假旅游，将城市滨水区打造成大型城市公园，创造极具魅力的城市绿色空间。

管控措施：区内应严格控制新增建设用地对自然生态空间的占用，盘活区内存量土地，对废弃的建设用地进行再利用，提高土地节约集约利用程度。结合淇河独具特色的文化性和城市性，在生态保护优先的原则下，积极推进滨水公园和公共绿地的规划建设。构建南水北调鹤壁段和淇河中下游生态廊道，打造城市内部生态节点,组建中部城镇生态网络,以西部山地生态保育区为源地,通过重要生态廊道联通中部城镇生态网络,打造互联融通的生态安全格局,从而提高城市生态环境质量。在南水北调沿侧积极打造防护林带,保障南水北调水资源安全,同时提高区内植被覆盖度。加强区内产业结构调整,促进第三产业发展,有效管控工业废水废气废物的排放,控制企业排污总量,对于污染严重的产业实行逐步撤出的措施。在生态环境承载力范围内,积极发展淇河生态休闲旅游业,打造具有特色的滨水城市景观。

3)东部农业生态发展区

该区应定位为平原农业生态发展区,区内有淇河下游段、卫河等河流,区内自然生态空间以耕地为主,因此,在发挥耕地粮食生产的主导功能外,应更多地拓展其生态功能,打造东部平原农业生态发展区。

管控措施:区内自然生态空间应以保护性利用为主,遵循耕地数量、质量、生态"三位一体"的原则,严格控制耕地数量不减少。对确实需要占用耕地的建设项目,需要严格遵守耕地占补平衡制度,确保耕地数量不减少,耕地质量有提升。积极建造经济林、观光林,提倡发展生态农业和休闲农业项目,打造平原田园景观带,改造坡耕地和中低产田,推广测土配方施肥和使用有机肥,加强农业使用的监督管理,有重点地开展农业面源污染防治工作,避免可能出现的生态环境问题。积极探索农业-生态复合利用发展模式,积极推进农林水复合利用方式,提高综合生态价值,提升农用地生态休闲和观光旅游价值。

4)北部矿山生态修复区

该区应定位为鹤壁市矿山生态修复区,区内自然生态空间主要位于鹤壁市老城区(山城区、鹤山区)周边,并以耕地和林地为主,区内分布有大大小小的采矿区,生态环境问题较为严重。因此除对现有自然生态空间进行保护外,还应实施有针对性的生态修复工程,避免环境进一步恶化。

管控措施:区内应积极推进绿色矿山创建、地质灾害隐患综合治理工程、矿山地质环境综合治理工程,将矿山地质环境破坏严重、影响人民生命财产安全的地区,划定为重点治理区,修复交通沿线敏感矿山山体;对植被破坏严重、岩坑裸露的矿山加大复绿力度;对地面塌陷、地表裂缝严重的区域应采取防渗处理、植被重建等综合整治措施;对崩塌、滑坡严重的区域可采用修筑拦挡工程和排水工程等工程措施,减少地质灾害的危险性;对地形地貌景观破坏严重的区域,可以通过生态修复和景观设计的方式,恢复矿山自然和人文生态景观,以废旧的矿山为基础,打造矿山地质公园,提供旅游休闲的场所。

第8章 基于"基础评价-规划耦合-空间协调"的市级国土空间优化研究

国土空间规划随着国家不同社会经济发展阶段下所要解决的国土空间开发问题而演变，国土空间格局优化的目的、价值理念及划分的依据、方法也随之革新。在当前国土空间的生产、生活、生态功能相均衡，国土空间开发与资源环境承载力相匹配的总体要求下，要进行国土空间格局优化，就要从"三类"空间的本底条件出发，判定区域对于生活生产开发建设的资源承载状况，从资源本底与生态保护相结合的视角，通过土地资源承载力评价及适宜性评价等方法共同确定区域适宜生活、生产及生态功能的空间格局，基于"基础评价-规划耦合-空间协调"的国土空间格局优化方法，构建国土空间格局优化方法技术体系。

8.1 国土空间优化思路总体设计

8.1.1 国土空间优化的目标

国土空间优化目标和理念是随着经济社会发展的阶段和区域实际动态变化的。一个国家和地区在不同阶段所面临和待解决的国土空间开发问题不同，决定了国土空间格局的主导方向。一般而言，国土空间优化要解决三个问题：一是，开发布局和区位的问题，即在什么区域可以开发建设，什么区域要保护生态而禁止开发；二是，开发功能和内容的问题，即在一定区域内要开发什么，是农业生产建设，还是城乡工业开发；三是，开发强度的问题，即一个区域可以开发到什么程度，要解决开发阈值和限度的问题。

现阶段我国国土空间开发的总体目标是以国土空间开发保护底线为基础，结合主体功能区定位，明确"山水林田湖草"等保护类要素的管理边界和城乡、产业、交通等发展类要素整体布局，构建全域一体、城乡融合的国土空间新格局。

8.1.2 国土空间优化的思路

通过以上对国土空间优化的目标确定，本研究构建国土空间优化分区思路如下。

（1）构建资源环境承载力和国土空间开发适宜性耦合评价模型，根据耦合模型计算出农业/城镇/生态三类国土空间开发导向的耦合程度。

（2）采用三维魔方法对图斑单元的三种开发导向进行优先次序排定，得出每一个图斑单元的主导导向，通过 GIS 空间分析技术辅助，综合得出三种开发导向格局划分，并综合对比主体功能区规划，对各图斑进行合理性评判，确定最终分区结果。

（3）结合土地资源承载状态判定结果和国土空间功能分区，制订不同主导功能和开发导向的管制规则。

国土空间优化流程图见图 8-1。

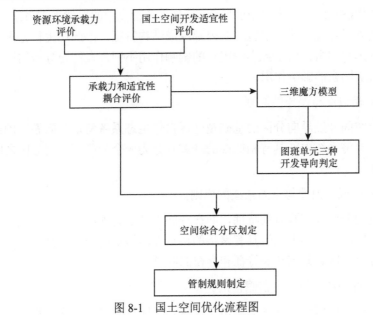

图 8-1　国土空间优化流程图

8.2　国土空间开发导向分区概述

8.2.1　国土空间开发导向分区内涵

国土空间开发导向分区是指以国土空间未来开发利用导向为基础，依据国土空间地类识别和国土空间开发适宜性，充分考虑国土空间用地功能的相似性和一致性，结合区域社会经济发展需要，将区域国土空间划分为不同开发导向分区的过程。根据其内涵，在进行分区时要充分考虑到国土空间用地的实际特点，也要考虑到区域国土空间本底条件、经济发展情况和人类活动状况。在社会经发展的同时，要尊重自然、顺应自然和保护自然，寻求人类文明进步和生态自然保护之间和谐共生的方法，为区域开展科学合理的国土空间规划编制、国土空间基本分区和空间格局优化提供可靠的数据基础,从而实现区域可持续发展。

8.2.2 国土空间开发导向分区原则

国土空间开发导向分区是一个综合系统,对分区方案的制定不仅要达到自然生态保护的目的,还要起到使社会经济发展和自然生态保护之间相互协调的作用。为此,在制定分区方案时应遵循以下原则。

(1)综合性和主导性相结合的原则。

自然生态系统是一个复杂的巨系统,是由各种类型的自然生态系统耦合而成,既包括其外界环境因素,也包括其内部组成结构特征。因此在进行分区时,要充分考虑各影响因素,由于各影响因素的影响作用不同,在综合分析的同时,要突出主导影响因素的影响作用。

(2)相似性与差异性原则。

国土空间开发导向分区的基础是区域自然生态系统特征与问题。因此在进行分区时,要将系统内部具有相似性的区域划分为一个分区,不同分区之间应该具有差异性。

(3)区域共轭性与空间聚集的原则。

制定的分区应该具有独特性,即在空间上表现为连续完整的地域,具有空间连续性,同时在空间上应该具有聚集的特点,即划定的分区要具有一定的规模,能够充分反映区域系统功能特征和存在的问题。

(4)可持续发展具有前瞻性的原则。

划定的分区应该充分考虑城市总体规划、区域生态环境保护规划、主体功能区划和土地利用总体规划等相关规划,与区域社会经济的发展充分协调,同时要具有战略性和前瞻性,能够充分引导区域农业、生态和社会经济的协调发展。

(5)便于管理具有实用性的原则。

由于国土空间具有复杂性和多样性,在进行分区时不仅仅要考虑自然影响因素,同时还要更多地考虑社会经济影响因素,以便于对国土空间进行保护和管控。

8.3 国土空间开发导向分区模型构建

三维魔方法是土地功能分区的常用方法模型,可直观表达研究单元的主导功能指标值的位序(范树平等,2011)。所谓三维魔方,即通过事物的不同维度构建三维空间,适宜于对研究单元不同指标开展多功能优势度评价,每一类指标对应一个维度,在相应维度上设定不同节点表示指标的属性值,从而形成三维空间 N 阶魔方(N 代表属性节点个数),不同维度间的节点可一一对接组合,形成 $N×N×N$ 种模式组合,通过制订组合归类规则进行分区。将地类图斑对应的生产功能、生活功能和生态功能分别对应三维魔方的 X 轴、Y 轴和 Z 轴,根据三类功能分值的三个级别,分别沿坐标轴延伸依次选择三个节点,形成如下所示的 $3×3×3$ 个单元的魔方图,每个魔方单元均对应 X、Y、Z 坐标点,分别代表生产功能、生活功能和生态功能的等级。

　　本研究在对鹤壁市资源环境承载力和国土空间开发适宜性评价结果进行耦合的基础上,采用三维魔方法并结合 GIS 空间分析法,综合判定图斑单元国土空间开发主导功能,形成最终鹤壁市国土空间开发导向分区。具体地,即通过建立三维魔方空间坐标体系,采用 ArcGIS 自然断点法结合人工判断,将其分为四个级别,本次评价采用限制系数法模型测算建设开发适宜度,设置刚性限制因子和弹性限制因子,对刚性因子采取"一票否决"原则,即四个级别中最低级别为极不适宜建设的,赋值为 0,结合生态红线、永久基本农田区等属性信息,可划入生态红线管控或永久基本农业生产区域。其他三级不适宜、有条件适宜和最适宜图斑分别对建设开发适宜度指标赋值为 1、2、3,农业空间评价中将不可开发为耕地的图斑赋值为 0,其他按照适宜程度划分为低、中、高级别并依次赋值为 1、2、3。生态用地根据评估价值标准化后结果分级赋值,建设用地图斑不具有生态服务价值,赋值为 0,其他地类图斑分为低、中、高等级,并分别赋值为 1、2、3。魔方单元与图斑主导功能类型的对应关系见表 8-1。

表 8-1　魔方单元与图斑主导功能类型的对应关系

主导功能类型	单元坐标(X, Y, Z)	主导功能描述
农业导向	(3, 3, 2)(3, 3, 1)(3, 2, 2) (3, 2, 1)(3, 1, 2)(3, 1, 1)	农业空间适宜度高、生态价值中等或偏低的情况下,应以农业生产为主导
城镇导向	(2, 3, 2)(2, 3, 1)(1, 3, 2) (1, 3, 1)	建设开发适宜度高、农业生产适宜度一般或低、生态系统服务价值不高的区域应以满足生活生产功能的城乡建设发展为主
生态导向	(3, 3, 3)(3, 2, 3)(3, 1, 3) (2, 3, 3)(2, 2, 3)(2, 1, 3) (1, 3, 3)(1, 2, 3)(1, 1, 3)	树立"生态优先"的保护原则,生态价值高的区域优先划为生态保护区,要严格限制生态监测保护需要以外的开发建设
其他	(1, 1, 1)(1, 1, 2)(2, 2, 2) (2, 1, 2)(1, 2, 2)(1, 2, 1) (2, 2, 1)(2, 1, 1)	主导功能不突出的图斑,根据图斑现状地类用途,结合周边毗邻图斑功能并与相关发展建设、农业、生态规划衔接后确定

　　从国土空间开发导向分区角度,结合区域城乡发展及国土空间开发利用特征,确立以"生态优先和农业优先"为功能类型划分的首要原则,同时应酌情

推进后备资源开发的需求，综合考虑城乡发展建设实际，制订魔方单元与主导功能类型对应关系，以判断功能重叠图斑的主导功能，划分鹤壁市国土空间开发导向分区。

8.4　国土空间开发导向分区及优化

8.4.1　鹤壁市国土空间开发导向分区目标

从鹤壁市的资源禀赋实际与国土空间格局特征出发，结合《河南省主体功能区规划》要求，确定鹤壁市国土空间开发导向分区的目标为：根据资源环境承载力评价及三种开发导向适宜度评价结果，对全市国土空间进行合理分区，确定分区主导功能及其开发导向，促进全市国土空间实现生产导向、生活导向、生态导向三类空间相协调，引导国土空间开发利用形成与土地资源承载力相匹配的均衡开发格局，全面保护生态环境，形成鹤壁市绿色、和谐、安全的国土空间格局。

8.4.2　鹤壁市资源环境承载力与国土空间开发适宜性耦合评价结果分析

本研究所提出的国土空间开发导向分区是以"资源本底"和"生态保护"优先为基本原则，以实行分类、分级管控的思路的分区。因此，首先根据资源环境承载力评价和国土空间开发适宜性评价的耦合评价结果，将极不适宜建设区域中的生态红线区域划定为生态红线管控区。再结合分别表征生产功能、生活功能及生态功能的评估结果，分别进行城镇、农业和生态三种导向分区的初步划定。

　1）生态导向管控区

生态导向管控区是指为维护生态系统的完整与稳定，在自然生态系统保护和合理环境承载力的前提下，结合区域实际划定的生态保护范围进行重点管控的区域。生态红线管控区的划定是进行国土空间开发导向分区的前提，其范围主要包括自然保护区、一级水源保护区、森林公园和主干河流、水库、湿地及具有生态保护价值的海滨陆域等。本研究对于生态红线管控区的划定主要以鹤壁市当前生态保护红线划定区域、生态安全控制区为基础，再结合永久基本农田保护区及现状城镇建设用地范围，经过调整后得出鹤壁市国土空间开发导向分区中的生态红线管控区范围。根据鹤壁市国土空间现状格局特征及主导功能定位，将全市空间范围内所有土地利用现状为建设用地和耕地以外的其他地类图斑，一并划入除生态红线管控区以外的生态导向分区。生态导向管控区分为Ⅰ、Ⅱ、Ⅲ、Ⅳ四个等级，其中Ⅳ级管控等级最高，Ⅰ级最低，见图8-2和表8-2。

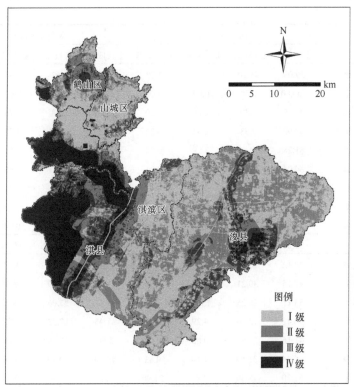

图 8-2 鹤壁市生态导向管控区划定图

表 8-2 鹤壁市生态导向管控区分布网格统计

区域		网格占比/%				网格面积/km²			
		I (低)	II (较低)	III (较高)	IV (高)	I (低)	II (较低)	III (较高)	IV (高)
鹤山区	鹤壁集镇	59.32	33.45	6.37	0.86	43.01	24.25	4.62	0.62
	姬家山乡	53.87	32.86	3.09	10.18	31.08	18.96	1.78	5.87
	合计	56.60	33.15	4.73	5.52	74.09	43.21	6.40	6.49
山城区	石林镇	54.65	39.68	4.44	1.23	45.54	33.06	3.70	1.03
	鹿楼乡	43.30	45.02	10.92	0.76	22.95	23.85	5.78	0.40
	合计	48.98	42.35	7.68	0.99	68.49	56.91	9.48	1.43
淇滨区	金山办事处	43.25	17.39	32.06	7.30	15.75	6.33	11.67	2.66
	大赉店镇	52.11	42.16	5.71	0.02	47.21	38.18	5.18	0.02
	上峪乡	36.65	18.20	9.46	35.69	23.57	11.70	6.09	22.95
	大河涧乡	41.45	30.69	3.07	24.79	34.23	25.35	2.54	20.47
	钜桥镇	63.28	35.18	1.49	0.05	43.69	24.29	1.03	0.03
	合计	47.35	28.72	10.36	13.57	164.45	105.85	26.51	46.13

续表

区域		网格占比/%				网格面积/km²			
		I（低）	II（较低）	III（较高）	IV（高）	I（低）	II（较低）	III（较高）	IV（高）
浚县	城关镇	39.03	41.20	18.65	1.12	5.32	5.62	2.54	0.15
	善堂镇	100.00	0.00	0.00	0.00	155.19	0.00	0.00	0.00
	屯子镇	93.09	5.52	1.29	0.10	127.02	7.53	1.76	0.14
	新镇镇	88.08	9.58	2.02	0.32	110.57	12.03	2.52	0.41
	小河镇	81.28	14.49	3.59	0.64	86.27	15.38	3.81	0.68
	黎阳镇	84.06	14.11	1.52	0.31	93.37	15.67	1.69	0.35
	卫贤镇	89.59	9.28	1.10	0.03	73.86	7.65	0.91	0.03
	王庄乡	93.78	5.15	1.04	0.03	100.72	5.53	1.12	0.03
	白寺乡	96.72	2.48	0.80	0.00	113.30	2.91	0.94	0.00
	合计	85.07	11.31	3.33	0.29	865.62	72.32	15.29	1.79
淇县	黄洞乡	22.12	18.93	3.63	55.32	25.20	21.58	4.13	63.02
	庙口乡	47.15	30.21	14.88	7.76	43.21	27.69	13.64	7.11
	高村镇	53.17	28.25	13.95	4.63	43.41	23.06	11.39	3.78
	桥盟乡	36.42	22.36	4.29	36.93	31.45	19.33	3.70	31.93
	朝歌镇	41.16	58.84	0.00	0.00	8.60	12.29	0.00	0.00
	西岗乡	66.44	31.59	1.14	0.83	43.10	20.49	0.74	0.54
	北阳镇	51.90	18.39	7.81	21.90	60.52	21.45	9.11	25.50
	合计	45.48	29.80	6.52	18.20	255.52	145.89	42.72	131.91
全市总计		66.72	19.82	4.69	8.77	1428.14	424.18	100.40	187.72

鹤壁市生态导向管控区等级高的土地面积为 187.72km²，占全市土地总面积的 8.77%；生态导向管控区等级较高的土地面积为 100.40km²，占全市土地总面积的 4.69%；生态导向管控区等级低与较低的土地面积为 1852.32km²，占全市土地总面积的 86.54%。生态导向管控区等级高的地区主要分布在鹤壁市西部。其中黄洞乡生态导向管控区等级高的地区占比最高，达到 55.32%，其次为桥盟乡，达到 36.93%。上述两乡镇虽然地形条件较差，但植被覆盖度高，人类活动痕迹少，分布有较多的森林公园、自然保护区，因此适宜于生态保护。

2）农业导向管控区

在 GIS 平台支持下，通过平台空间处理功能，提取出农业资源环境承载力和适宜性等级为中等、较高和高的土地利用图斑，采用专家集成法，确定等级较高和高的图斑作为基本农业生产区基础图斑。考虑到耕地开发适宜性以及田块的扩张规律，利用 GIS 平台中的聚类分析及融合功能，不断调整阈值，将提取出的等级较高和高的图斑进行聚类融合，以达到消除小的耕地图斑，提升耕地空间集中连片性的目的。集中连片处理后，再将处理后的图斑与等级为中等的图斑进行融合，最终形成农业生产区分布结果。鹤壁市农业导向管控区划定见图 8-3，鹤壁市农业导向管控区分布见表 8-3。

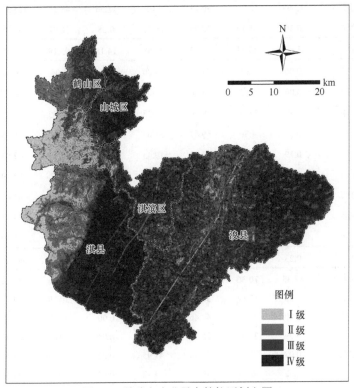

图 8-3　鹤壁市农业导向管控区划定图

表 8-3　鹤壁市农业导向管控区分布网格统计

区域		网格占比/%				网格面积/km²			
		I（低）	II（较低）	III（较高）	IV（高）	I（低）	II（较低）	III（较高）	IV（高）
鹤山区	鹤壁集镇	0.18	19.07	62.94	17.81	0.13	13.83	45.63	12.91
	姬家山乡	2.87	63.85	30.55	2.73	1.65	36.84	17.63	1.58
	合计	1.52	41.46	46.75	10.27	1.78	50.67	63.26	14.49
山城区	石林镇	0.00	5.40	57.55	37.05	0.00	4.50	47.95	30.87
	鹿楼乡	0.00	6.67	58.39	34.94	0.00	3.54	30.93	18.51
	合计	0.00	6.04	57.97	35.99	0.00	8.04	78.88	49.38
淇滨区	金山办事处	0.00	8.21	54.06	37.73	0.00	2.99	19.68	13.74
	大赉店镇	0.07	5.23	44.20	50.50	0.06	4.74	40.04	45.75
	上峪乡	3.59	52.07	38.48	5.86	2.31	33.49	24.75	3.76

续表

区域		网格占比/%				网格面积/km²			
		Ⅰ（低）	Ⅱ（较低）	Ⅲ（较高）	Ⅳ（高）	Ⅰ（低）	Ⅱ（较低）	Ⅲ（较高）	Ⅳ（高）
淇滨区	大河涧乡	13.99	52.26	30.73	3.02	11.56	43.15	25.37	2.50
	钜桥镇	0.36	15.82	58.05	25.77	0.25	10.92	40.08	17.79
	合计	3.60	26.72	45.10	24.58	14.18	95.29	149.92	83.54
浚县	城关镇	0.00	7.66	77.54	14.80	0.00	1.04	10.58	2.02
	善堂镇	0.00	0.92	93.00	6.08	0.00	1.43	144.32	9.43
	屯子镇	0.22	27.00	50.80	21.98	0.31	36.85	69.32	29.99
	新镇镇	0.06	4.86	59.41	35.67	0.07	6.10	74.58	44.77
	小河镇	0.19	11.76	68.62	19.43	0.20	12.48	72.83	20.62
	黎阳镇	0.03	5.60	68.59	25.78	0.03	6.22	76.19	28.64
	卫贤镇	0.13	8.08	74.53	17.26	0.11	6.66	61.44	14.23
	王庄乡	0.07	7.00	59.70	33.23	0.07	7.52	64.12	35.69
	白寺乡	1.34	25.22	64.44	9.00	1.56	29.56	75.49	10.54
	合计	0.23	10.90	68.51	20.36	2.35	107.86	648.87	195.93
淇县	黄洞乡	18.33	70.36	10.73	0.58	20.88	80.16	12.22	0.66
	庙口乡	4.80	32.84	36.84	25.52	4.40	30.10	33.77	23.39
	高村镇	0.00	7.37	44.46	48.17	0.00	6.02	36.30	39.32
	桥盟乡	6.99	34.52	25.94	32.55	6.04	29.80	22.43	28.14
	朝歌镇	0.08	2.27	55.70	41.95	0.02	0.47	11.63	8.76
	西岗乡	0.02	6.16	49.10	44.72	0.02	4.00	31.85	29.01
	北阳镇	7.44	17.96	36.39	38.21	8.67	20.94	42.43	44.56
	合计	5.38	24.50	37.02	33.10	40.03	171.49	190.63	173.84
全市总计		2.73	20.25	52.86	24.16	58.34	433.35	1131.56	517.18

鹤壁市农业导向管控区等级高的土地面积为 517.18km²，占全市土地总面积的 24.17%；农业导向管控区等级较高的土地面积为 1131.56km²，占全市土地总面积的 52.86%；农业导向管控区等级低与较低的土地面积为 491.69km²，占全市土地总面积的 22.98%。农业导向管控区等级高的地区主要分布在鹤壁市中部和东北部，农业导向管控区等级低与较低的地区主要分布在鹤壁市西部。从短板分析视角来看，黄洞乡农业导向管控区等级低的地区占比最高，达到 18.33%，其次为大河涧乡，达到 13.99%。上述两乡镇处在太行山脉向东部平原过渡地区，山地较多，地形条件差，土壤以砾质土为主，裸露岩石面积较大，因此不适宜于农业耕作。

3）城镇导向管控区划定

通过 GIS 平台空间分析，将适宜空间根据适宜度等级进一步分区。本研究采用 GIS 的聚类分析功能，将一定范围内的适宜性等级为最适宜的图斑聚类为统一的生活建设图斑，考虑到城乡扩张进程中存在的无序性，以及在城乡发展所遵循的节约集约利用土地原则，通过专家集成法，确定生活建设图斑 2km 缓冲区为最适宜开发区域，并将此区域内适宜性等级为有条件适宜的图斑聚类到城乡生活图斑中，最终得到城镇导向管控区，见图 8-4 和表 8-4。

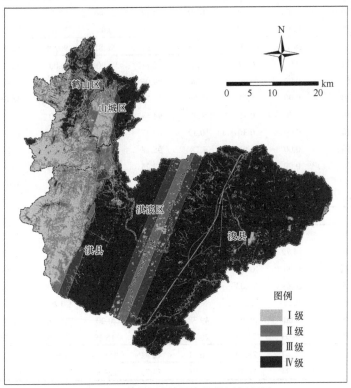

图 8-4　鹤壁市城镇导向管控区划定图

表 8-4　鹤壁市城镇导向管控区分布网格统计

区域		网格占比/%				网格面积/km²			
		Ⅰ（低）	Ⅱ（较低）	Ⅲ（较高）	Ⅳ（高）	Ⅰ（低）	Ⅱ（较低）	Ⅲ（较高）	Ⅳ（高）
鹤山区	鹤壁集镇	32.04	40.91	20.35	6.70	23.23	29.66	14.75	4.86
	姬家山乡	5.65	9.41	64.39	20.55	3.26	5.43	37.15	11.86
	合计	18.84	25.16	42.37	13.63	26.49	35.09	51.90	16.72

续表

区域		网格占比/%				网格面积/km²			
		I（低）	II（较低）	III（较高）	IV（高）	I（低）	II（较低）	III（较高）	IV（高）
山城区	石林镇	16.06	1.69	9.43	72.82	13.38	1.41	7.86	60.68
	鹿楼乡	49.04	33.06	13.49	4.41	25.98	17.52	7.15	2.34
	合计	32.55	17.37	11.46	38.62	39.36	18.93	15.01	63.02
淇滨区	金山办事处	21.26	15.51	6.68	56.55	7.74	5.65	2.43	20.59
	大赉店镇	0.00	20.93	28.85	50.22	0.00	18.96	26.14	45.49
	上峪乡	33.60	48.79	13.46	4.15	21.61	31.38	8.66	2.67
	大河涧乡	35.68	20.96	20.19	23.17	29.46	17.31	16.67	19.13
	钜桥镇	0.00	25.61	46.61	27.78	0.00	17.68	32.18	19.18
	合计	18.11	26.36	23.16	32.37	58.81	90.98	86.08	107.06
浚县	城关镇	0.00	0.02	6.87	93.11	0.00	0.00	0.94	12.70
	善堂镇	0.00	0.00	0.04	99.96	0.00	0.00	0.07	155.12
	屯子镇	0.00	5.61	35.66	58.73	0.00	7.66	48.66	80.14
	新镇镇	0.00	0.16	5.30	94.54	0.00	0.20	6.65	118.68
	小河镇	0.00	0.30	10.33	89.37	0.00	0.33	10.96	94.86
	黎阳镇	0.00	0.04	4.78	95.18	0.00	0.04	5.31	105.73
	卫贤镇	0.00	22.68	40.07	37.25	0.00	18.69	33.04	30.71
	王庄乡	0.00	0.15	5.60	94.25	0.00	0.16	6.01	101.22
	白寺乡	0.00	2.49	27.83	69.68	0.00	2.92	32.60	81.63
	合计	0.00	3.49	15.17	81.34	0.00	30.00	144.24	780.79
淇县	黄洞乡	47.05	52.76	0.19	0.00	53.59	60.11	0.22	0.00
	庙口乡	14.72	50.85	3.16	31.27	13.50	46.58	2.90	28.66
	高村镇	0.00	0.32	11.37	88.31	0.00	0.26	9.29	72.09
	桥盟乡	26.49	25.03	20.07	28.41	22.90	21.63	17.32	24.56
	朝歌镇	0.00	1.38	8.24	90.38	0.00	0.29	1.72	18.86
	西岗乡	0.00	25.99	49.38	24.63	0.00	16.86	32.03	15.98
	北阳镇	13.03	29.14	20.35	37.48	15.19	33.98	23.73	43.70
	合计	14.47	26.49	16.11	42.93	105.18	179.71	87.21	203.85
全市总计		10.74	16.57	17.96	54.73	229.84	354.71	384.44	1171.44

鹤壁市城镇导向管控区等级高的土地面积为 1171.44km²，占全市土地总面积的 54.73%；城镇导向管控区等级较高的土地面积为 384.44km²，占全市土地总面积的 17.96%；城镇导向管控区等级低与较低的土地面积为 584.55km²，占全市土地总面积的 27.31%。城镇导向管控区等级高的地区主要分布在鹤壁市中部和东部，城镇导向管控区等级低与较低的地区主要分布在鹤壁市西部。从短板分析视角来看，黄洞乡城镇导向管控区等级低与较低的地区占比最高，其次为上峪乡和鹿楼乡。上述两乡镇处在太行山脉向东部平原过渡地区，山地较多，地形条件差，导致本身地质环境较差易发滑坡、泥石流等地质灾害，因此不适宜于城镇建设。

8.4.3 鹤壁市国土空间开发导向分区结果

　　国土空间开发导向分区是一个复杂且系统化的过程,在分区过程中需要考虑多种因素间的差异与影响,而且不同分区规则、方法的使用,也会产生不同的分区结果。本研究对鹤壁市国土空间开发导向分区主要采用三维魔方方法与空间叠置法相结合的方法,通过 GIS 平台的空间分析功能,对于生产导向、生活导向、生态导向(三生)三个图层图斑,采用 ArcGIS 的自然断点法分别对三生功能适宜度进行高、中、低级别划分后分别赋值,按照三维魔方图单元与图斑主导功能类型的对应规则,确定不同分区类型,对于范围比较小的类型区,在不违背生态控制原则的前提下,采用聚类分析的方法,将其一并划入周围主导类型区。

　　参照鹤壁市主体功能区规划等相关资料,对主导功能区进行适当修正,以达到鹤壁市国土空间开发导向分区协调优化,最终分区结果如图 8-5 所示。鹤壁市国土空间开发导向初步分区面积情况见表 8-5,鹤壁市各乡镇国土空间开发导向分区分布见表 8-6。

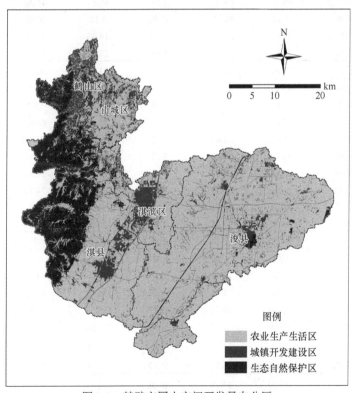

图 8-5　鹤壁市国土空间开发导向分区

表8-5　鹤壁市国土空间开发导向初步分区面积情况表

国土空间分区名称	面积/km²	比例/%
生态自然保护区	408.05	19.06
农业生产生活区	1408.28	65.80
城镇开发建设区	324.00	15.14

表8-6　鹤壁市各乡镇国土空间开发导向分区分布网格统计

区域		网格占比/%			网格面积/km²		
		城镇开发建设区	农业生产生活区	生态自然保护区	城镇开发建设区	农业生产生活区	生态自然保护区
鹤山区	鹤壁集镇	24.23	60.58	15.19	17.56	43.92	11.01
	姬家山乡	51.55	30.58	17.87	29.75	17.63	10.31
	合计	37.89	45.58	16.53	47.31	61.55	21.32
山城区	石林镇	2.79	89.12	8.09	2.33	74.26	6.74
	鹿楼乡	37.99	54.46	7.55	20.13	28.85	4.00
	合计	20.37	71.81	7.82	22.46	103.11	10.74
淇滨区	金山办事处	11.22	50.12	38.66	4.08	18.26	14.08
	大赉店镇	48.18	48.57	3.25	43.64	44.00	2.94
	上峪乡	5.53	31.11	63.36	3.56	20.01	40.75
	大河涧乡	18.03	28.76	53.21	14.86	23.77	43.94
	钜桥镇	39.91	54.75	5.34	27.55	37.80	3.69
	合计	24.57	42.67	32.76	93.69	143.84	105.40
浚县	城关镇	75.32	22.39	2.29	10.27	3.05	0.31
	善堂镇	0.94	99.06	0.00	1.43	153.73	0.00
	屯子镇	23.81	71.85	4.34	32.48	98.05	5.93
	新镇镇	4.67	92.83	2.50	5.86	116.53	3.14
	小河镇	11.24	84.26	4.50	11.91	89.44	4.80
	黎阳镇	19.88	78.81	1.31	22.09	87.55	1.45
	卫贤镇	6.38	90.75	2.87	5.26	74.79	2.39
	王庄乡	6.72	92.09	1.19	7.19	98.91	1.28
	白寺乡	24.37	73.08	2.55	28.55	85.60	2.98
	合计	19.27	78.34	2.39	125.04	807.65	22.28
淇县	黄洞乡	0.05	5.58	94.37	0.05	6.38	107.51
	庙口乡	0.58	45.79	53.63	0.53	41.97	49.15
	高村镇	5.34	75.83	18.83	4.36	61.93	15.37
	桥盟乡	15.90	40.31	43.79	13.75	34.85	37.86
	朝歌镇	52.70	47.25	0.05	11.00	9.87	0.01
	西岗乡	5.24	91.47	3.29	3.40	59.32	2.13
	北阳镇	2.13	66.70	31.17	2.45	77.81	36.34
	合计	11.69	53.29	35.02	35.54	292.13	248.37
全市总计		15.14	65.80	19.06	324.00	1408.28	408.05

经 ArcGIS 统计分析后,鹤壁市国土空间开发导向初步分区如图 8-5 所示,从图 8-5 可以看出,鹤壁市的生态自然保护区主要分布在鹤壁市中部和西部,总面积为 408.05km²,占鹤壁市面积的 19.06%,其中以淇县的黄洞乡和桥盟乡、淇滨区的上峪乡和大河涧乡分布较多。鹤壁市的农业生产生活区主要分布在鹤壁市中部和东部,总面积为 1408.28km²,占鹤壁市面积的 65.80%,其中以浚县居多,总面积为 807.65km²,占鹤壁市总农业空间的 57.35%,该地区永久基本农田和耕地分布较为广泛。鹤壁市的城镇开发建设区主要分布在鹤壁市中部和东部,总面积为 324.00km²,占鹤壁市面积的 15.14%,主要分布在中部和东部的平缓地区,该地区经济、人口水平均领先于市内其他地区,作为鹤壁市工农业发展的主导,需要更多的土地进行工农业生产活动,推进城市化进程。

8.4.4　鹤壁市国土空间开发导向分区优化

国土空间开发导向分区优化是一个综合过程,在分区优化过程中需要考虑各类因素之间的差异和影响,而且不同分区规则、方法的使用,也会产生不同的分区结果。因此,本研究在国土空间开发导向分区初步结果的基础上,对国土空间开发导向初步分区结果进行仔细校对和分析,并且邀请土地利用规划,农业、城市用地规划等相关领域专家,采用德尔菲法对初步分区结果进行综合分析评价,对于一些典型区域进行实地踏勘检验;在不违背生态保护原则的前提下,对于一些模糊区域和专家有疑问的区域,进一步利用高清遥感影像和实地踏勘的方式进行最终验证。最后结合鹤壁市城镇发展现状、《鹤壁市城市总体规划(2007—2020年)》和《鹤壁市国民经济和社会发展第十三个五年规划纲要》(鹤政〔2016〕24 号文件)等文件,并依据德尔菲法汇总的专家意见,遵循区域连续性和管理实用性的原则对国土空间开发导向初步分区进行适当调整和优化,最终确定鹤壁市国土空间开发导向分区,以达到为鹤壁市国土空间规划编制和基本分区划分提供科学可靠的参考数据的目的,具体国土空间开发导向分区优化分析结果如图 8-6 所示。

经过优化分析后,鹤壁市的生态自然保护区主要分布在鹤壁市西部山地丘陵地区、南水北调鹤壁段两侧和河流两侧地区,其总面积为 482.88km²,占鹤壁市面积的 22.56%。该区域内生物多样性丰富,有云梦山国家级森林公园等国家级风景保护区域,森林覆盖率高,提升了区域内生态保护功能,利于起到水土保持、水源涵养和生物多样性保护等重要作用。因此,该区域划定为鹤壁市生态自然保护区。

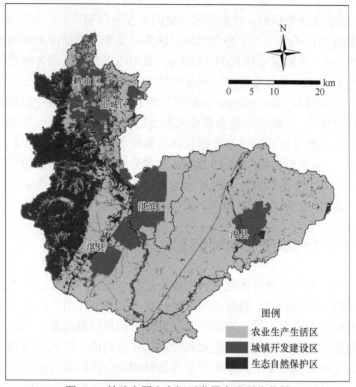

图8-6　鹤壁市国土空间开发导向分区优化图

　　鹤壁市的农业生产生活区主要分布在鹤壁市中部和东部地区，其总面积为1348.24km²，占鹤壁市面积的62.99%，该地区永久基本农田和耕地分布较为广泛。并且在此次优化分区的同时，将部分基础设施建设用地根据其所在地理位置，划入到农业生产生活区内，从而打破原有基础设施建设用地作为城镇建设用地的原则，这样有利于区域政策管控。

　　鹤壁的城镇开发建设区主要分布在鹤壁市中部和北部，其总面积为309.31km²，占鹤壁市面积的14.45%，主要分布在中部和东部的平缓地区，该地区经济、工业水平均领先于鹤壁市其他地区；并且京港澳高速公路和京广高铁等交通动脉都位于该区域内，交通便利；作为鹤壁市工业发展的主导，需要更多的土地进行工业生产活动，推进城市化进程。通过参考《鹤壁市土地利用总体规划（2010—2020年）》，在分区划分过程中，考虑到淇滨区与淇县交界处城乡一体化建设，因此留下部分城市建设缓冲区域，为未来城市发展提供缓冲空间。

第9章　市级国土空间管控对策及建议

国土空间管控是指通过科学规划、严格管理和有效监督，对国土空间进行合理规划、合理利用和环境保护的活动。它涉及土地利用、城市规划、环境保护、生态修复等多个领域，需要综合运用政策调控、技术手段和行政管理等多种手段，才能实现国土空间的优化配置和科学管理。本章从生态自然保护空间、农业生产生活空间和城镇开发建设空间等出发，提出一些具体的对策和建议，为完善国土空间管控提供一些思路和方向，推动我国实现国土空间的合理利用和可持续发展。

9.1　完善国土空间管控的对策和建议

（1）打造"核心指标管控+重大行动指引+用途管制规则"空间分区管控政策体系，突出空间分区管控的政策性导向作用。

在国土空间总体格局框架下，通过"定空间结构、定分解指标、定要素目录、定管控规则、定重大行动"等机制，确保省级战略意图向下位规划传导并有效落实，后续跟进分区用途管制规则和政策制定、空间矛盾协调处理、资源要素配置、整治修复行动、重大设施支撑和实施传导指引等具体专项内容，加强河南省特色产业发展与生态保护，打造"核心指标管控+重大行动指引+用途管制规则"的空间分区管控政策体系，突出空间分区管控的政策性导向作用。

（2）构建国土空间规划分区管控正、负面清单空间准入管制制度，突出国土空间规划分区管控的空间属性与可操作性。

要针对区域自然环境、历史文化和经济发展等特点，细化整合不同分区的管制措施和空间准入管理制度，确保做到精准施策。通过制定规划分区管制规则，明确不同地块的利用行为约束。在具体实施中，要加强对区域特色优势产业的扶持，鼓励开展特色农业、非遗文化、旅游业、高新技术等方面的活动。同时，也要严格控制那些对环境、资源、生态造成负面影响的产业活动。列出正面和负面清单以及产业活动规模、强度、布局，明确允许、限制、禁止的利用方式和利用强度，落实"边界管控"，确保各分区之间的环境、资源、生态等方面的相互保护。在执行正面清单准入管理制度时，要进一步加强对农村土地的保护，鼓励适度规模经营、农业多元化发展，提高农民的收入水平。此外，还应从实际出发，加强对各地市、县的指导和支持，协助其更好地制定和执行本地区的规划分区管制规则，建立起科学、完备的空间分区管理制度。

（3）构建规划分区刚性管制与弹性调控政策框架，提高不同层级传导管制质量和效能。

国土空间规划分区在实践中，应当因地制宜、因类而异，把握好刚性底线管控与弹性引导的度，充分发挥地域优势和特色。在传导过程中，应该注重区域内不同城市间的差异化发展和相互协调。在探索刚弹结合机制时，可以加强对重点类型区域的规划引导，采取有效手段协调区域内城市间的发展矛盾。此外，在刚性约束指标方面，可以注重建设和改善出行交通网络和水资源保护措施，提高土地空间利用效率；在弹性内容方面，可以针对不同城市类型制定相应的分区名录弹性指引，推广新型城镇化发展模式，实现差异化的城乡空间发展和优质生态环境建设，实现国土空间分区差异化发展引导提高不同层级传导管制质量和效能。

（4）构建数字化智能化国土空间规划分区管控体系框架，实现国土空间规划分区的全周期精细化准实时管控。

在数字化管控国土空间和自然资源全要素方面，充分发挥测绘地理信息技术的优势，通过"天眼"系统建设，加快绘制覆盖全域、动态更新、权威统一的国土空间规划"一张图"，构建新时代数字化智能化国土空间规划分区管控体系框架，旨在支撑区域山水林田湖草沙一体化保护和系统治理，实现国土空间规划全生命周期管理，进一步提升区域国土空间分区管控的智能化水平。

9.2　生态自然保护空间管控对策和建议

按照对区域生态系统完整性的保障需求，优先保障生态用地，确保生态自然保护用地的数量和质量，充分发挥生态用地和农业生产种植用地的生态系统服务功能。保护鹤壁市生态自然保护区内生态系统服务功能，并建立适当的生态保护缓冲区域。可以依托河流、湖泊和水库等生态用地，建立集成生态旅游服务和生态系统功能保护于一体的绿地公园或风景旅游区域，该区域在排洪泄洪、生态廊道和休闲娱乐等方面发挥着不可或缺的作用，从而构筑鹤壁市绿色生态基础设施网络。与此同时，注重乡村振兴发展，保障乡村生态服务用地建设，提升乡村村容村貌，保护村庄内历史文化遗产，坚持乡村振兴战略发展，把鹤壁市建设成为宜居宜业的城市。

（1）坚持乡村振兴战略发展。

坚持和完善乡村振兴战略，大力着手对鹤壁市西部山地丘陵地区村庄进行旧村改造。首先是加强聚集管理，将小型自然村进行合并，并对旧村进行用地改造，让耕地连片、绿地涵养；然后完善新农村建设，完善村镇生态绿地服务功能，并在村镇周边建设生态缓冲区域，控制水土流失和土地污染等生态问题；最后加强村镇内部生态意识学习，完善生态自然保护体系和生态补偿机制，对生态自然保护区实施动态监测。

（2）注重城镇生态绿地建设。

城镇内部生态自然保护区建设十分重要，其目的是建设与城镇社会经济相适应的生态自然保护体系，形成较好的生态安全格局，促进城镇与生态自然和谐共生，保障城镇可持续发展。首先要划定城镇开发边界，防止城镇盲目扩张导致的生态安全问题；然后加强城镇内部生态绿地公园建设，完善城市内部生态保障机制；最后注重城镇绿地建设分布的合理性，不可盲目聚集和过度分散，这样才能保障城镇区域内生态系统服务的科学性。

（3）加强自然生态用地保护。

加强对自然景观用地和历史文化用地的保护，加强对水源涵养地、森林公园和湿地公园等区域的保护，加快建设以集中连片的林地和草地为主的生态保护屏障，加强生态自然环境缓冲区域建设，保证生态自然景观安全。首先注重森林公园等自然景观的生态保护工作，加强公园内部环境管控和治理；随后在现有生态环境的基础上加强生物多样性保护措施，建立完善的生物保护机制；最后提升公民保护环境的意识，建立起完善的生态环境保护法律体系，安装基础设施对生态自然保护区实施动态监测。

鹤壁市生态自然保护区主要分布在西部地区，区域内有国家公益林、云梦山国家级森林公园和盘石头水库等重要生态环境敏感区域，对这些区域要进行重点生态管控和生态保育。因此将该区域划分为最优生态自然保护区，其为区域提供生态系统服务，具有水源涵养和水土保持的功能。

9.3　农业生产生活空间管控对策和建议

农业生产功能指的是农业生产和粮食安全工作，通过提升农业生产基础设施建设，改造中低产田，建设永久基本农田保护区，实施土地复垦工程。农业生活功能指的是农村居民生活用地的保障，是农村居民生产的物质基础之一。

严格把控建设用地占用耕地，促进节约集约利用土地，完善供地政策，严格控制土地供应，从源头上减少建设用地占用耕地的情况。加强引导和控制城乡建设用地占用耕地情况，对于建设项目选址都要严格审查，建设项目较少占用耕地的方案应被优先选用；如果确实需要占用耕地，应该严格遵守耕地占补平衡政策，确保耕地数量不减少、耕地质量不下降；如果占用耕地无法做到占补平衡，应尽可能占用等级较低的耕地。要保证耕地的连片程度，尽可能保障耕地连片不被打破,这样有利于农业生产发展,实施机械化种植和耕收。

合理引导种植作物结构调整,确保耕地保有量不会因为农作物种植调整而降低。在调整种植作物的同时,要因地制宜,尽可能选择其他农用地,减少对耕地的占用情况。建立完善的调整种植农作物经济补偿机制,通过经济手段和补偿机制保证农村居民生活需求,引导农业生产结构调整向着有利于增加粮食产量和耕地的方向发展。加强农业设施建设,保证沟渠、坑塘水面等设施农用地不被侵占,加强耕地抗灾能力建设,从根本上减少自然灾害破坏耕地数量。对于荒地等其他土地进行耕地改造,可以做到耕地占用及时补充。

完善农业生产生活区域内交通设施建设,保障农业生产活动和农业生活建设。打通交通道路,积极探索农业生态园区建设,建设"鸡禽畜牧基地"、"桑园小镇"和"蔬菜加工基地"。通过农业生态旅游区域,积极推进山水林田湖草复合开发利用方式,一方面带动乡村经济发展,提升村民收入水平;另一方面也可以保证土地耕种,提升区域生态系统服务和土地综合价值。

9.4　城镇开发建设空间管控对策和建议

城镇开发建设划定应该建立在城镇未来远景空间结构、城镇规模和资源环境承载等方面的基础上,应该遵循城市合理紧凑布局,提高土地集约高效利用。城镇开发边界确定应结合城市发展方向、布局和有条件建设区范围,不可以突破土地利用总体规划期内的建设用地指标,在发展的基础上预留一定的弹性空间。

通过分析城镇发展现状,结合自然资源环境,确定鹤壁市城区未来发展方向,明确生态红线保护区、永久基本农田保护区和重大地质灾害区等地区不适宜城镇开发建设。基于鹤壁市土地利用总体规划和城市总体规划的研究,预测城市未来发展趋势,确保用地需求,并在此基础上根据交通条件、产业布局和用地规模等因素明确鹤壁市城市用地结构和空间布局情况。城镇开发边界划定需要与多部门进行沟通,征求各有关部门意见,并通过数据分析和手动矫正进行界线划定。城镇开发建设应该合理有序,不应盲目扩张,打造宜居宜业的生态鹤壁。

交通道路用地属于城镇建设用地,应该合理规划。鹤壁市各乡镇区域交通与主城区道路交通系统缺少有效的衔接,导致公交系统无法满足人民日益增长的交通出行需要,此外,鹤壁市旧城区与新城区相隔较远,公共交通车辆较少,行程时间较长,也给交通出行带来了一定的不便。要完善城镇空间内部交通,缓解早晚高峰交通压力,解决公共停车位分布不均、人流量较大地区公共停车位较少等问题,应该结合区域地质条件建设地下停车场。

适宜城镇开发建设的区域需要通过多种因素进行合理规划,在规划时要注重城区未来发展趋势和人民日益增长的美好生活需要。通过构建合理的市县级国土空间规划体系和法律保障体系,让国土空间规划变得有法可循、有法可依,保证城镇开发建设空间合理合法落地实施。

　　综合分析来看，要确保国土空间开发导向分区优化对策和建议的重要条件有三个：①建立完善的市县级国土空间规划体系。在"多规合一"的基础上，逐步形成兼顾社会、经济、生态和农业等多方面的市县级国土空间规划体系。②构建健全的法律法规保障体系。各级政府应该建立健全的国土空间法律法规，充分发挥法律法规对国土空间规划的引导和约束功能，通过执法部门将规划严格落实下去。③建立完善的动态监测系统。科学的动态监控是对各类空间保护的重要基础，对连片的、非常重要的区域保护和恢复情况进行实时动态监测，对占用生态自然保护区和永久基本农田保护区的城镇建设用地进行严格监督和管控。

第 10 章 结论与展望

10.1 结 论

以鹤壁市为例，构建市县级国土空间规划用地分类体系，通过对比分析建立了国土空间规划用地分类体系与多种分类体系地类对应的转换衔接准则，对基于多源数据的国土空间地类识别方法进行探索研究；通过建立生态功能适宜性评价指标体系、农业功能适宜性评价指标体系和城镇功能适宜性评价指标体系，开展鹤壁市国土空间开发适宜性评价；结合国土空间地类识别结果和国土空间开发适宜性评价结果，开展鹤壁市国土空间开发导向分区及其优化研究，得出鹤壁市生态自然保护区、农业生产生活区和城镇开发建设区分布情况，提出鹤壁市国土空间开发导向对策和建议。具体研究成果如下：

（1）构建了市域尺度国土空间规划用地分类体系，结合第三次全国国土调查土地分类，将国土空间分为 3 个一级类、11 个二级类和 43 个三级类，更好地提升了国土空间治理水平、落实了市县国土空间规划战略意图，统一了分类标准。通过基于多源数据的国土空间地类识别方法的研究，建立了国土空间地类识别准则。使用 GIS 空间叠加分析功能对多源数据进行空间叠加分析，依据国土空间地类转换衔接准则对鹤壁市国土空间地类进行识别，鹤壁市生态保护用地面积 453.97km²、农业生产生活用地面积 1531.51km²、城镇发展用地面积 121.06km²，为编制鹤壁市国土空间规划提供了基础数据。

（2）构建市县级国土空间开发适宜性评价指标体系，分别对生态导向、城镇导向、农业导向三类导向空间进行全域国土空间开发适宜性评价。评价结果显示，鹤壁市生态空间适宜性较高区域主要分布在鹤壁市西部太行山麓、南水北调工程两侧和河流区域；鹤壁市农业空间适宜性较高区域主要分布在鹤壁市中部和东部华北平原地区；鹤壁市城镇空间适宜性较高区域主要分布在鹤壁市东部华北平原地区。

（3）构建市县级资源环境承载力评价指标体系，通过对鹤壁市三种功能指向的资源环境承载力评价的分析得出，鹤壁市三种功能指向的资源环境承载力空间分异特征明显。生态保护指向的资源环境承载力较高区域主要分布在鹤壁市西部；农业功能指向的资源环境承载力较高区域主要分布在鹤壁市中部地区；城镇功能指向的资源环境承载力较高区域主要分布在鹤壁市东部和中部等地区。

（4）从生态系统服务功能重要性和生态环境敏感性两个维度构建了鹤壁市自然生态空间保护重要性评价指标体系，并开展了自然生态空间保护重要性评价。

其中保护重要性属于极重要等级的面积为 873.03km²，占鹤壁市自然生态空间总面积的 48.83%，主要分布在西部山区地带；属于重要等级的面积为 375.00km²，占鹤壁市自然生态空间总面积的 20.98%，主要位于西部山区极重要等级区的外围和鹤壁市中部、东部村镇周边地区；属于较重要等级的面积为 498.30km²，占鹤壁市自然生态空间总面积的 27.87%，主要位于鹤壁市中部丘陵和东部平原地带；属于不重要等级的面积为 41.45km²，占鹤壁市自然生态空间总面积的 2.32%，主要位于浚县中部和东部距离城镇、村庄较远的区域。

（5）以生态系统服务功能重要性评价和生态环境敏感性评价为基础，采用三维魔方和热点分析相结合的方法，提出了鹤壁市自然生态空间分区管控模式，并基于鹤壁市实际情况，制定了差异化管制措施。鹤壁市自然生态空间可分为西部山地生态保育区、中部城镇生态建设区、东部农业生态发展区和北部矿山生态修复区。其中西部山地生态保育区面积为 424.38km²，该地区具有极高的生态系统服务价值，应该进行重点保护；中部城镇生态建设区面积为 322.45km²，该地区应积极发挥地理位置优势，积极构建生态廊道和城市滨水生态区；东部农业生态发展区面积为 923.56km²，该地区主要以农业生产为主，应积极发挥耕地的生态功能，探索农业-生态复合利用发展模式；北部矿山生态修复区面积为 117.39km²，该地区生态环境问题较为突出，应积极开展生态修复综合治理工程。

（6）构建了"基础评价-规划耦合-空间协调"相结合的国土空间开发导向分区技术方法，通过三维魔方模型判定图斑主导功能，在 GIS 空间分析功能辅助下，综合划定鹤壁市国土空间开发导向分区，将全市国土空间划分为生态自然保护区、农业生产生活区、城镇开发建设区。评价结果显示，鹤壁市的生态自然保护区主要分布在鹤壁市西部山地丘陵地区、南水北调鹤壁段两侧和河流两侧地区，总面积为 482.88km²，占鹤壁市面积的 22.56%。鹤壁的农业生产生活区主要分布在鹤壁市中部和东部，总面积为 1348.24km²，占鹤壁市面积的 62.99%。鹤壁市的城镇开发建设区主要分布在鹤壁市中部和北部，总面积为 309.31km²，占鹤壁市面积的 14.45%。

10.2　创　新　点

（1）本研究建立了国土空间规划用地分类体系，并构建了与多种国土调查分类体系相互转换衔接准则，在此基础上开展基于多源数据的国土空间地类识别方法研究，为国土空间地类识别提供了一种新的科学实用方法。

（2）本研究将"双评价"和自然生态空间保护重要性评价作为划定"三生"空间的基础评价进行研究，突破传统国土空间规划不关注资源环境约束视角的桎梏，体现了多要素、多功能、多维度、多方向的综合集成的研究方法。

（3）以提升国土生态宜居和健康养生保障能力为导向，统筹考虑农业生产和农村生活需要，兼顾城镇布局和功能优化弹性需要，提出了"基础评价-规划耦合-空间协调"相结合的生态、农业和城镇空间格局优化技术方法，为统筹优化国土空间提供了新技术。

10.3　展　　望

（1）资源环境承载力评价涉及自然地理、生态环境、地质条件、社会经济等多重要素，要素的选取、指标分级标准的确定、开发阈值的设置等均会对评价结果产生影响，本次评价侧重于土地资源等自然资源本底分析，指标的选取尚存在一定的局限，今后还需综合考虑影响土地资源承载力的要素，在指标选取和分级标准等方面再继续完善，进一步提高评价结果的合理性。

（2）国土空间规划基础信息源分散、类型差异大且现势性不高，需要进一步强化多部门、多尺度、多时相信息的融合与转换方法及与现场实测数据的协同处理研究。目前国土空间规划基础数据信息源分散，既有农业、水利、测绘、环保等部门的数据，又有自然资源部门的土地调查、土地利用规划、永久基本农田划定等数据，数据尺度、格式、时间等有较大差别，研究的国土空间规划建设区域空间信息数据的提取、转换、合并和融合等技术方法产生的数据质量还有待进一步提高，在数据格式转换、融合提取、尺度协同等方面还需要进一步深化研究，以降低数据转换信息丢失率，提高不同数据源的兼容性和共享性。

（3）如何与职能部门的政策导向、划定界线等衔接统一，划分出既不耽误"建设"又不耽搁"生态""吃饭"的、各方满意的、切实担负起优化县域国土空间的分区方法，也是一个需要持续深化研究的大课题。这个课题，不能仅仅依托在客观的数理统计分析上，还必须考虑到人的主观因素，以及地方发展实际情况等，非常复杂。本研究虽然考虑到了这些因素，并进行了综合集成，但由于这个问题太过复杂，要得出各方都信服的、有说服力的、符合地方发展实际的研究结果，殊为不易，有待进一步探讨和拓展。

（4）研究成果需要进一步深化和集成并进行规模化推广应用。本研究取得了一系列研究成果，开展了一定的技术应用。在今后的工作中，应与乡村振兴战略实施紧密协同，并结合国土空间规划编制工作，对研究成果进一步提升与集成，开展大范围的规模化示范应用，检验其科学性和实用性，使本成果能更好地为自然资源部门服务，为统筹区域空间开发、利用、保护和整治，有序推进市县国土空间规划试点工作提供技术支持。

（5）鹤壁市属资源型、农业主产型、生态宜居型城市，以鹤壁市为研究区开展理论实证研究，对于相同类型研究区的应用有一定价值，但我国幅员辽阔，该研究理论可能存在与部分地区契合度不高的现象，随着实证研究在全国各市县的进一步开展，该理论会进一步丰富完善。

参 考 文 献

白洁芳, 李洋洋, 周维博. 2017. 榆林市农业水土资源匹配与承载力[J]. 排灌机械工程学报, 35(7): 609-615.

蔡玉梅, 顾林生, 李景玉, 等. 2008. 日本六次国土综合开发规划的演变及启示[J]. 中国土地科学, 22(6): 76-80.

蔡玉梅, 王国力, 陆颖, 等. 2014. 国际空间规划体系的模式及启示[J]. 中国国土资源经济, 27(6): 67-72.

蔡玉梅, 高延利, 张丽佳. 2017. 荷兰空间规划体系的演变及启示[J]. 中国土地, (8): 33-35.

蔡玉梅, 张建平, 李雪. 2018. 丹麦空间规划体系的演变及启示[J]. 中国土地, (1): 46-48.

曹萌. 2016. 基于能值生态足迹模型的北京市资源环境承载力研究[D]. 北京: 中国地质大学(北京).

岑奕, 丁文峰, 张平仓. 2011. 华中地区土壤可蚀性因子研究[J]. 长江科学院院报, 28(10): 65-68, 74.

茶增芬. 2016. 基于全局主成分分析的罗平县资源环境承载力动态评价研究[D]. 昆明: 云南大学.

陈诚, 陈雯, 吕卫国. 2009. 基于空间开发适宜性分区的城镇建设用地配置: 以海安县为例[J]. 地理科学进展, 28(5): 775-781.

陈红霞, 李国平, 张丹. 2011. 京津冀区域空间格局及其优化整合分析[J]. 城市发展研究, 18(11): 74-79.

陈婧, 史培军. 2005. 土地利用功能分类探讨[J]. 北京师范大学学报(自然科学版), (5): 536-540.

陈利, 毛亚婕. 2012. 荷兰空间规划及对我国国土空间规划的启示[J]. 经济师, (6): 18-20.

陈美玲. 2015. 类生态系统视角下的城市群空间优化路径研究: 以珠三角城市群为例[D]. 北京: 中国社会科学院研究生院.

陈颖. 2011. 基于 GIS 的泸定县耕地适宜性评价及供需潜力分析[D]. 成都: 成都理工大学.

程遥. 2012. 面向开发控制的城市用地分类体系的国际经验及借鉴[J]. 国际城市规划, (6): 10-15.

程瑶, 刘耀林. 2012. 石景山区土地利用数据库的设计与实现[J]. 测绘科学, 37(2): 188-190.

程遥, 高捷, 赵民. 2012. 多重控制目标下的用地分类体系构建的国际经验与启示[J]. 国际城市规划, 27(6): 3-9.

程永辉, 刘科伟, 赵丹, 等. 2015. "多规合一"下城市开发边界划定的若干问题探讨[J]. 城市发展研究, 22(7): 52-57.

崔丹, 陈馨, 曾维华. 2018. 水环境承载力中长期预警研究——以昆明市为例[J]. 中国环境科学, 38(3): 1174-1184.

党丽娟, 徐勇, 高雅. 2014a. 土地利用功能分类及空间结构评价方法——以燕沟流域为例[J]. 水土保持研究, 21(5): 193-197, 203.

党丽娟, 徐勇, 汤青, 等. 2014b. 广西西江沿岸后备适宜建设用地潜力及空间分布[J]. 自然资源学报, 29(3): 387-397.

邓红兵, 陈春娣, 刘昕, 等. 2009. 区域生态用地的概念及分类[J]. 生态学报, 29(3): 1519-1524.

邓伟. 2010. 山区资源环境承载力研究现状与关键问题[J]. 地理研究, 29(6): 959-969.

邓文英, 邓玲. 2015. 生态文明建设背景下优化国土空间开发研究——基于空间均衡模型[J]. 经济问题探索, (10): 68-74.

刁琳琳. 2010. 中国城市空间重构对经济增长的效应机制分析[J]. 中国人口·资源与环境, 20(5): 87-94.

丁建中, 陈逸, 陈雯. 2008. 基于生态-经济分析的泰州空间开发适宜性分区研究[J]. 地理科学, 28(6): 842-848.

丁娇娇. 2017. 基于足迹家族法的泉州城市环境承载力评价研究[D]. 福州: 福建农林大学.

董雅文, 周雯, 周岚, 等. 1999. 城市化地区生态防护研究——以江苏省、南京市为例[J]. 城市研究, (2): 6-8, 10.

杜坤, 田莉. 2016. 城市战略规划的实施框架与内容: 来自大伦敦实施规划的启示[J]. 国际城市规划, 31(4): 90-96.

杜震, 张刚, 沈莉芳. 2013. 成都市生态空间管控研究[J]. 城市规划, 37(8): 84-88.

段扬, 蒋洪强, 吴文俊, 等. 2018. 基于模糊综合评价法的地下水资源承载力评价——以银川平原为例[J]. 环境保护科学, 44(3): 8-15.

樊杰. 2007. 我国主体功能区划的科学基础[J]. 地理学报, 62(4): 339-350.

樊杰. 2016. 广东省国土空间开发保护格局优化配置研究[M]. 北京: 科学出版社.

范树平, 程久苗, 项思可. 2011. 基于三维魔方的芜湖市域主体功能区划研究[J]. 亚热带资源与环境学报, 6 (2): 66-74.

冯欢, 谢世友, 柳芬, 等. 2017. 基于灰色关联定权 TOPSIS 和 GIS 的重庆市资源环境承载力研究[J]. 西南大学学报(自然科学版), 39(2): 92-99.

付奇, 李波, 杨琳琳, 等. 2016. 西北干旱区生态系统服务重要性评价——以阿勒泰地区为例[J]. 干旱区资源与环境, 30(10): 70-75.

高如泰, 姜甜甜, 席北斗, 等. 2011. 湖北省湖泊营养物生态分区技术方法研究[J]. 环境科学研究, 24(1): 43-49.

高永年, 鲍桂叶, 王静, 等. 2015. 江苏沿海地区可承载城乡建设用地能力及匹配性评价[J]. 自然资源学报, 30(8): 1278-1288.

苟露峰, 汪艳涛, 金炜博. 2018. 基于熵权 TOPSIS 模型的青岛市海洋资源环境承载力评价研究[J]. 海洋环境科学, 37(4): 586-594.

管青春, 郝晋珉, 石雪洁, 等. 2018. 中国生态用地及生态系统服务价值变化研究[J]. 自然资源学报, 33(2): 195-207.

郭美骅, 郝润梅. 2018. 县域土地资源环境承载力变化研究——以内蒙古和林格尔县为例[C]//中国自然资源学会土地资源研究专业委员会, 中国地理学会农业地理与乡村发展专业委员会. 2018'中国土地资源科学创新与发展暨倪绍祥先生学术思想研讨会论文集. 南京: 南京师范大学出版社: 505-512.

郭中伟, 甘雅玲. 2003. 关于生态系统服务功能的几个科学问题[J]. 生物多样性, (1): 63-69.

哈斯巴根. 2013. 基于空间均衡的不同主体功能区脆弱性演变及其优化调控研究[D]. 西安: 西

北大学.

郝庆, 孟旭光, 周璞. 2012. 我国国土规划的发展历程与编制思路创新[J]. 科学, 64(3): 4, 42-45.

何丹, 金凤君, 周璟. 2011. 资源型城市建设用地适宜性评价研究: 以济宁市大运河生态经济区为例[J]. 地理研究, 30(4): 655-666.

何东艳. 2017. 基于 Portal 的国土空间规划数据共享机制应用研究[J]. 国土资源信息化, (5): 11-15.

何万华, 周文佐, 田罗, 等. 2017. 基于 GIS 的滇中高原耕地适宜性分析: 以易门县为例[J]. 江西农业学报, 29(11): 38-43, 48.

何子张, 吴宇翔, 李佩娟. 2019. 厦门城市空间管控体系与"一张蓝图"建构[J]. 规划师, 35(5): 20-26.

贺辉辉, 丁珏, 程宇, 等. 2017. 安徽省淮河流域水环境承载力动态评价研究[J]. 环境科学与技术, 40(S2): 280-287.

胡彩婷. 2013. 永兴县农用地适宜性评价与农业产业优化布局研究[D]. 长沙: 湖南农业大学.

黄宏源, 蔡玉梅, 王国力, 等. 2014. 省级国土空间综合功能区划研究——以湖南省为例[J]. 国土与自然资源研究, (3): 36-39.

黄宏源, 袁涛, 周伟. 2018. 日本空间规划法的变化与借鉴[J]. 资源导刊, (1): 52-53.

黄静, 崔胜辉, 李方一, 等. 2011. 厦门市土地利用变化下的生态敏感性[J]. 生态学报, 31(24): 7441-7449.

黄梦佳, 齐鲁, 李淑杰, 等. 2019. 基于三生空间的汪清县城市国土空间开发建设适宜性分析[J]. 江西农业学报, 31(8): 119-125.

黄媛玉. 2017. 镇域国土空间类型划分研究: 以大化镇为例[D]. 南宁: 广西师范学院.

贾滨洋, 曾九利, 李玫, 等. 2015. "多规融合"下的城市开发边界与最小生态安全距离[J]. 环境保护, 43(Z1): 23-26.

贾良清, 欧阳志云, 赵同谦, 等. 2005. 安徽省生态功能区划研究[J]. 生态学报, (2): 254-260.

焦胜, 李振民, 高青, 等. 2013. 景观连通性理论在城市土地适宜性评价与优化方法中的应用[J]. 地理研究, 32(4): 720-730.

蓝希, 刘小琼, 郭炎, 等. 2018. "长江经济带"战略背景下武汉城市水环境承载力综合评价[J]. 长江流域资源与环境, 27(7): 1433-1443.

雷勋平, 邱广华. 2016. 基于熵权 TOPSIS 模型的区域资源环境承载力评价实证研究[J]. 环境科学学报, 36(1): 314-323.

李大龙, 杨井, 李卫红, 等. 2016. 基于 GIS 和 USLE 的伊犁河谷土壤侵蚀敏感性评价[J]. 生态学杂志, 35(4): 942-951.

李芳. 2012. 广西贵港市区空间发展区划研究[D]. 南宁: 广西师范学院.

李磊, 贾磊, 赵晓雪, 等. 2014. 层次分析—熵值定权法在城市水环境承载力评价中的应用[J]. 长江流域资源与环境, 23(4): 456-460.

李苗苗, 吴炳方, 颜长珍, 等. 2004. 密云水库上游植被覆盖度的遥感估算[J]. 资源科学, 26(4): 153-159.

李文华. 2008. 生态系统服务功能价值评估的理论、方法与应用[M]. 北京: 中国人民大学出版社.

李月臣, 刘春霞, 闵婕, 等. 2013. 三峡库区生态系统服务功能重要性评价[J]. 生态学报, 33(1):

168-178.

刘春霞, 李月臣, 杨华, 等. 2011. 三峡库区重庆段生态与环境敏感性综合评价[J]. 地理学报, 66(5): 631-642.

刘亚亚. 2016. 宁夏中部干旱带综合承载力研究[D]. 银川: 宁夏大学.

刘耀林, 焦利民. 2008. 土地评价: 理论、方法与系统开发[M]. 北京: 科学出版社.

罗婷, 薛惠锋, 张峰. 2018. 区域复合系统视域下广东省水资源承载力研究[J]. 长江科学院院报, 35(10): 36-42.

吕若曦, 肖思思, 董燕红, 等. 2018. 基于层次分析法的资源环境承载力评价研究——以镇江市为例[J]. 江苏农业科学, 46(9): 268-272.

马尔萨斯. 1992. 人口原理[M]. 朱泱, 胡企林, 朱和中, 译. 北京: 商务印书馆.

马世发, 马梅, 蔡玉梅, 等. 2015. 面向国土规划的空间评价标准地域单元划分[J]. 地域研究与开发, 34(3): 112-117.

蒙海花, 赵静, 卞子浩, 等. 2016. 基于均方差决策法的辽宁省城市综合承载力研究[J]. 环境保护科学, 42(5): 56-62.

闵庆文, 余卫东, 张建新. 2004. 区域水资源承载力的模糊综合评价分析方法及应用[J]. 水土保持研究, (3): 14-16, 129.

牛方曲, 刘卫东, 宋涛, 等. 2015. 城市群多层次空间结构分析算法及其应用——以京津冀城市群为例[J]. 地理研究, 34(8): 1447-1460.

欧阳慧. 2015. 不同尺度区域空间组织研究[J]. 中国人口·资源与环境, 25(S1): 538-541.

欧阳志云, 王如松, 赵景柱. 1999. 生态系统服务功能及其生态经济价值评价[J]. 应用生态学报, (5): 635-640.

欧阳志云, 王效科, 苗鸿. 2000. 中国生态环境敏感性及其区域差异规律研究[J]. 生态学报, (1): 10-13.

彭羽, 刘雪华, 张爽, 等. 2008. 基于综合生态损失度的顺义区生态风险评价[J]. 清华大学学报(自然科学版), (3): 366-369.

皮庆, 王小林, 成金华, 等. 2016. 基于PSR模型的环境承载力评价指标体系与应用研究——以武汉城市圈为例[J]. 科技管理研究, 36(6): 238-244.

仇荣亮, 吴箐. 1997. 陆地生态环境酸沉降敏感性研究[J]. 环境科学进展, (4): 9-23.

孙亚飞, 何俊仕, 王捷, 等. 2015. 基于层次分析法的辽河干流水环境承载力评价研究[J]. 节水灌溉, (5): 37-41.

谭荣, 王荣宇. 2018. 借鉴德国乡村整治经验助推全域土地综合整治[J]. 浙江国土资源, (10): 19-22.

谭永忠, 赵越, 曹宇, 等. 2016. 中国区域生态用地分类的研究进展[J]. 中国土地科学, 30(9): 28-36.

汤放华, 陈立立, 曾志伟, 等. 2010. 城市群空间结构演化趋势与空间重构——以长株潭城市群为例[J]. 城市发展研究, 17(3): 65-69, 85.

滕欣. 2018-10-30. 美国俄勒冈州海洋空间规划实施现状[N]. 中国海洋报, (4).

王传胜, 方明, 刘毅. 2016. 长江经济带国土空间结构优化研究[J]. 中国科学院院刊, 31(1): 80-91.

王晶, 薛联青, 张洛晨, 等. 2018. 阿克苏地区水资源承载力变化及驱动力生态脆弱性分析[J]. 水资源与水工程学报, 29(2): 104-109, 115.

王静, 王雯, 祁元, 等. 2017. 中国生态用地分类体系及其1996—2012年时空分布[J]. 地理研究, 36(3): 453-470.

王让会, 樊自立. 1998. 塔里木河流域生态脆弱性评价研究[J]. 干旱环境监测, (4): 218-221, 223-253.

王伟, 陆健健. 2005. 生态系统服务功能分类与价值评估探讨[J]. 生态学杂志, 24(11): 1314-1316.

温亮, 游珍, 林裕梅, 等. 2017. 基于层次分析法的土地资源承载力评价——以宁国市为例[J]. 中国农业资源与区划, 38(3): 1-6.

沃登, 赵鹏军, 白羽, 等. 2018. 成功还是失败? 荷兰50年城镇化政策回顾[J]. 国际城市规划, 33(1): 60-67.

邬彬. 2010. 基于主成分分析法的深圳市资源环境承载力评价[C]//科技部, 山东省人民政府, 中国可持续发展研究会. 2010中国可持续发展论坛2010年专刊(二). 北京: 中国可持续发展研究会: 133-136.

吴振良. 2010. 基于物质流和生态足迹模型的资源环境承载力定量评价研究: 以环渤海地区为例[D]. 北京: 中国地质大学(北京).

席建超, 王首琨, 张瑞英. 2016. 旅游乡村聚落"生产–生活–生态"空间重构与优化——河北野三坡旅游区苟各庄村的案例实证[J]. 自然资源学报, 31(3): 425-435.

肖杰, 郑国璋, 郭鹏军, 等. 2018. 基于主成分分析的关中—天水经济区水资源承载力评价[J]. 中国农业资源与区划, 39(7): 159-167.

肖金成, 刘保奎. 2013. 国土空间开发格局形成机制研究[J]. 区域经济评论, (1): 53-57.

谢高地, 鲁春霞, 冷允法, 等. 2003. 青藏高原生态资产的价值评估[J]. 自然资源学报, 18(2): 189-196.

熊鸿斌, 韩尚信. 2018. 基于PSR-改进TOPSIS模型的安徽省资源环境承载力评价[J]. 安徽农业大学学报, 45(2): 274-281.

徐建新, 樊华, 胡笑涛. 2012. 熵权与改进TOPSIS结合模型在地下水资源承载力评价中的应用[J]. 中国农村水利水电, (2): 30-33, 37.

徐文斌, 郭灿文, 王晶, 等. 2018. 基于熵权TOPSIS模型的海岛地区资源环境承载力研究——以舟山普陀区、定海区为例[J]. 海洋通报, 37(1): 9-16.

杨亮洁, 杨永春. 2017. 甘肃省资源环境承载力时空分异[J]. 生态学报, 37(20): 7000-7017.

易鹏涛, 赵俊三, 易鹏飞, 等. 2018. 基于均方差决策分析法的滇中城市群土地资源综合承载力评价研究[J]. 软件, 39(3): 181-186.

虞晓芬, 傅玳. 2004. 多指标综合评价方法综述[J]. 统计与决策, (11): 119-121.

岳健, 张雪梅. 2003. 关于我国土地利用分类问题的讨论[J]. 干旱区地理, 26(1): 78-88.

张合兵. 2015. 市域尺度土地生态质量评价与空间分异研究[D]. 焦作: 河南理工大学.

张合兵, 于壮, 邵河顺. 2018. 基于多源数据的自然生态空间分类体系构建及其识别[J]. 中国土地科学, 32(12): 24-33.

张静静. 2018. 基于GIS的县域资源环境承载力研究[D]. 绵阳: 西南科技大学.

张型芳, 王文静, 罗宏, 等. 2017. 城市土地资源中生态环境承载力指标体系的构建及应用——

以北京市为例[J]. 环境工程技术学报, 7(2): 209-215.

赵景亚, 殷为华. 2013. 大伦敦地区空间战略规划的评介与启示[J]. 世界地理研究, 22(2): 43-51.

竺可桢. 1964. 论我国气候的几个特点及其与粮食作物生产的关系[J]. 地理学报, 30(1): 1-13.

庄大方, 刘纪远. 1997. 中国土地利用程度的区域分异模型研究[J]. 自然资源学报, (2): 10-16.

Adams S M, Greeley M S. 2000. Ecotoxicological indicators of water quality: Using multi-response indicators to assess the health of aquatic ecosystems[J]. Water Air and Soil Pollution, 123(14): 103-115.

Albrechts L, Healey P, Kunzmann K. 2003. Strategic spatial planning and regional governance in europe[J]. Journal of the America Planning Asscociation, 69(2): 113-129.

Alvarez M C, Franco A, Pérez-Domínguez R, et al. 2013. Sensitivity analysis to explore responsiveness and dynamic range of multi-metric fish-based indices for assessing the ecological status of estuaries and lagoons[J]. Hydrobiologia, 704(1): 347-362.

Benton T G, Grant A. 1999. Elasticity analysis as an important tool in evolutionary and population ecology[J]. Trends in Ecology and Evolution, 14(12): 467-471.

Berry B J L, Garrison W L. 1958a. Recent developments of central place theory[J]. Papers and Proceedings of Regional Science Association, 4: 107-120.

Berry B J L, Garrison W L. 1958b. The functional bases of the central place hierarchy[J]. Economic Geography, 34: 145, 154.

Bonan G B, Shugart H H, Urban D L. 1990. The sensitivity of some high-latitude boreal forests to climatic parameters[J]. Climatic Change, 16(1): 9-29.

Carrington D P, Gallimore R G, Kutzbach J E. 2001. Climate sensitivity to wetlands and wetland vegetation in mid-Holocene North Africa[J]. Climate Dynamics, 17(2-3): 151-157.

Cerreta M, Concilio G, Monnow V. 2010. Making Strategies in Spatial Netherlands[M]. Dordrecht: Springer.

Coleman G, Decoursey D G. 1976. Sensitivity and model variance analysis applied to some evaporation and evapotranspiration models[J]. Water Resources Research, 12(5): 873-879.

Costanza R, d'Arge R, de Groot R. 1997. The value of the world's ecosystem services and natural capital[J]. Nature, 387(6630): 253-260.

Daily G C. 1997. Nature's Services: Societal Dependence on Natural Ecosystem[M]. Washington D. C.: Island Press.

Daily G C, Ehrlich P R. 1996. Socialeconomic equity, sustainability, and earth's carrying capacity[J]. Ecological Applications, 6(4): 991-1001.

Davidson A J. 1994. Progress in research on land evaluation in Canada[J]. Soil Survey and Land Evaluation, 4(3): 13-15.

de Groot R S, Wilson M A, Boumans R M J. 2002. A typology for the classification, description and valuation of ecosystem functions, goods and services[J]. Ecological Economics, 41(3): 393-408.

Ehrlich P R, Ehrlieh A H. 1981. Extinction: The Causes and Consequences of the Disappearance of Species[M]. New York: Ballantine.

Farber S C, Costanza R, Wilson M A. 2002. Economic and ecological concepts for valuing ecosystem services[J]. Ecological Economics, 41(3): 375-392.

Forrester J W. 1961. Industrial Dynamics[M]. Cambridge: MIT Press.

Friedman J R. 1966. Regional Development Policy: A Case Study of Venzuela[M]. Cambridge: MIT Press.

Friedman J R. 1973. Urbanization, Planning and National Development[M]. Sage: Beverly Hills: 68-70.

Godschalk D R, Parker F H. 1975. Carrying capacity: A key to environmental planning[J]. Journal of Soil and Water Conservation, 30: 160-165.

Guttenberg A Z. 1993. Land, space and spatial planning in three time regions[M]//Frank A U, Kuhn W. Spatial Information Theory: A Theoretical Basis for GIS. Berlin: Springer: 284-293.

Holdren J P, Ehrlich P R. 1974. Human population and the global environment[J]. American Scientist, 62(3): 282-292.

Hwang C, Yoon K. 1981. Multiple Attribute Decision Making Methods And Applications: A State-of-the-art Survey[M]. Berlin: Springer.

Kim H , Shim K . 2018. Land suitability assessment for apple (Malus domestica) in the Republic of Korea using integrated soil and climate information, MLCM, and AHP[J]. International Journal of Agricultural and Biological Engineering, 11(2): 139-144.

Kong R, Xue F, Wang J, et al. 2017. Research on mineral resources and environment of salt lakes in Qinghai Province based on system dynamics theory[J]. Resources Policy, 52: 19-28.

Koomen E, Rietveld P, Nits T. 2008. Modelling land-use change for spatial planning support[J]. The Annals of Regional Science, 42(1): 1-10.

Kumar K S K, Parikh J. 2001. Indian agriculture and climate sensitivity[J]. Global Environmental Change, 11(2): 147-154.

McHarg I L. 1969. Design With Nature[M]. New York: John Wiley and Sons: 127-152.

Myrdal G. 1957. Economic Theory and Under Developed Regions[M]. London: Duckworth.

Myung-Jin J. 2006. The effects of portland's urban growth boundary on housing prices[J]. Journal of the American Planning Association, 72(2): 239-243.

Opschoor J B. 1998. The value of ecosystem services: Whose values?[J]. Ecological Economics, 25(1): 41-43.

Rahmanipour F, Marzaioli R, Bahrami H A, et al. 2014. Assessment of soil quality indices in agricultural lands of Qazvin Province, Iran[J]. Ecological Indicators, 40 (2): 19-29.

Saaty T L. 1990. How to make a decision: The analytic hierarchy process[J]. European Journal of Operational Research, 48(1): 9-26.

Saaty T L, Vargas L G. 1979. Estimating technological coefficients by the analytic hierarchy process[J]. Socio-Economic Planning Sciences, 13(6): 333-336.

Serafy S. 1998. Pricing the invaluable: The value of the world's ecosystem services and natural capital[J]. Ecological Economics, 25(1), 25-27.

Shi Y S, Wang H, Yin C Y. 2013. Evaluation method of urban land population carrying capacity based on GIS—A case of Shanghai, China[J]. Computers, Environment and Urban Systems, 39: 27-38.

Sleeser M. 1990. Enhancement of Carrying Capacity Options[M]. London: The Resource Use Institute.

Starr G C. 2005. Assessing temporal stability and spatial variability of soil water patterns with implications for precision water management[J]. Agricultural Water Management, 72(3): 223-243.

Sun W, Chen C, Wang L. 2018. Spatial function regionalization and governance of coastal zone: A case study in Ningbo City[J]. Journal of Geographical Sciences, 28(8): 1167-1181.

Todes A. 2012. Urban growth and strategic spatial planning in Johannesburg, South Africa[J]. Cities, 29(3): 158-165.

Western A W, Zhou S L, Grayson R B, et al. 2004. Spatial correlation of soil moisture in small catchments and its relationship to dominant spatial hydrological processes[J]. Journal of Hydrology, 286(1-4): 113-134.

Wischmeier W H, Smith D D. 1978. Predicting rainfall erosion losses: A guide to conservation planning with the Universal Soil Loss Equation[M]//US Department of Agriculture. Agricultural Handbook. Washington D. C.: US Department of Agriculture.

Yang Z Y, Song J X, Cheng D D, et al. 2019. Comprehensive evaluation and scenario simulation for the water resources carrying capacity in Xi'an city, China[J]. Journal of Environmental Management, 230: 221-233.

Zhang Z, Lu W X, Zhao Y, et al. 2014. Development tendency analysis and evaluation of the water ecological carrying capacity in the Siping area of Jilin Province in China based on system dynamics and analytic hierarchy process[J]. Ecological Modelling, 275: 9-21.

Zhang M, Liu Y M, Wu J, et al. 2018. Index system of urban resource and environment carrying capacity based on ecological civilization[J]. Environmental Impact Assessment Review, 68: 90-97.

Zhou Y J, Zhou J X. 2017. Urban atmospheric environmental capacity and atmospheric environmental carrying capacity constrained by GDP-$PM_{2.5}$[J]. Ecological Indicators, 73: 637-652.